Serch a'i Helyntion

Serch a'i Helyntion

Dadansoddiad o Ganeuon Gwerin Cymraeg

Meredydd Evans

Argraffiad cyntaf: 2019

© Hawlfraint: ystad Meredydd Evans a'r Lolfa Cyf., 2019

Dymuna'r cyhoeddwyr gydnabod cymorth ariannol
Cyngor Llyfrau Cymru

Llun y clawr: Sally Harper
Cynllun y clawr: Y Lolfa

Rhif Llyfr Rhyngwladol: 978 1 78461 703 5

Cyhoeddwyd, rhwymwyd ac argraffwyd yng Nghymru gan
Y Lolfa Cyf., Talybont, Ceredigion SY24 5HE
gwefan www.ylolfa.com
e-bost ylolfa@ylolfa.com
ffôn 01970 832 304
ffacs 832 782

Cynnwys

Rhagymadrodd

YN 2009 CYHOEDDODD Dr Meredydd Evans ei gyfrol *Hela'r Hen Ganeuon* (Y Lolfa, 2009), sy'n olrhain hanes casglu alawon gwerin yng Nghymru. Ei fwriad oedd cyhoeddi astudiaethau pellach ar rai agweddau ar ein caneuon gwerin, a phan fu farw yn 2015 roedd wedi cwblhau'r ymdriniaeth hon â chaneuon serch yn y traddodiad gwerin Cymraeg. Fe'i trosglwyddwyd i Bwyllgor Gwaith Cymdeithas Alawon Gwerin Cymru i'w gyhoeddi, ac yr ydym yn ddiolchgar iawn i'r Lolfa am ymgymryd â'r gwaith. Ni ddiwygiwyd y testun ac eithrio diweddaru rhai manylion. Ychwanegwyd y nodiadau a'r cyfeiriadau llyfryddol gan Rhidian Griffiths. Diolch i Andrew Hawke, yr Athro E. Wyn James a'r Athro Gruffydd Aled Williams am eu cymorth gyda chyfeiriadau penodol.

Am fod llawer o'r caneuon a drafodir yn ymddangos yng nghylchgrawn y Gymdeithas, sef *Cylchgrawn Cymdeithas Alawon Gwerin Cymru*, cyfrolau 1–5 (1909–77), cyfeirir at y gwaith hwn fel CCAGC, neu y Cylchgrawn, rhag dyblygu'r teitl llawn bob tro. Cyhoeddwyd y gwahanol rifynnau fel a ganlyn:

Cyfrol 1: Rhifyn 1, 1909; Rhifyn 2, 1910; Rhifyn 3, 1911; Rhifyn 4, 1912

Cyfrol 2: Rhifyn 1, 1914; Rhifyn 2, 1919; Rhifyn 3, 1922; Rhifyn 4, 1925

Cyfrol 3: Rhifyn 1, 1930; Rhifyn 2, 1934; Rhifyn 3, 1937; Rhifyn 4, 1941

Cyfrol 4: Rhifyn 1, 1948; Rhifyn 2, 1951; Rhifyn 3, 1953; Rhifyn 4, 1954

Cyfrol 5: Rhifyn 1, 1956/7; Rhifyn 2, 1968; Rhifyn 3, 1971; Rhifyn 4, 1977

Yn 1978 olynwyd y Cylchgrawn gan *Canu Gwerin*, sydd wedi ymddangos yn flynyddol ers hynny.

Rhidian Griffiths

Rhagymadrodd yr Awdur

YN RHAN O waddol y caneuon gwerin a adawyd inni yng Nghymru mae nifer sylweddol yn rhai sy'n ymwneud mewn rhyw ffordd neu'i gilydd â serch. O ystyried yn weddol fanwl y prif gasgliadau a brintiwyd hyd yma mae cymaint â 166 ar gael, gyda'r mwyafrif helaeth o'r rheiny yn ganeuon mab (123), lleiafrif bychan yn ganeuon merch (17), nifer cyffelyb yn ganeuon sgwrsio ynghylch serch (17), a dyrnaid na ellir eu priodoli'n ddiogel i na'r naill ryw na'r llall. Yn y gyfrol hon ymdrinnir, fesul cân, â detholion o blith is-ddosbarthau'r caneuon hyn.

Deisyf Cariad

Cariad cywir

Mae ffurf ddiddorol yn perthyn i'r gân hon. Defnyddir dau fydr barddol gwahanol ynddi, gyda'r tri phennill cyntaf yn cynnwys llinellau 11 sillaf yn diweddu'n acennog a'r ddau bennill olaf yn defnyddio llinellau 8 sillaf yn cloi'n acennog (Enghraifft 1).

Awgrymodd Annie G. Gilchrist (1863–1954), cerddor y perchid ei barn yn fawr gan J. Lloyd Williams (1854–1945), y gallai'r alaw ar gyfer y ddau bennill clo fod wedi ei benthyca o gân arall fel bod gennym yma, mewn gwirionedd, gyfuniad o ddwy alaw annibynnol yn ogystal ag ieuad o ddau fydr; ond mwy tebygol, dybiwn i, yw mai un alaw sy gennym. Fy ngharn dros ddweud hyn yw yn gyntaf, y gerdd ei hun, cerdd o waith bardd gwirioneddol fedrus. Ymddengys i mi fel uned gyflawn yn amlygu, yn ei rhan gyntaf, ymdrechion y mab i ennill llaw'r ferch ac yn yr ail ran ei ymrwymiad di-ildio, er ei gwrthodiad, i'w charu weddill ei fywyd. Yn ail, sylwer fod barrau olaf yr alaw yn adleisio barrau clo y rhan gyntaf.

Perthyn yr alaw i'r dosbarth hwnnw sy'n cadw o fewn i gwmpas pum nodyn ac mae nifer mawr ohonynt i'w cael ymhlith ein halawon gwerin; cymwys iawn i'w cyflwyno o genhedlaeth i genhedlaeth ar lafar gan eu bod yn hawdd i'w codi ar glust. Cofnodwyd y gân o ganu Evan Rowlands, aelod o deulu cerddorol, yn wreiddiol o ardal y Mynydd Bach,

Enghraifft 1

Lah: D

1. Troi'r wyth-nos yn flwy-ddyn, Troi'r flwy-ddyn yn dair, Rwy'n
2. Troi'r a-fon i'r ffyn-non, Troi'r ffyn-non i'r tŷ, Rwy'n
3. Troi'r ce-ffyl i'r gwe-dde, Troi'r y-chen i'r ddôl, Rwy'n

ffae-lu troi nghar-iad i sia-rad un gair.
ffae-lu troi nghar-iad 'run fe-ddwl â mi.
ffae-lu troi nghar-iad i or-wedd yn ynghôl.

4. Tra fy-ddo calch ar dal-cen plas, Tra fy-ddo c'lo-men blu-fen las,
5. Tra fy-ddo e-ryr draw'n yr allt, Tra fy-ddo dŵr y môr yn hallt,

Tra fy-ddo'r frân yn troi'n ei nyth F'an-wyl-yd fach a—— ga-rai byth.
Tra fy-ddo'r ych yn po-ri'r ddôl F'an-wyl-yd fach ni—— 'da-wai'n ôl.

Gogledd Ceredigion, a dystiodd ei bod yn boblogaidd iawn yno tua chanol y bedwaredd ganrif ar bymtheg. Y cofnodydd oedd Jennie Williams (1885-1971). Roedd hi ar y pryd yn brysur yn cywain nifer o ganeuon gwerin ar gyfer anfon casgliad ohonynt i gystadleuaeth yn Eisteddfod Genedlaethol Caerfyrddin, 1911; caneuon o siroedd Caerfyrddin, Ceredigion a Phenfro. Merch o Aberystwyth ydoedd yn wreiddiol, ar gychwyn gyrfa fel cerddor proffesiynol ac yn byw yn Llundain, ond yn dychwelyd ar wyliau yn gyson i'w thref enedigol. Yn ystod rhai o'r ymweliadau hynny yn 1910–11 manteisiodd ar gasglu hen ganeuon. Casglodd rai hefyd ymysg Cymry Llundain. Anfonodd ddeugain ohonynt

11

i'r gystadleuaeth (tair ar ddeg o ganu Evan Rowlands) ac er na chafodd y lle cyntaf rhoed gwobr arbennig iddi ar bwys ansawdd ei gwaith. Casglodd ganeuon gwerin eraill yn ogystal, canodd lawer ohonynt yn gyhoeddus (yn enwedig fel rhan o ddarlithiau ei modryb, Mary Davies, un o arloeswyr y mudiad canu gwerin) a darlithiodd arnynt o bryd i'w gilydd. Ym mlynyddoedd cynnar Cymdeithas Alawon Gwerin Cymru yn arbennig roedd ei chyfraniad yn un o bwys, fel y dangosodd Wyn Thomas mewn ysgrif afaelgar.[1]

A fynni di fab fel myfi?

Mae dau amrywiad ar gael o'r gân hon, heb ond ychydig o wahaniaeth rhyngddynt, gyda'r naill a'r llall yn tarddu o'r un rhan o'r wlad sef Penllyn, Meirionnydd. Cafodd ei hargraffu am y tro cyntaf yn 1927 mewn cyfrol o'r enw *Alawon Gwerin Cymru*, cyhoeddedig gan yr Ysgol Wyliau Gymraeg lle trefnid gwersi mewn nifer o bynciau, trwy gyfrwng y Gymraeg yn unig, dros gyfnod o bythefnos yn Awst; hynny yn Llanwrtyd. Sefydlwyd yr Ysgol Wyliau gan Undeb Cenedlaethol y Cymdeithasau Cymraeg a oedd ar y pryd yn ymgyrchu'n galed dros wneud y Gymraeg yn gyfrwng hyfforddi yn ogystal â bod yn bwnc hyfforddiant mewn ysgolion Cymreig. Cynhaliwyd y gyntaf yn y gyfres yn 1918 ac o fewn dim amser daeth yn arfer ar ddiwedd gwaith y bore i'r myfyrwyr gasglu ynghyd i ganu caneuon gwerin, arfer a arweiniodd yn y pen draw at benderfyniad i gyhoeddi rhai ohonynt. Y gŵr a ddetholodd y caneuon i'w cyhoeddi oedd Philip Thomas (1857–1938), Castell Nedd, aelod brwdfrydig o Bwyllgor Gwaith y Gymdeithas Alawon Gwerin ar y pryd, ac at y Gymdeithas honno, ynghyd ag aelodau eraill ohoni, yr aeth i sicrhau caniatâd ar gyfer y cyhoeddi. Trwy J. Lloyd Williams, golygydd cylchgrawn y Gymdeithas, y cafodd ef afael ar 'A fynni di fab fel myfi?' ac fe ddaeth i'r gŵr hwnnw yn ei thro oddi wrth L. D. Jones (1851–1928), 'Llew Tegid', a'i cofnododd yng nghylch Llanuwchllyn. Yn 1930 yr ymddangosodd yn CCAGC (Enghraifft 2).[2]

Enghraifft 2

Mae gennyf balas hardd i'th ddwyn,
  A gardd o bob rhyw flodau,
Cei dithau rodio'n mysg y rhain,
  A'u casglu hwy'n bwysïau: Lodes lân, etc.

Cei hefyd bâr o greiau shws,
  A gown o'r *muslin* gorau;
A morwyn dwt i gyrlio'th wallt,
  Os mynni, hwyr a borau: Lodes lân, etc.

Cei gennyf bedair trôr-ar-deg
  I gadw dy bresantau,
A ddaw i ti o bob rhyw fan
  Ar ddiwrnod llon y gwyliau: Lodes lân, etc.

Ni wyddys pwy oedd canwr Llew Tegid ond canwr yr amrywiad arall ar y gân oedd John Thomas, Maes Fedw, Llanfor, Y Bala; cyd-aelod â Bob Roberts (1870–1951) o Barti Tai'r Felin, dan arweiniad digymar Llwyd o'r Bryn (1888–1961), a fu'n diddanu llu o gynulleidfaoedd trwy Gymru benbaladr yn ystod dauddegau a thridegau'r ugeinfed ganrif.[3] Tua diwedd gyrfaoedd y ddau fel cantorion baledi, Bob Roberts oedd y mwyaf adnabyddus ohonynt ond doedd dim i'w ddewis

13

rhyngddynt fel cyflwynwyr hen ganeuon. Roedd gan y ddau eu dulliau unigryw a'r ddau yr un mor ddifyr i wrando arnynt.

Tra bo rhai mân wahaniaethau rhwng alaw amrywiad canwr Llew Tegid ac amrywiad John Thomas, yn y geiriau y ceir y gwahaniaethau mwyaf diddorol. Yn y ffurf ar 'Lodes lân' (enw arall ar y gân) a ganodd John Thomas i Peter Kennedy, ac a gyhoeddwyd gan y casglydd hwnnw yn ei gyfrol *Folksongs of Britain and Ireland* (1975) ni cheir y pennill am 'bedair trôr-ar-ddeg / I gadw dy bresantau' ond cawn un arall yn ei le:

> Os digwydd imi fynd ryw ddydd / I hela'r ysgyfarnog
> Cei dithau ferch, O geffyl hardd / I hela y llwynogod.

Ac yn hytrach nag addo i wrthrych ei serch 'bâr o greiau shws' mae John Thomas am gynnig iddi 'bâr o gotten shoes'.[4]

Eithr mae rhagor i'w ddweud. Yn Llyfrgell Amgueddfa Werin Cymru mae llawysgrif (AWC 1065) sy'n cynnwys geiriau ugeiniau lawer o ganeuon amrywiol, hen benillion ac englynion yr oedd John Thomas yn gyfarwydd â nhw. Yn eu mysg digwydd geiriau 'Lodes lân' gyda rhagor o fân wahaniaethau a phennill olaf ond un sy'n ychwanegiad at y rhai a nodwyd yn barod. Y mân wahaniaeth mwyaf diddorol yw'r addewid am 'bâr o corcyn shoes'. Deallaf fod y fath bethau i'w cael â *cotton shoes* a *cork shoes*, er na welais i erioed (na'r 'hen Faes Fedw' ei hun, debyg) y fath drugareddau; ond mae'n amlwg o gyd-destun y gân eu bod yn ffasiynol amheuthun ac yn annhebygol o addurno traed merched bach gwledig, cyffredin! Ac atgofir ni yma am un o hwiangerddi ein cenedl, 'Cysga di fy mhlentyn tlws'; mae ail bennill i un ffurf ar honno:

> Cei gen i bâr o gorcyn shoes / A phâr o sane sidan.[5]

Unwaith eto dyma ddymuno rhoi rhywbeth amheuthun i anwylyn; ac o droi at y pennill olaf ond un y cyfeiriwyd ato mae hwnnw fel pe'n rhoi gwedd swrealistig i'r holl gân:

Mae'n digwydd mhlith y merched mawr / arwyddion mynd yn
   ddarna'
Cei nyrs o Lundain a Cook o Crewe / A Doctor o Pennsylfania.

Yn dilyn ar hwn ceir un pennill arall (anghyflawn) lle
gwrthodir cais y ceisiwr priodas.

Os bachgen ifanc ydwyf

O ystyried mai ymdrin yr ydym â chaneuon a gyflwynwyd
o genhedlaeth i genhedlaeth ar lafar does ryfedd yn y byd
bod cryn gymysgu i'w gael ar eiriau a ffurfiau alawon. Cawn
enghraifft dda o hynny yn achos y gân hon.

O droi at y geiriau, i ddechrau, yr hyn a geir yw dau rediad o
benillion sy'n amlwg yn perthyn i'w gilydd ond hefyd braidd yn
gymysglyd. Fe'u cofnodwyd o ganu dau ganwr gwahanol gan
W. Emrys Cleaver (1904–85) a fu yn olynol, rhwng 1947 a 1985,
yn Drysorydd, Ysgrifennydd a Llywydd Cymdeithas Alawon
Gwerin Cymru. Gwŷr o Sir Ddinbych oedd y cantorion.

Os bachgen ifanc ydwyf	Bachgen ifanc ydwyf
Yn dechrau codi 'mhen	Yn dechrau codi 'mhen
Yng nghanol dyddiau ieuenctyd	Yn nyddiau fy ienctyd
Yn caru'r lodes wen,	Yn caru lodes wen
Ei charu a'i chofleidio	Ei charu a'i chofleidio
A gofyn iddi hi	A gofyn iddi hi
A leiciai hi yn ei chalon	A leiciai yn ei chalon
Gael bachgen fel myfi.	Gael bachgen fel myfi?
Rwy'n fachgen i gymydog,	Rwy'n fachgen i gymydog
Rwy'n fachgen neb o bell	Rwy'n fachgen i neb o bell
Yn rhoi fy hunan i chwi,	Rwy'n cynnig fy hunan i chwi
Does gennyf ddim sydd well.	Does genny ddim sydd well
Does gennyf dai na thiroedd,	Does genny ddim tai na thiroedd
Nac arian chwaeth (chwaith) ar log,	Nag arian chwaeth (chwaith) ar log
Ond byw trwy ffydd ac 'wyllys Duw	Ond byw trwy fodd ar 'wyllys Duw
Rwy'n llawen fel y gôg.	Yn llawen fel y gog.

Yn debyg i Golomen
Sy'n pico'r gwenith gwyn,
Mae honno mor ddiniwed
Na wnaiff hi ddrwg i ddim.
Os felly mae fy ysbryd
Yn *wandro* yma a thraw,
Y ferch wyf yn ei leicio,
Ddaw honno byth i'm llaw.

Yn debyg i'r golomen
Sy'n pigo'r gwenith gwyn
Mae honno mor ddiniwed
Na wnaiff hi ddrwg i ddim
Ond pan ddaw'r saethwr heibio
A 'nelu dan ei bron
Dim chwaneg o sôn amdani, Syr
Heblaw hwdiwch, pluwch hon.[6]

Gollwng yr ergyd allan
A'i chlwyfo o dan ei bron
Dim chwaneg o sôn amdani
Wel hwdiwch pluwch hon.[7]
   * * * * * *
   * * * * * *
   * * * * * *
   * * * * * *

Does dim anhawster ynglŷn â'r ddau bennill cyntaf yn y naill achos na'r llall; ni welir ond mân wahaniaethau yn unig. Y trydydd pennill sy'n achosi penbleth ac yn peri i ddyn feddwl fod cymysgu ar ganeuon yn digwydd yma. Gallai'r un i dde'r dudalen fod yn gyflawn ynddo'i hun ond nid yw'n dilyn yn naturiol o'r ddau sy'n ei ragflaenu. Am yr un sydd i'r chwith nid ymddengys fod ei naill hanner yn perthyn i'r llall.

Nid yw'r ddwy alaw a ddefnyddir i ganu'r ddau rediad o benillion yn llwyr gyfateb i'w gilydd chwaith (Enghraifft 3, 4). Ffurf AABA sydd i'r alaw gyntaf ond ABAC i'r ail. Yn wir, amrywio peth (yn ddiddorol hefyd) ar ran o'r alaw gyntaf a wneir yn yr ail gân, gyda hepgor y rhan ganol ohoni – efallai oherwydd methiant rhyw ganwr neu'i gilydd, rywdro, i'w chodi ar ei glust yn y fan a'r lle. Sut bynnag, o dramor y daeth yr alaw wreiddiol i Gymru. Rhan o gorff caneuon poblogaidd Unol Daleithiau America ydyw, dan yr enw 'Oh! Susanna', a pherthyn yn benodol i draddodiad y canu minstrelaidd sydd â'i wreiddiau yn adloniant theatrig y bedwaredd ganrif ar bymtheg yn y wlad honno.[8] Ei chyfansoddwr oedd Stephen

Enghraifft 3

Doh: G

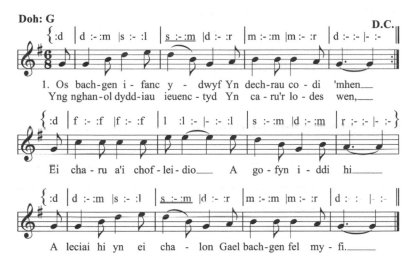

1. Os bach-gen i - fanc y - dwyf Yn dech-rau co - di 'mhen___
Yng nghan-ol dydd-iau ieuenc - tyd Yn ca - ru'r lo - des wen,___

Ei cha - ru a'i chof - lei - dio___ A go - fyn i - ddi hi___

A leciai hi yn ei cha - lon Gael bach-gen fel my - fi.___

Enghraifft 4

Doh: F

Bach-gen i - fanc y - dwyf Yn dech-rau co - di 'mhen___

Yn nydd - iau fy ienc - tyd Yn ca - ru lo - des wen;___

Ei cha - ru a'i chof - lei - dio A go - fyn i - ddi hi___

A lei - ciai yn ei cha - lon fach Gael bach-gen fel my- fi?___

Collins Foster (1826–64), yntau ar y pryd o gwmpas ugain mlwydd oed, a chafodd ei chyhoeddi gyntaf tuag 1847. Creodd lu o ganeuon hynod o boblogaidd ond bu farw'n alcoholig truenus ei fyd yn Efrog Newydd, yn 37 oed.

Ceir ffurfiau ar yr un alaw mewn caneuon Cymraeg eraill, megis 'Cân ffarwel i ferched Llanwenog'[9] a 'Ffarwel i ddociau Lerpwl';[10] a defnyddiwyd hi hefyd gan yr hen faledwr, Abel Jones, 'Y Bardd Crwst', ar gyfer ei gerdd 'Twyll y cribddeilwyr'.

Y gangen wen ei gwawr

Yn Eisteddfod Genedlaethol Llanrwst, 1951, trefnwyd cystadleuaeth yn gofyn am 'Alaw Werin wreiddiol heb ei chyhoeddi o'r blaen, gyda geiriau a nodiadau arni'. Anfonodd yr hen ganwr soniarus hwnnw, Bob Roberts, Tai'r Felin, dair cân i'r eisteddfod. Ef a ddaeth i'r brig yn y gystadleuaeth gyda 'Gwenno Penygelli', 'Goleuddydd' (ei enw ar 'Y gangen wen ei gwawr') a 'Bess yn teyrnasu'. Dyma'i nodyn cefndir i'r ail gân:

> Fy nhad a ffarmwr arall a glywais yn canu'r gân hon. Canwyd hi bron ym mhob man lle y byddent yn cwrdd – diwrnod cneifio, nosweithiau llawen, etc.

Yr oeddynt yn werth eu clywed.[11]

Diwrnod cneifio a noson lawen – dyna ddau gyd-destun nodweddiadol ar gyfer cynnal yr hen ganeuon hyn, a chlywais Bob Roberts ei hun yn canu'r gân arbennig hon yn afieithus droeon mewn nosweithiau llawen ar radio a llwyfannau pentref a thref: y cyd-destun yn newid ond y gân yn aros yr un.

Perthyn y gân i deulu niferus y cyfeirir ato'n arferol fel teulu 'Mentra Gwen', ond rhaid amodi peth ar hyn. Y gwir yw fod yr enw'n cyfeirio at fydrau cerdd sydd weithiau yn gwahaniaethu rhywfaint oddi wrth ei gilydd yn ogystal ag at alawon sydd ar brydiau yn annibynnol ar ei gilydd. Ar y cyfan, y cyfiawnhad dros yr ambarel enwol yw mai enw yw 'Mentra Gwen' ar fydr barddonol sy'n *gyffredinol* gynhwysol.

O ran yr alaw y cofnod cynharaf ohoni yw'r un a welir yn llawysgrif John Thomas, 1752,[12] gyda'r ymddangosiad cyntaf mewn print i'w gael yn *British Harmony*, 1781,[13] John Parry, Rhiwabon, a'r ddwy yn perthyn yn agos i'w gilydd. Yr enghraifft gynharaf o'r pennawd ei hun, ar y ffurf 'mentria gwen', yw'r un a welir yn rhestr Richard Morris, 'Names of tunes as foloweth:1717'.[14] Awgryma hyn fod cân o'r enw i'w chael yn yr ail ganrif ar bymtheg ond ar hyn o bryd ni wn fy hun am dystiolaeth uniongyrchol i hynny. Ni wn chwaith pam y rhoddwyd yr enw 'Goleuddydd' i'r gân, digwydd hynny am y tro cyntaf yn argraffiad 1805 o *Musical and Poetical Relicks of the Welsh Bards* Edward Jones – 'Mentra Gwen (or Goleuddydd)', ynghyd â geiriau Saesneg.[15]

Yn CCAGC, cyfrolau 2, 4 a 5, o dan amrywiaeth o benawdau megis 'Y gangen wen ei gwawr', 'Mentra Gwen neu Cwynfan y wraig weddw', 'Goleuddydd' ac 'On the deep / Yn yr hwyr', ceir dau amrywiad ar yr un alaw a dwy alaw annibynnol. O'r rhain dewisais i'w hystyried ymhellach yma y gân 'Goleuddydd', a anfonodd Bob Roberts i Eisteddfod Genedlaethol Llanrwst yn 1951 (Enghraifft 5).[16]

O'r llu o alawon a allai gynnal cerddi ar fydr barddonol 'Mentra Gwen' nid oes ond un y gellid ei hystyried fel perthynas agos i 'Goleuddydd' Tai'r Felin, ac alaw ddi-eiriau yw honno, a geir yn un o lawysgrifau John Jenkins (1770–1829), 'Ifor Ceri', sef 'Per-Seiniau Cymru' (rhif 94), dan y pennawd 'Mentra Gwen y ffordd hwyaf'.[17] Eithr y mae hefyd un alaw arall a ddisgrifir fel 'Mentra Gwen ar ei hyd', a honno yw'r un a enwyd gyntaf yn y paragraff blaenorol; alaw cân sy'n rhan o gasgliad caneuon gwerin a anfonwyd i gystadleuaeth mewn eisteddfod leol yn Llŷn ym mlynyddoedd cynnar yr ugeinfed ganrif ac a glywyd yn cael ei chanu, yn ôl y casglydd, gan ŵr o Frynsiencyn. Yr hyn sy'n gyffredin iddi hi a 'Goleuddydd' yw'r ddau bennill sy'n gysylltiedig â nhw, a mydr y rheiny sy'n cyfrif am y disgrifiad 'y ffordd hwyaf': cynhwysa ragor o linellau na'r mydr arferol. Bellach, mae'n bryd troi at y gerdd sy'n cynnwys y penillion hynny.

Enghraifft 5

Y landeg fwydeg fun, mwys dy lun, moes dy law,
Na thro fy nghangen bêr trwy drymder draw;
Cyn imi fynd i'r rhych, mewn tro gwych Mentra Gwen,
Na ddalia'n dynn un awr, dere nawr er Duw'r nen.

O gwrando gennyf gŵynion, wyt wedi dwyn fy nghalon,
Lloer heini Gwen lliw'r hinon, ystyria baunes dirion,
Gryno gron fwylon fun,
Nid ydyw'r byd a'i bethau, i gyd ond gwael gysgodau,
Blas oer fydd ar bleserau, pan ddelo dyrnod angau
Sy'n byrhau dyddiau dyn.

Hyd yma mae'r pedair cerdd a drafodwyd yn gerddi rhydd yn ystyr arferol y gair, hynny yw, cerddi lle nad yw'r gynghanedd yn rhan o'u gwead, oddieithr efallai ar drawiad achlysurol. Nid felly yn achos y gerdd hon. Perthyn hi i'r hyn a ddisgrifiwyd gan Thomas Parry fel 'Y Canu Caeth Newydd' (barddoni a fu mewn bri o tua chanol yr ail ganrif ar bymtheg hyd ddechrau'r bedwaredd ganrif ar bymtheg). Dyma'i hanfod:

> Yr oedd gan feirdd yr ail gyfnod caeth fesurau sefydlog, nid y pedwar mesur ar hugain mwyach, ond mesurau mor fanwl bob blewyn â hwythau, mesurau â rhif eu llinellau wedi eu pennu'n glir a diymwad, a'u hacenion yn sicr. Penderfynai'r gainc ffurf y mesur. Meithrinodd y beirdd hyn eu dull arbennig eu hunain o ganu geiriau ar geinciau o gerddoriaeth. I gychwyn fe roid odl yn y geiriau ar ddiwedd pob cymal yn y gerddoriaeth. Yr orchest wedyn oedd rhoi cynghanedd a pherseinedd cyson yn y cymalau hynny, ac uno'r cymalau yn un pennill, gan gofio fod y pennill gorffenedig i ganu'n esmwyth ar y gainc y bwriadwyd ef iddi.[18]

Un o'r beirdd hyn, pan oedd y math hwn ar brydyddu yn tynnu tua'i ddiwedd, oedd David Thomas (1759–1822), 'Dafydd Ddu Eryri', a'r enw a roes ef ar y gerdd sy'n cynnwys y ddau bennill uchod oedd 'Anerch Merch Ieuangc', cerdd ac iddi'n wreiddiol bedwar pennill. O ddarllen y ddau bennill gwelir eu bod yn cyd-fynd yn deg â disgrifiad Thomas Parry o'r canu caeth newydd, ond er mwyn gyrru'r hoelen adre'n ddiogel cystal canoli sylw ar bedair llinell agoriadol yr ail bennill – gan gywiro ambell lithriad print yr un pryd. Er enghraifft, cynganeddir dau gymal yn llinell 1: 'Y landeg fwyndeg fun' (Sain) a 'mwys dy lun, moes dy law' (Croes), tra bo llinell 2: 'Na thro fy nghangen bêr trwy drymder draw' yn Sain Draws, llinell 3: 'Cyn imi fynd i'r rhych,

21

mewn tro gwych Mentra Gwen' yn Sain Rywiog, a llinell 4: 'Na ddalia'n dynn un awr, dere nawr er Duw'r nen' yn Sain Rywiog o Gyswllt.

Cyfeirir yn aml at symledd geiriau caneuon gwerin. Gwir hynny am sawl un, ond yng Nghymru o leiaf nid anaml o bell ffordd yw cymhlethdod geiriol canu gwerin, fel y dengys cerdd Dafydd Ddu Eryri a llu o gerddi cyffelyb a oroesodd dros flynyddoedd lawer; yn eu plith enghreifftiau ychwanegol o gerddi sy'n perthyn i'r isadran bresennol lle cawn druiniaid hunandosturiol yn deisyf cariad!

Hyd atoch ddidwyll gannwyll Gwynedd

Cân felly yw hon a ddisgrifiwyd yn foel fel 'Cân serch' yn y ddwy enghraifft brintiedig ohoni; y naill yn CCAGC[19] a'r llall yn *Second Collection of Welsh Folk-Songs*, Lady Herbert Lewis, 1934.[20] O ganu yr un gŵr, sef Edward Dowell, Prestatyn, y cofnodwyd y ddwy enghraifft, hynny gan ddau gofnodydd gwahanol; 'does ryfedd felly eu bod bron yn union yr un peth â'i gilydd – gwahaniaethant mewn un nodyn yn unig. Fersiwn CCAGC yw Enghraifft 6.

Alaw yn y modd re ydyw, un gyfareddol, ond sylwer ei bod ym mhedwaredd bar cychwynnol ei hail hanner yn llithro am un nodyn byr o'r modd hwnnw. Yn y fersiwn arall cedwir at y modd yn gadarn; enghraifft o ddau gofnodydd yn 'clywed' cyfyngau gwahanol, peth nad yw'n anghyffredin wrth geisio atgynhyrchu seiniau cantorion ar bapur, yn arbennig os yw'r gainc yn un foddol. Dibynna llawer hefyd ar ansawdd llais a chlust y sawl sy'n canu!

Eithr geiriau'r gân sy'n galw am sylw yn bennaf yma. Perthynant i fardd o'r ail ganrif ar bymtheg, Mathew Owen, Llangar, Meirionnydd; ni wyddys blwyddyn ei eni ond bu farw yn 1769. Un pennill yn unig o'i gerdd a gyhoeddwyd yn CCAGC, ond ceir y gerdd gyfan, pedwar pennill, yng nghasgliad Lady Herbert Lewis. Ynddi mae'r prydydd druan yn glaf o gariad ac yn erfyn ar i wrthrych ei serch ei iachau â:

Llysiau *ffansi*, a dail *trugaredd*;
Rhôs y Tra-serch blodeu *purder*,
Had *Caredigrwydd*, gwraidd *ffyddlonder*,
A lloned llaw o *Winwydd* hoffdra,
A'u berwi ynghyd mewn gwlith mwyneidd-dra,
A hidlo'r gwresocca i mi'n sicir; ...
A'ch llaw eich hun pe'i gallech roddi,
Y Ddiod hon yn *Ddeiet* imi
Gwnaech eto'n *Wr* lysti fi ar las tir.

Enghraifft 6

Serch hynny, a bwrw nad yw hi'n barod i'w iacháu, cymaint yw ei gariad ati fel ei fod yn barod i faddau iddi.

Yn *Blodeu-gerdd Cymry* Dafydd Jones o Drefriw, 1759, nodir fod y gerdd i'w chanu i 'Neithiwr ac echnos', ond ni ellir bod yn siŵr mai enw ar alaw mo hwnnw. Y peth tebycaf yw mai enw ar fesur mydryddol ydoedd; un y lluniwyd sawl cerdd arno. Gwir fod J. Lloyd Williams fel pe'n hawlio mai yr alaw a ymddengys yn CCAGC (alaw gwbl wahanol i'r uchod) yw 'Neithiwr ac echnos', a hynny ar sail y ffaith fod llinell olaf yr un pennill a gysylltir â hi yn cyd-fynd â newid rhythm go annisgwyl yn yr alaw ac, at hynny, fod y llinell dan sylw yn diweddu â'r ymadrodd 'neithiwr ac un echnos'; ond nid yw hynny'n argyhoeddi.[21] Un rheswm dros ddweud hynny yw fod naws ac ieithwedd y pennill yn ddiweddarach nag eiddo'r cerddi hynny ar yr un mesur sy'n llawer cynharach. Ymgom ydyw rhwng mab a merch:

O Gwenno gu, a ddoi di i rodio? / Cawn bennu'r dydd y gwnawn
    gydfydio.
O na wna'n wir mae'n waith rhy salw / A'r ieir a'r moch, a'r byd yn
    galw.
Wel, cusan fach rho imi i aros,
O na! gwnaiff dwy y tro mewn wythnos –
Cest un gen i neithiwr ac un echnos.

Nid amherthnasol sylwi chwaith na cheir ailadrodd ar ran olaf y pennill dan sylw, fel y ceir yn ddieithriad yn yr esiamplau a welais i yng ngherddi 'Neithiwr ac echnos'. Onid tebycach yw mai cyd-ddigwyddiad, digon naturiol yng nghyd-destun sgwrs chwareus rhwng mab a merch, yw'r 'neithiwr ac un echnos' sy'n cloi'r pennill neilltuol hwn?

Sut bynnag am hynny, mae'n rhesymol i gredu y gall yr alaw sy'n gysylltiedig â cherdd serch Mathew Owen fod cyn hyned â'r gerdd ei hun ac i rywrai, dros ddwy ganrif o amser, ei chadw mewn bod ar lafar hyd nes iddi gael ei gosod ar bapur ar ddechrau'r ugeinfed ganrif ym Mhrestatyn. Mae'r 'cadw'n fyw ar lafar' hwn yn nodwedd sylfaenol ar gân y gellir yn briodol ei galw yn 'gân werin', a daw hynny'n gynyddol amlwg fel y datblyga'r astudiaeth hon. Syniad gwag yw 'cyfansoddi cân werin fodern' a nonsens cyffelyb yw disgrifio cyfansoddiadau rhai cantorion pop cyfoes fel 'caneuon gwerin'. Gwir fod y gair 'gwerin' ei hun yn meddu ar sawl ystyr, ond fel ansoddair i ddisgrifio rhai caneuon mae iddo ddefnydd pur bendant a rhaid cadw at hwnnw os am drafodaeth weddol eglur yn eu cylch.

Lloer dirion lliw'r dydd

Yn *Gems of Welsh Melody*, John Owen (1821–83), 'Owain Alaw', yr ymddangosodd y gân hon gyntaf mewn print a hynny gyda hyn o nodyn cefndir:

> Noted at Llanidloes April 16th, by Owain Alaw, from the singing of Mr David Morgan, who learned the Air and 1st verse from his mother Mrs Elizabeth Morgan.[22]

Ymddengys mai Nicholas Bennett a roes wybod i Owain Alaw am y gân, ac am y canwr gallwn dybio, a da hynny. Mae'n bur debygol yr aiff â ni'n ôl i'r ddeunawfed ganrif o leiaf, a chwbl briodol oedd i Owain Alaw ei disgrifio ymhellach fel 'a good specimen of the Welsh style'. Ni wn yn union beth a olygai'r cerddor ei hun wrth 'Welsh style' ond mae'n ddisgrifiad digon teg o'r gân hon, y ddwy flaenorol a nifer o rai cyffelyb iddynt, hynny ar gyfrif y ffaith fod y cerddi a genir yn perthyn i draddodiad y canu caeth newydd neu, a defnyddio ymadrodd cyfystyr, y canu carolaidd.

Cafodd y gân ei chyhoeddi hefyd mewn cyfrol o ganeuon a chanigau yn cynnwys unawdau, deuawdau, triawdau a darnau corawl, mewn sol-ffa, wedi eu bwriadu'n bennaf ar gyfer eisteddfodau a chyngherddau, dan y pennawd *Ceinion y Gân*. Cyhoeddwyd y *Ceinion* yn ddeg o rannau, gyda'r rhan gyntaf yn ymddangos, o bosibl, yn 1871. Fe'i hadolygwyd yn *Cerddor y Tonic Sol-ffa* gan John Roberts ('Ieuan Gwyllt', 1822–77), lle cwyna'r gwrda diwyd a difrifddwys hwnnw am brinder caneuon *Cymreig* o'r iawn ryw.[23] Beirniedir Talhaiarn am 'ganu am gariad a chwrw, ond yn fwy yn ysbryd Itali a Ffrainc nag yn ysbryd gwlad y pulpud a'r Beiblau', tra ceryddir Ceiriog a Mynyddog am anelu at 'ryw fath o boblogrwydd presennol a enillir trwy ymostwng i offrymu llawer mwy nag sydd gymesur ar allor digrifwch a chwerthin'. At hynny cystwyir y rheiny sy'n efelychu caneuon 'y *Christy's Minstrels*' yn ffyrnig, a gofidir nad oes gennym fel Cymry ond ychydig o ganeuon 'da, chwaethus, a gafaelgar' ar wahân i'n hen alawon. O'r diwedd fodd bynnag dyma weld cyhoeddi rhan gyntaf o gyfres yn cynnwys 'naw o ddarnau bychain, yn y rhai nid oes dim neilltuol i lygru na gwageiddio neb, a gallant weinyddu mesur helaeth o fwynhad'. Dyna farn un o gerddorion amlycaf ei gyfnod, a diamau iddi fod yn farn ddylanwadol ond, o drugaredd, ni chafodd yr effaith lywodraethol y gobeithiai Ieuan Gwyllt a'i gyd-Biwritaniaid y byddai yn ei chael.

Yn y Drydedd Ran o gyfres y *Ceinion*, ym Mai 1873, yr ymddangosodd 'Lloer dirion lliw'r dydd', heb unrhyw gyfeiriad at ffynhonnell, a phe byddai'r gân yno o'r un ffurf yn union ag un Owain Alaw gellid tybio iddi gael ei chopïo o'i waith ef, ond nid felly; amrywia beth o ran nodiant a geiriau. O'r un wasg, Hughes a'i Fab, y daeth fersiwn y *Gems* a'r *Ceinion*, a dyna'r unig gysylltiad y medrir bod yn siŵr ohono; mae'n ddirgelwch sut y daeth i *Ceinion y Gân*. Ffurf Owain Alaw arni a welir yn Enghraifft 7.

Awgrymaf newid un gair ar ddiwedd y pennill, o 'gyfoeth' i 'gyweth', gan farnu mai yr ail ffurf a ddefnyddiwyd gan luniwr y geiriau gwreiddiol: y gynghanedd sain oedd ganddo ef mewn golwg wrth saernïo'r llinell. Ymhellach, ar gyfer cyhoeddi'r gân, gofynnodd Owain Alaw i'w gyfaill Ceiriog i lunio ail bennill. Gan nad oes dystiolaeth i hwnnw oroesi ar lafar ni chynhwysir ef yma.

Sylwer mai dwy ran sydd i'r gân gyda'r ddwy ohonynt yn eu tro yn cael eu hailadrodd. Mae cwmpas yr alaw bron drwyddi draw yn chwe nodyn, gydag ambell naid i'r llywydd

Enghraifft 7

Lah: G

{ :d | t₁ .l₁ :- :l₁ | l₁ :- :m₁ | l₁ :l₁ :t₁ | d .m :- :d }

Lloer dir-ion, lliw'r dydd! Mewn poen ac mewn pen-yd, Mewn

{ l₁ :d :t₁ | l₁ :- :d | t₁ .l₁ :- :l₁ | l₁ :- :m₁ | l₁ :l₁ :t₁ }

breu-ddwyd rwy'n brudd: Trwy syn-dod rhyw syw, Mae'r ga-lon mor

{ m .m :- :t₁ | l₁ :d :t₁ | l₁ :- .m | m .m .m :- :m | m :- :m .m }

gw-la, Ni fy-dda i fawr fyw: Pan we-lais dy wedd, Ti a'm

{ f :m :r | m :- :m | f .m :- :m | r .d :- :r | m :r :d | t₁ :l₁ :l₁ }

clwy-faist fel cledd, Ce's ddo-lur heb wy-bod, 'rwyf he-no'n un hyn-od, Yn

{ l₁ :d :t₁ | t₁ :- :t₁ | t₁ .t₁ :- :t₁ .d | r :- :d .t₁ | d :- .r :m | m₁ :- :t₁ }

ba-rod i'm bedd! O dduw-ies fwyn dda, llyw glwy-fus ddyn cla', O

{ d :- .r :m | m .l :- :l₁ | d .d :- :t₁ | l₁ :- :t₁ | t₁ .m :- :m | m :- :m }

sa-fia fy my-wyd, Lloer hyf-ryd lliw'r ha'. Mae rhai â'u bryd ar

{ f :m :r | m :- :m .m | f :m :m | r :d :r | m :- :r .d }

beth-au y byd, Ond ar len-did lloer wiw-lan Rhois i fy holl

{ t₁ :l₁ :l₁ | d .d :- :d | t₁ :- :t₁ | t₁ :- :t₁ .d | r :- :t₁ | d :r :m }

am-can Yn gy-fan i gyd, Pe cawn ond ty-di, Mi dd'we-dwn yn

{ m₁ :- :t₁ | d :- .r :m | m .l :- :l₁ | d .d :- :t₁ | l₁ :- }

hy, Fod di-gon o gy-foeth, Wen en-eth, gen i.

uchlaw'r tonydd a'r llywydd islaw iddo, a chan amled yw geiriau dwysillafog yn y Gymraeg fel y ceir sawl enghraifft o drawsacennu ynddi, hynny'n cyd-fynd yn hyfryd â llyfnder cymalau cyson eu curiad. Ychwaneger at hyn swyn odl a chytseinedd, ynghyd â hen drawiadau cyfarwydd megis 'lloer dirion', 'lloer hyfryd lliw'r ha', 'lloer wiwlan', 'dduwies fwyn dda' ac ati, a cheir gem o gân am ŵr claf o serch sy'n deisyf iachâd!

Un sylw 'diwygiadol' ychwanegol. Pan oedd Phyllis a minnau'n cynnwys y gân yn *Canu'r Cymry II* yn 1987, ac yn cynnig sylwadau cefndir arni, cyfeiriasom at lythyr a anfonodd Idris Fychan at Ceiriog yn sôn am y tro yr aeth y ddau ohonynt i 'dŷ David Morgan y popty' yn Llanidloes i wrando arno'n canu yr hyn a dybiai Ceiriog oedd yn hen alaw Gymreig.[24] Wedi iddo ganu'r gân mynnodd Idris Fychan nad alaw Gymreig ydoedd ond un Seisnig o'r enw 'The wounded huzzar'. Diamau mai'r un David Morgan oedd hwn â'r gŵr a ganodd 'Lloer dirion' i Owain Alaw a thybiasom ninnau mai'r un gân a ganodd i Geiriog ac Idris. Ar y pryd ni wyddem am alaw o'r enw 'The wounded huzzar' ond daethom ar draws fersiwn ohoni yn ddiweddarach yn Llyfrgell Genedlaethol Cymru, llawysgrif Llewelyn Alaw NLW 337D, a gwelsom ar unwaith nad oedd perthynas rhyngddi a 'Lloer dirion'. Os felly roedd honiad Idris Fychan yn gamarweiniol. Eithr efallai ein bod ninnau'n gwneud cam â'r Idris; efallai mai camgymeriad o'n tu ni oedd tybio mai 'Lloer dirion' a ganwyd iddo ef a Cheiriog ar eu hymweliad nhw â David Morgan y popty. Dichon mai cân arall a ganodd y tro hwnnw. A bwrw mai felly y bu dyma ymddiheuro'n llaes i un o gewri canu penillion ei ddydd.

Moli'r Cariad

YMYSG Y CANEUON serch, hon yw'r isadran fwyaf niferus, fel y gellid disgwyl. Mae'n elfen sydd i'w chael hefyd mewn rhai caneuon a berthyn i isadrannau eraill, ond i raddau llai. Gwelsom eisoes, yn y gân 'Goleuddydd' er enghraifft, gryn foli ar 'y gangen wen ei gwawr'; nid yw hynny ond un esiampl o'r mynych orgyffwrdd sy'n anorfod wrth ddosbarthu caneuon gwerin.

Gan amlaf, rhyw glodfori'r ferch yn gyffredinol a wneir, a chymharol brin ar y cyfan yw disgrifiadau penodol o'i nodweddion corfforol. Yn amlach na pheidio hefyd canmolir hi am ei rhinweddau. Dyma, ar antur megis, rai ymadroddion, yn drosiadau a chyffelybiaethau; hen drawiadau hwylus wrth law i brydyddion fel 'tae, esiamplau o rethreg iaith serch: lliw'r gwinwydd, lloer weddaidd, seren syw, lliw'r lili, lili oleulan, cangen fwyn / wen / bêr, seren lawn o serch, lliw'r huan, paunes dirion, lliw'r manod, win forwyn, mun ffraeth, menyw fwyn, benyw fain, blodau'r byd, deuliw'r od … ac ymlaen, ymlaen. Sylwn bellach ar rai esiamplau o'r math hwn o ganeuon.

Y cariad cyntaf

Ar 11 Awst 1910, mewn eisteddfod yn Llangeitho, Ceredigion, cynhaliwyd cystadleuaeth agored ar ganu caneuon gwerin. Pedwar yn cystadlu a phob un yn canu tair cân. Yn eu plith roedd gyrrwr fan o Aberystwyth, Arthur Jenkins, ac roedd 'Y cariad cyntaf' yn un o'r tair cân a ganodd. Yn yr un eisteddfod roedd dwy o gefnogwyr brwd Cymdeithas Alawon Gwerin Cymru, Mary Davies a'i chyfeilles Annie Ellis, gweddw y diweddar, erbyn hynny, T. E. Ellis, cyn-Aelod Seneddol Meirionnydd. Yr olaf oedd yn noddi'r gystadleuaeth a'r gyntaf oedd beirniad cerdd yr eisteddfod. Yn ôl ei harfer erbyn hyn roedd gan Mary Davies ffonograff gyda hi (peiriant pur newydd ar y pryd) a chafodd gyfle rywbryd yn ystod y digwyddiadau i recordio Arthur Jenkins yn canu'r gân dan sylw. Fe'i cyhoeddwyd gyntaf yn CCAGC.[25]

Enghraifft 8

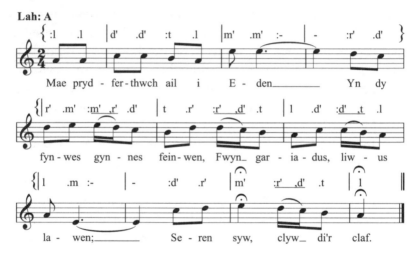

Addo'th gariad i mi heno;
Gwnawn amodau cyn ymado
I ymrwymo doed a ddelo;
 Rho dy gred, a d'wed y doi.

Liwus lonad, serch fy mynwes,
Wiwdeg orau 'rioed a gerais,
Mi'th gymeraf yn gymhares;
 Rho dy gred, a d'wed y doi.

Yn dy lygaid caf wirionedd
Yn serennu gras a rhinwedd;
Mae dy weld i mi'n orfoledd;
 Seren syw, clyw di'r claf.

Mae'r canmol ar wedd olygus y cariad yn y pennill cyntaf a'r trydydd yn amlwg, a rhoddir pwyslais llawn mor bendant ar ei rhinweddau moesol yn y pedwerydd pennill; ar ei doethineb yn ogystal yn yr ymadrodd 'seren *syw*' – ansoddair sydd, yn yr ystyr benodol a berthyn iddo yma (a barnu oddi wrth esiamplau o'i ddefnydd yn *Geiriadur Prifysgol Cymru*), ar fin diflannu o'n hiaith. Mae i'r alaw ffurf ddiddorol i ganwr; un gyferbyniol ac eto gytbwys, yn agor gyda brawddeg gerddorol ddatganiadol sy'n dyrchafu o A i E ac yna'n treiglo'n ddilyniant o gymalau tuag i lawr hyd at E o dan y tonydd. Dyna'r cyferbynnu. Eithr mae cydbwysedd yma yn ogystal, oherwydd dyna'r patrwm, wedi cwtogi arno, a geir yn y ddau far olaf: tuag i fyny, tuag i lawr. At hynny, perthyn i'r alaw dinc Gymreig yn yr ystyr ei bod, ar wahân i un nodyn, o fewn cwmpas pum nodyn dilynol ac yn cynnwys adleisiau o'r hwyl bregethwrol sydd bellach bron wedi llwyr ddistewi yn ein tir.

Mae cwestiwn diddorol yn brigo ynglŷn â'r geiriau. Wrth bori un tro mewn cyfrol o'r enw *Blodau Dyfed*, a gyhoeddwyd yng Nghaerfyrddin yn 1824, digwyddais daro ar gerdd gan John Howell (1774–1830), athro ysgol, bardd a cherddor a dreuliodd ran helaethaf ei oes yn Llanymddyfri. Enw'r gerdd tri phennill yw 'Canmoliaeth Merch', ac yn y pennill olaf ceir llinellau yma ac acw sy'n cyfateb i rai o linellau 'Y cariad cyntaf'. Dyma nhw: 'Wiwdeg oreu erioed a gerais, / Mi'th gymmeraf yn gymmares'; 'Yn dy gynnes fynwes, feinwen,'; 'Seren syw, clyw y claf'; 'Dim ond addo hyn im' heno, / Cawn ammodau cyn ymado, / I ymrwymo, doed a ddelo, / Dyro'th gred, d'wed y doi'.[26]

Sylwais fod y gerdd i'w chanu yn ôl John Howell 'Ar y Duke of Gloucester's March' a chododd y posibilrwydd i'r meddwl y gallai alaw 'Y cariad cyntaf' fod yn addasiad o ran o'r alaw Seisnig. Deuthum ar draws copi o honno yn *Melus-Seiniau Cymru* Ifor Ceri,[27] a gweld ar unwaith nad felly yr oedd pethau. Eithr beth am y gyfatebiaeth geiriau rhwng cerdd John Howell a phenillion y gân werin? Y peth tebycaf o bell ffordd, dybiwn i, yw fod John Howell yn gyfarwydd â'r 'Cariad cyntaf' ac iddo weu rhai o eiriau'r gân honno (esiampl o ganu carolaidd) i'w gerdd ei hun (sydd hithau'n garolaidd ei dull).

Mae 'nghariad i'n Fenws

Cofnodwyd hon gan dri chasglydd gwahanol, J. Lloyd Williams, Enid Parry a Peter Kennedy, ac ymddengys mai dau bennill yn unig a ganwyd gan y tri chanwr; y ddau a genir yn arferol, gyda mân newidiadau, gan berfformwyr cyfoes:

> Mae 'nghariad i'n Fenws, mae 'nghariad i'n fain,
> Mae 'nghariad i'n dlysach na blodau y drain,
> Fy nghariad yw'r lanaf a'r wynna'n y sir,
> Nid canmol yr ydwyf ond d'wedyd y gwir.
>
> Wych eneth fach annwyl sy'n lodes mor lân,
> A'i gruddiau mor writgoch, a'i dannedd mân mân,
> A'i dau lygad siriol a'i dwy ael fel gwawn –
> Fy nghalon a'i carai pe gwyddwn y cawn.

Canmoliaeth dra derbyniol gan unrhyw ferch yn ddiamau! Yng nghasgliad T. H. Parry-Williams, *Hen Benillion*, fe'u ceir gyda'i gilydd, ond yn *Penillion Telyn* W. Jenkyn Thomas safant ar wahân, a hynny'n briodol ddigon.[28] Maent yn gyflawn ynddynt eu hunain. Tynnaf sylw at hyn oherwydd bod ar gael eiriau sy'n cynnwys y ddau bennill hwn, a nifer o rai eraill o dan y pennawd 'Caru llawer', i'w gweld mewn casgliad o gerddi amrywiol y cyfeiriwyd ato'n gynharach, sef llawysgrif John Thomas, Maes Fedw, sydd yn llyfrgell Amgueddfa Werin Cymru (AWC 1065). Dyma union ffurf y penillion yno:

> Mae nghariad, mae nghariad yn byw yn Nhy'r Fry
> A llwyn o goed fala wrth dalcen y ty
> Rwy'n un o'i chariadon o bedwar ar ddeg
> 'Rwy'n gwybod ca'i gusan cyn gynted a neb.

Mae 'nghariad i'n caru melinydd a gwŷdd
A go' ac ysglater, a chowper a chrydd
A ffarmwr a chraswr a chroeso bob rhai
Er hynny 'dwy'n caru'r hen gariad dim llai.

Mae 'nghariad i'n caru fel cawod o law
Mae weithiau ffordd yma weithiau ffordd draw
Ond cariad pur ffyddlon, ni char hi ond un
Y sawl a gar lawer gaiff fod heb yr un.

Mae nghariad i'n fenws, mae nghariad i'n fain
Mae nghariad i'n dlysach na blodau y drain
Mae nghariad i'n lana, a'r fwyna'n y Sir
Nid rhan mod i'n brolio ond dwedyd y gwir.

Ni welais mo nghariad na heddiw na ddoe
Nac wythnos i heddiw, nac wythnos i ddoe
Pan welaf hi nesa mi caraf hi'n iawn
O fore dydd Mercher hyd ddydd Iau'r prynhawn.

A phan gai'r hen gariad r'un feddwl a mi
Ni byddaf i'n ifanc 'run diwrnod ond tri
Un diwrnod i garu, a'r llall i bartoi
A'r trydydd i wneuthur y fargen a'i chloi.

Hi Gweno fach annwyl, sy lodes mor lan
A'i hwyneb gwyn gwridog a'i dannedd mân mân
A'i dau lygaid leision, a dwy ael fel gwawn
Fy nghalon a'i carai pe gwyddwn pe cawn.

Mae'n debygol iawn mai'r hyn a ddigwyddodd yma oedd
i rywun osod penillion ynghyd i 'wneud cerdd' ac er bod y
tri phennill agoriadol yn mynd yn hapus â'i gilydd eto gallai
pob pennill sefyll ar ei draed ei hun. Yn wir, am ei werth, ar
ei ben ei hun y saif pennill 1 yn *Hen Benillion*, a dyna'r gwir
hefyd am benillion 2, 3, 4 a 7 yn *Penillion Telyn*.[29] Hyd yma ni
ddigwyddais weld penillion 5 a 6 yn unman, a gellid tybio bod
yr 'A phan' ar ddechrau pennill 6 yn arwydd eu bod ynghlwm
â'i gilydd, ond mae eu cynnwys yn eu gosod ar wahân.

Dywedais yn gynharach fod tri chasglydd wedi cofnodi ffurfiau ar y gân fach hon; hynny o ganu tri chanwr gwahanol. Un o'r rheiny oedd y John Thomas oedd yn gyfarwydd â'r penillion uchod, ond yn *Folksongs of Britain and Ireland* y geiriau sy'n rhan o'r gân yw'r ddau bennill 'arferol'. Rhyfedd na fyddai John Thomas wedi canu'r penillion i gyd. Efallai iddo wneud hynny – dyna a ddisgwyliwn oddi wrtho – ond i Peter Kennedy a'i ymgynghorydd ar ei daith gasglu yng Nghymru, W. Emrys Cleaver, fodloni ar argraffu'r ddau bennill yn unig. Sut bynnag y bu, ffaith arall ddiddorol am y gân yw i'r tri chanwr ddefnyddio alawon cwbl wahanol ar gyfer canu'r geiriau.

Mae'r cofnod cyntaf o'r gân, gan J. Lloyd Williams, i'w weld yn CCAGC,[30] a'r gŵr a'i canodd oedd William Thomas, Llangefni, a'i dysgodd gan hen wraig o Langristiolus ym Môn (Enghraifft 9).

Cyhoeddwyd yr ail fersiwn yn 1954,[31] a chafodd ei chofnodi gan Enid Parry o ganu Caradog Puw, Cynythog Bach, nid nepell o'r Bala, datgeiniad cerdd dant o fri (Enghraifft 10).

Yn 1975 y cyhoeddwyd *Folksongs of Britain and Ireland*, ac fel Caradog Puw un o gyffiniau'r Bala oedd John Thomas yntau (Enghraifft 11).[32]

Fersiwn William Thomas sydd fwyaf adnabyddus erbyn hyn ac mae'r mynych wrthacennu yn nodwedd amlwg ar yr alaw. O'r geiriau deusill niferus sydd yn y ddau bennill nid oes ond pump ohonynt heb eu gwrthacennu. Braidd yn ailadroddus yw alaw fersiwn Caradog Puw, ond tra difyr i ganwr yw'r newid amseriad o 6/8 i 2/4 yn y ddau far olaf. O'i chymharu â'r ddau fersiwn arall mae un John Thomas yn canu'n fwy llyfn a'r dyrchafu o B trwy D i E yn y tair brawddeg gyntaf yn hyfrydwch i'r glust.

Cofnodwyd ail bennill i fersiynau William Thomas a John Thomas, ond un pennill yn unig i fersiwn Caradog Puw.

Enghraifft 9

Enghraifft 10

Enghraifft 11

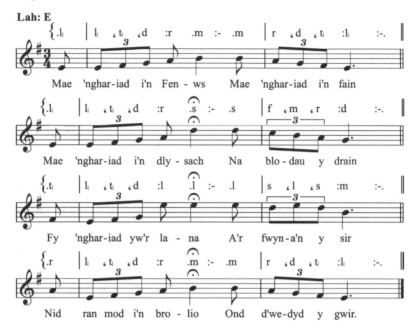

Ail bennill Enghraifft 9:

Wych eneth fach annwyl,
  Sy'n lodes mor lân,
A'i gruddiau mor writgoch,
  A'i dannedd mân mân;
A'i dau lygad siriol,
  A'i dwy ael fel gwawn;
Fy nghalon a'i carai –
  Pe gwyddwn y cawn.

Ail bennill Enghraifft 11:

Wych eneth fach siriol
  Sy'n lodes mor lân
A'i gruddiau mor writgoch
  A'i dannedd mân, mân
A'i dau lygad siriol
  A'i dwy ael fel gwawn
Fy nghalon a'i carai
  Pe gwyddwn y cawn.

36

Ar lan y môr

Alawon cysylltiedig â Hen Benillion a gawn yma eto – tair ohonynt. Cofnodwyd un yn Nhroed-y-rhiw, ger Merthyr Tudful, un ym Mathri, Sir Benfro, a'r drydedd o ganu un o Gymry Llundain. Yn y tri achos fel ei gilydd yr un yw'r pennill cyntaf:

> Ar lan y môr mae rhosus cochion;
> Ar lan y môr mae lilis gwynion;
> Ar lan y môr mae 'nghariad inne,
> Yn cysgu'r nos, a chodi'r bore.

Hwn yn unig a gafwyd, yn wreiddiol, o Lundain ond pan gafodd ei ail-gyhoeddi gan W. S. Gwynn Williams yn ail gyfrol *Caneuon Traddodiadol y Cymry* (1963) ychwanegodd ef ddau bennill allan o *Hen Benillion* ato, gan newid peth ar yr ail ohonynt:[33]

> Ar lan y môr mae carreg wastad,
> Lle bûm yn siarad gair â'm cariad;
> O amgylch hon fe dyf y lili
> Ac ambell gangen o rosmari.

> Ar lan y môr mae cerrig gleision,
> Ar lan y môr mae blodau'r meibion,
> Ar lan y môr mae pob rhinweddau,
> Ar lan y môr mae 'nghariad innau.

Ymddengys mai'r ymadrodd agoriadol 'Ar lan y môr' sy'n cyfrif am ddewisiad W. S. Gwynn Williams o benillion (mae'n arwyddocaol mai 'Yng nglan y môr' yw geiriau agoriadol llinellau'r ail bennill gan T. H. Parry-Williams); ond ar wahân y cofnodir y ddau yn *Hen Benillion*, ac unwaith yn rhagor awgrymir yn gryf mai fel penillion annibynnol ar ei gilydd y saernïwyd nhw ac nid fel rhan o ddilyniant cerdd gyfan.[34] Ategir hyn gan y penillion ychwanegol a gysylltir â'r ddwy alaw arall o Droed-y-rhiw a Mathri.

Eithr gan mai'r tri phennill blaenorol a genir amlaf o lawer bellach fel penillion 'Ar lan y môr' (er nad oes tystiolaeth iddynt fod yn draddodiadol ynghlwm â'i gilydd) cystal sylwi yn neilltuol ar ystyron ambell air ac ymadrodd ynddynt.

Fel llysieuegydd o'r radd flaenaf dyma farn J. Lloyd Williams am ddwy linell agoriadol pennill cyntaf y gân: 'The ecology of the first two lines is sadly at fault'. Cywir wrth gwrs, ond nid disgrifiad gwyddonol o fyd y blodau oedd gan y bardd mewn golwg wrth eu llunio. Iddo ef arwydd o angerdd serch oedd y 'rhosus cochion' ac arwydd o burdeb gwyryfdod oedd y 'lilis gwynion'. Defnydd ffigurol o iaith sydd yn yr ail bennill yntau. A dyfynnu E. G. Millward:

> Nid damweiniol mo'r dewis o flodau ... Dechreuwn gyda'r rhosmari. Arwydd o gofio yw'r planhigyn hwn, ac o'r herwydd, o ffyddlondeb. Fe gofir am eiriau Ophelia wrth Hamlet: 'There's rosemary, that's for remembrance; pray love, remember ...' O'i gael yn y tusw priodol, arwyddai gofio am gartref ac anwyliaid. ... Gwyddys am yr amrywiad ar drydedd linell y pennill: 'Oddeutu hon mae teim yn tyfu'. Yn y canu Saesneg yr oedd dwyn teim yn gyfystyr â dwyn gwyryfdod merch.[35]

Un sylw arall ar ymadrodd o'r trydydd pennill a all achosi peth dryswch i rai, sef 'blodau'r meibion'. Pennill merch yw hwn a chanmol y rhagoraf, y 'pennaf flodeuyn', ymysg meibion y mae hi.

O droi at alawon 'Ar lan y môr' gwelir fod tair ohonynt, a'r rheiny heb unrhyw berthynas rhyngddynt a'i gilydd. Cyhoeddwyd fersiwn Ivor T. Jenkins, Llundain, yn CCAGC yn 1937[36] ac yna, trwy amryfusedd o ryw fath, yn ddiweddarach yn CCAGC 1948[37] gyda pheth newid ar yr amseriad (Enghraifft 12).

Dyma'r alaw fwyaf gafaelgar o'r tair, gyda'r canwr yn datganu 'Ar lan y môr' ar gychwyn tair o linellau'r pennill, hynny ar lywydd y raddfa, ac yna ar agoriad y llinell glo yn llamu o'r tonydd i'r nodyn uwchben y llywydd cyn disgyn drachefn yn dawel gadarn i'r tonydd. Mae diwedd y drydedd linell, sy'n

Enghraifft 12

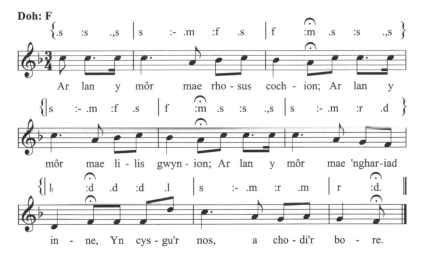

dod â'r ailadrodd i ben, yn gafael hefyd. O fewn i alaw mor fer mae'r amrywiaeth yn gyfareddol.

Cyfeiriwyd yn gynharach, tra'n trafod 'A fynni di fab fel myfi?', at Philip Thomas, Castell Nedd, ysgogwr egnïol canu caneuon gwerin yn yr Ysgol Wyliau Gymraeg, Llanwrtyd, darlithydd a beirniad canu gwerin. Ef a gofnododd y fersiwn 'Lan y môr' a ganwyd gan Robert Richards, Troed-y-rhiw; fe'i cyhoeddwyd yn CCAGC 1937 (Enghraifft 13).[38]

Alaw yn y modd lah yw hon, yn fwy ailadroddus a gwastad na'r flaenorol, ac yn tueddu at fod yn undonog. Perthyn i alaw cân arall a welir yn CCAGC 1919 dan y pennawd 'Dacw long',[39] alaw oedd ar fynd ym Môn a Phenrhyn Llŷn (ym mhen arall Cymru o Ferthyr Tudful) ac un, ar gyfrif agoriad yr ail a'r bedwaredd linell, sy'n osgoi undonedd.

O'r gorllewin eithaf i Droed-y-rhiw y daw'r trydydd fersiwn o'n cân, o ardal Mathri, Penfro, a chan Ben Phillips ('Ben Bach' i'w gydnabod o bell ac agos) y canwyd ef, i'w recordio gan W. Emrys Cleaver a Seamus Ennis, yn 1953, ar gyfer un o raglenni'r BBC. Byddai Ben Phillips tua 82 oed ar y pryd. Treuliodd ran helaethaf ei oes fel coetsmon a garddwr ym

Enghraifft 13

Lah: G

Enghraifft 14

Doh: F

mhlasty Lochtwrffin, nid nepell o Fathri. Cyhoeddwyd ei fersiwn, flynyddoedd wedi ei farw, yn *Folksongs of Britain and Ireland*, gyda'r penillion ychwanegol hyn (Enghraifft 14):[40]

Oer yw'r rhew ac oer yw'r eira
Oer yw'r tŷ heb dân yn y gaea'
Oer yw'r eglwys heb ddim 'ffeirad
Oer wyf finnau heb fy nghariad.

Dacw'r tŷ a dacw'r talcen
Lle ces i nosweithiau llawen
Ar y llofft uwchben y gegin
Gyda'r ferch â'r rhuban melyn.

Mae gen i fuwch a dau gorn arian
Mae gen i fuwch sy'n godro'i hunan
Mae gen i fuwch sy'n llanw'r stwcau
Fel mae'r môr yn llanw'r baeau.

Nodwedd arbennig ar yr alaw yw nid yr ailadrodd a welir mor amlwg yn y ddau fersiwn blaenorol ond yn hytrach y camu o linell i linell oddi mewn i'r cord cyffredin mwyaf. Mae'r effaith yn hyfryd o syml. Ni ddylid cefnu ar fersiwn Ben Bach chwaith heb gyfeirio'n ddiolchgar at yr un pennill o'r pedwar nad yw'n driadig ei ffurf. Byddai'n tlodi pethau i fod heb y 'terch â'r rhuban melyn'!

Lliw'r gwinwydd

Cyfeiriais at Ifor Ceri a rhai o'i lawysgrifau ddwywaith yn barod. Dyma'r tro cyntaf imi droi at gân a godwyd o'i gasgliad trawiadol ef. Nid hwn fydd y tro olaf chwaith. Pan ddaeth J. Lloyd Williams ar draws y llawysgrifau hynny yn y Llyfrgell Genedlaethol gwelodd ar unwaith mor arwyddocaol oeddynt, a thros y blynyddoedd cyhoeddodd nifer dda o ganeuon ohonynt yn CCAGC. Mae 'Lliw'r gwinwydd' i'w gweld yn rhifyn 1937 ac fe'i codwyd o *Melus-Seiniau Cymru*, rhan 3, rhif 16, llawysgrif a gynullwyd gan mwyaf, yn ôl Daniel Huws, rhwng 1817 ac 1820, gydag ychwanegu peth ati hyd 1825.[41]

Rhoes Ifor Ceri dri phennawd iddi: 'Lliw'r Gwinwydd', 'Clod Gwen' a 'Hoffedd Siemsyn Twrbil', ac ymddengys oddi wrth y 'J. J. Morganwg' ar gongl dde uchaf y tudalen mai ef ei hun (John Jenkins) a'i cofnododd o ganu rhywun neu'i gilydd mewn rhyw ran o Forgannwg. Rhywsut hefyd daeth i wybod mai Siemsyn Twrbil oedd awdur y geiriau a ganwyd, oherwydd ar waelod yr un tudalen sgrifennodd hyn: 'Gwel: Blwch o bleser Dalen 32. J Turberville ai cant'.

Ychydig a wyddys am Siemsyn Twrbil. Tybir iddo gael ei fagu yn Nhre-lai, Cacrdydd, ei fod yn wehydd wrth ei alwedigaeth ac yn adnabyddus fel prydydd ledled Morgannwg. Y gerdd enwocaf a gysylltir ag ef, y dywedir iddi gael ei chyfansoddi yn 1812, yw 'Ffarwél i Langyfelach lon', plwyf y bu'n trigo ynddo am beth amser. Cyhoeddwyd dwy gerdd arall o'i eiddo yn ogystal, sef un i 'Gartreflu Morganwg' ac un arall, 'Ar lan rhyw afon'. Treuliodd gyfnod hefyd yn Nhonyrefail, a phriodolir iddo yn yr ardal honno driban doniol sy'n werth ei gofnodi yma. Roedd yno dafarnwr o'r enw Thomas Mercy, a adwaenid yn lleol fel 'Tomos Trugaredd', yn cadw tŷ o'r enw 'Green Dragon'. Talodd am arwydd i'w osod uwchben y drws, darlun o wiber a chynffon hir ganddi. O weld yr arwydd canodd Siemsyn fel hyn:

Wel dyma bethau rhyfedd
I'r golwg ddaeth o'r diwedd,
Gweld gwiber las, a'i chwt yn lws
Yn curo wrth ddrws Trugaredd.

Fel yr awgrymir gan ddau o'r penawdau cân a geir gan Ifor Ceri, cerdd o foliant i ferch yw'r un a gyhoeddwyd yn *Blwch o Bleser* (Caerfyrddin, 1816), cyfrol fach clawr meddal ar gyfer, meddir, 'ieuenctyd Cymru. Gan y beirdd goreu yn Neheubarth Cymru'.[42] Yn y gyfrol honno mae i'r gerdd dri phennill yn null y canu carolaidd a oedd, erbyn cyfnod Siemsyn, wedi ei sefydlu ei hun yn gadarn yn y Deheudir, ond y pennill cyntaf yn unig a gynhwysodd Ifor Ceri yn ei gyflwyniad ef o'r gân (Enghraifft 15).

Enghraifft 15

Doh: F

Cyn symud ymhellach gwell tynnu sylw at un ymadrodd yn y pennill: 'Fel hyff ar don'. Roedd yr 'hyff' hwn yn air dieithr i mi. Euthum at *Geiriadur Prifysgol Cymru* a chael ei fod yn golygu 'lluwch (eira); (yn y ff. *hiffyn*) pluen eira; ?ewyn'. Rhagorol; yn y cyd-destun hwn byddai 'lliw ewyn ar don' yn gwneud i'r dim.

Enghraifft 16

Fel rheol, wrth godi cân o ddatganiad canwr neu o ffynonellau llawysgrifol/printiedig, ymgroesai J. Lloyd Williams rhag eu diwygio mewn unrhyw fodd. Roedd cadw at y gwreiddiol yn un o'i egwyddorion sylfaenol fel casglydd caneuon ac alawon ac o bryd i'w gilydd anogai gasglyddion eraill i'w choledd, eithr digwyddodd rhywbeth anghyffredin iddo pan aeth ati i godi 'Lliw'r gwinwydd'. Enghraifft 16 yw fersiwn CCAGC.[43]

O gymharu'r ddau fersiwn â'i gilydd mae'n anodd derbyn mai llithriad bach wrth gopïo a ddigwyddodd yma. Rhoes J.

Lloyd Williams y llinell, 'Ei llun a'i lliw roes briw i'm bron' o dan nodiant ar gyfer llinell arall, sef "R'un gryno'i grân 'r un gron ei grudd', a hepgorodd y llinell honno a'r un ddilynol yn llwyr o'r gân. At hynny, o'r llinell ddilynol honno y daeth y ddau bennawd a roddwyd i'r fersiwn gwreiddiol gan Ifor Ceri: 'Lliw'r gwinwydd llwyr yw'm Gwen'! Go brin fod tipyn o hepian tra'n copïo yn ddigon i gyfrif am anwybyddu pedwar bar o fiwsig a hepgor dwy linell o gerdd. Tybed ai'r ailadrodd ar rai o gymalau'r alaw, yn ei hanner olaf, a ferwinodd glust y golygydd? Beth bynnag yw'r gwir, anodd osgoi'r casgliad iddo yma, o leiaf, ddiwygio cân.

Yn bendifaddau cafodd yr alaw ei diwygio gan gerddor arall, John Parry ('Bardd Alaw';1776–1851). Bu Ifor Ceri yn eithriadol o hael wrth Bardd Alaw. Rhoes iddo ugeiniau lawer o'r alawon a gasglodd, '(to) do with them as you please'. Cynhwysodd yntau gryn 106 ohonynt yn y 193 alaw a gyhoeddodd yn ei gyfrol *Welsh Harper II* yn 1848; yn eu plith ddau fersiwn o 'Lliw'r gwinwydd' dan y penawdau 'Gwenno Vach' a 'Gwinwydd', y ddau fel yr alawon i gyd heb eiriau ynglŷn â nhw.[44] Newidiodd beth ar fersiwn Ifor Ceri yn y gyntaf (er y gellid canu pennill cyntaf y gerdd arni) ond dewisodd hepgor dau far yn yr ail. Gan fod sawl enghraifft o'r math hyn o beth yn digwydd pan yw Bardd Alaw yn defnyddio casgliad Ifor Ceri gellir casglu'n hyderus mai diwygio bwriadol a ddigwyddodd yma.

Bryniau Iwerddon

O ran ffynhonnell mae llawysgrifau Ifor Ceri yn allweddol i'r gân hon hefyd, ond nid yn syml, uniongyrchol. Yn hytrach cododd J. Lloyd Williams *alaw* 'Bryniau'r Iwerddon' o *Melus-Seiniau Cymru*, rhan 2, rhif 40, a rhoes iddi *eiriau* 'Bryniau Gwerddon' o *Melus-Seiniau Cymru*, rhan 3, rhif 14, gan gyhoeddi'r cyfuniad yn CCAGC 1925, dan yr enw 'Bryniau'r Werddon'.[45] Pam hynny? Onid enghraifft arall yw hyn o weithredu'n groes i egwyddor peidio â diwygio cân wreiddiol, fel yn yr achos blaenorol? Nid felly. Gwelir y gân ei hun yn Enghraifft 17.

Enghraifft 17

Doh: G

Mei - llion - en bur-wen be-redd, O fon - edd rin-wedd ryw, A
Gwech ra - ddol, ra - sol ro - syn, lliw blis-gyn ir - wyn wy, Un

lun - iodd Duw yn la - na, hawdd-ga - ra, fwy-na'n fyw:
dyn - er, co-fia am - da - na, bryd E - fa, nodd-fa nwy;

Yn hardd fel gardd deg_ ur-ddol, o_ le - sol ne-fol nôd, Ail

Fen - ws, o - leu fwyn-war, lon glau - ar lawn o glod.

Rhiain yr holl lendid, gnawd hyfryd gain wyt ti,
Diana i daflu hudoliaeth, mewn afiaith o'm blaen i;
Well-well fel Siwsanna, a'th eirda a wela'n wych,
F'angyles yn fy ngolwg, da drefnus yn y drych;
Yr wyt ti feinir odiaeth yn berffaith beth i'r byd,
Hawddgara, a'r fwyna, f'enaid, deg euraid wyt i gyd.

Dy fanwallt dros dy fynwes, sy'n taenu'n llaes fel llin,
Pob modfedd rinwedd raenus, yn drefnus wrth ei drin;
Tra byddo ffansi ffyddlon ynghalon gyfion gŵr,
Cei gariad di-derfyniad trwy sail osodiad siŵr.
Tra byddo adar oediog yn rhodio brigog bren,
Bydd hynod glod y gwledydd, iach beunydd uwch dy ben.

Sylwer mai enw ar alaw yw 'Bryniau'r Werddon' yma (cyfeirir
ati fel 'Tune 2') ac nad oes enw o gwbl ar y gerdd y dyfynnir tri

phennill ohoni. Pan gofnododd Ifor Ceri ei 'Bryniau Gwerddon' ef yn *Melus-Seiniau Cymru*, rhan 3, rhif 14 gofalodd nodi: '(Tôn a genir yn y Deheubarth ar y mesur Bryniau Gwerddon) J.J. Irish Tune'; ychwanegodd hefyd enw'r gerdd uwchben yr un pennill a ddefnyddiodd ohoni, sef 'Arwyrain Merch', ynghyd ag enw'r bardd a ffynhonnell ei gerdd: 'Gwel Blodeugerdd Dalen 282. Huw Morus ai cant'. Dyna roi gwybod inni felly fod 'Bryniau Gwerddon' / 'Bryniau Iwerddon' yn enw ar alaw ac ar fydr barddonol.

Gallwn ninnau bellach fanylu peth ar hynny. Gwelwyd yn gynharach fod 'Mentra Gwen' yn enw ar alawon a mydr barddonol. Gellir dwcud yr un peth am 'Ffarwel Ned Puw', 'Diniweidrwydd', 'Gwêl yr Adeilad', 'Trymder', a sawl cân arall. Dyma ffaith a ddaw'n gyfarwydd yn fuan i unrhyw un sy'n ymwneud â'r canu carolaidd a baledol; yn wir, yn achos 'Bryniau Iwerddon' mae'n boenus o amlwg. Dyma'r pennawd *cerddi* y deuir ar ei draws amlaf yn nhaflenni baled y bedwaredd ganrif ar bymtheg – yn agos i 250 o weithiau yn ôl Tegwyn Jones, yr awdurdod pennaf ar y maes arbennig hwn – ac nid yw'n absennol o bell ffordd ymhlith taflenni baled y ddeunawfed ganrif chwaith. Yr un pryd ceir nifer dda o *alawon* sy'n dwyn yr un enw; o bosibl gryn ddeunaw, yn cynnwys ambell amrywiad ac o leiaf un enghraifft o gamenwi.

Yrŵan, o gyfyngu ein hunain i gwestiwn safle 'Bryniau Iwerddon' yn llawysgrifau Ifor Ceri, gellir dweud fod ganddo bum alaw wahanol ynghlwm wrth y pennawd. Cyhoeddodd J. Lloyd Williams dair ohonynt yn CCAGC. Eithriodd un yn arbennig, sef yr un a dybiai Ifor Ceri ei bod yn 'Irish Tune', gan ei chysylltu yr un pryd â cherdd o eiddo Huw Morys. Pam y dewisodd J. Lloyd Williams wneud hyn?

Awgrymaf iddo gytuno ag Ifor Ceri, yn gam neu'n gymwys, mai alaw Wyddelig oedd hon, a chan fod ganddo alawon eraill o'r un enw at ei alw, a ystyriai yn rhai Cymreig, barnai y byddai'n briodol iddo ei gosod hi o'r neilltu a chysylltu ei geiriau gydag un o'r alawon brodorol hynny. Nid diwygio cerdd wreiddiol mo hyn yn ei olwg ond ymgadw rhag cyhoeddi alaw, mewn cylchgrawn caneuon gwerin Cymraeg, y credai ef ei bod yn un dramor. Roedd gweithredu felly yn un o'i egwyddorion golygyddol sylfaenol o'r cychwyn cyntaf.

Ymddengys ymhellach na fyddai J. Lloyd Williams yn barod i dderbyn unrhyw ddiffiniad o 'cân werin' fel 'cyfuniad *penodol* o alaw a geiriau a oroesodd ar lafar'. Cyfuniad o alaw a geiriau, ie, ond nid o'r un alaw a'r un geiriau, o anghenraid. Yn ei Nodiadau Golygyddol ar ddechrau CCAGC 1922, dywed hyn:

> It will be seen that in this number of the Journal special attention has been paid to Carol tunes and Ballad tunes. Hitherto they have been passed over for several reasons. It was at first thought that nearly all of them were importations from England. There was some doubt whether they might be regarded as folksongs. The words, in all cases were definitely written for the tunes; the tunes however showed many of the characteristics of folk music, and the more they were studied the clearer it became that, in their present form, they can be regarded as a distinct and definite type of folk tune.[46]

Ar bwys hyn ni welai ef unrhyw beth o'i le yng ngwaith Ifor Ceri yn *dewis* cerdd o lyfr printiedig i gyd-fynd ag alaw a gofnodwyd ganddo ef, neu rywun arall, o berfformiad canwr neu offerynnwr. Felly hefyd ni phetrusodd J. Lloyd Williams rhag trosglwyddo geiriau carol neu faled o un alaw i alaw wahanol, a bwrw bod rheswm digonol dros wneud hynny. Yn wir, yn achos rhai alawon traddodiadol dieiriau, dilynodd ef ei hun esiampl Ifor Ceri droeon, yn ddigon agored, a cheir sawl enghraifft ohono'n gwneud hynny yn CCAGC, cyfrol 2, rhannau 3 (1922) a 4 (1925), lle mae'n trafod alawon carolau a baledi yn neilltuol.

Un pwynt arall cyffredinol am alawon 'Bryniau Iwerddon' a all fod o ddiddordeb. Cyfeiriwyd yn gynharach at restr o enwau alawon a luniwyd gan Richard Morris yn 1717.[47] Cynnwys honno'r teitl 'the banks of Ireland', ond hyd yma ni lwyddwyd i ddarganfod nac alaw Wyddelig na Seisnig o'r enw hwnnw.

Gallwn bellach droi at y gerdd a ddewisodd Ifor Ceri ar gyfer ei 'Bryniau Gwerddon', un o gerddi serch Huw Morys ('Eos Ceiriog', 1622–1709), dan y pennawd 'Arwyrain Merch, I'w canu ar fesur a elwir Bryniau'r Werddon'. Y pennill cyntaf yn unig a godwyd gan Ifor Ceri, hynny o *Blodeu-gerdd Cymry*,[48] ond pan gyhoeddodd J. Lloyd Williams dri phennill cyntaf y gerdd trodd ef at gyfrol gyntaf 'Eos Ceiriog', sef casgliad mewn dwy gyfrol o beth o waith Huw Morys, gan Walter Davies ('Gwallter Mechain', 1761–1849), a theitl y gerdd yno yw 'Arwyrain Rhian y Rhianod'.[49]

Saernïodd Huw Morys lu o ganeuon serch a hynny fel rheol yn null y canu carolaidd. Yn wir, mae lle cryf i gredu mai ef oedd gwir arloesydd y math hwn ar brydyddu; crëwr ffasiwn newydd mewn barddoniaeth Gymraeg. Roedd Edmwnd Prys, rai blynyddoedd yn gynharach, wedi llunio cerdd hudolus, ar alaw o'r enw 'About the banks of Helicon' (a ddaeth i'r Gymraeg yn ddiweddarach fel 'Y Fedle Fawr'), yn wead rhyfeddol o linellau cyfacennog ac ymadroddion wedi eu cynganeddu'n gywrain.[50] A bwrw mai dyma'r esiampl gynharaf o ganu carolaidd yn y Gymraeg, ymddengys wedyn ei bod yn rhaid mynd at Huw Morys cyn y ceir cerddi o gyffelyb wead. Gwaetha'r modd ni ellir bod yn sicr o hynny ar hyn o bryd, yn bennaf oherwydd na wnaed gwaith digon trylwyr hyd yma ar gynnyrch barddonol yr ail ganrif ar bymtheg, fel y dengys Nesta Lloyd yn ei rhagymadrodd i'w chyfrol ragorol, *Blodeugerdd Barddas o'r Ail Ganrif ar Bymtheg*, cyfrol 1.[51] Pan ymddengys ail gyfrol y gwaith hwnnw rwy'n gwbl hyderus y ceir goleuni pellach ar hyn.

Ystyr 'arwyrain' yw 'moliant / clod' a docs ond rhaid bwrw cipolwg ar y geiriau hyn i sylweddoli fod yr hen lanc o Bontymeibion yn feistr ar foliannu merch. Ychwanegodd ef dri phennill arall at y tri a geir uchod gyda'r rheiny hefyd yn gyfuniad o hen drawiadau clasurol, cyffelybiaethau confensiynol ac ambell ymadrodd diamwys rywiol na fyddai'n dderbyniol gan rai o Gymry'r bedwaredd ganrif ar bymtheg yn sicr, megis 'gnawd hyfryd gain wyt ti', 'Dy gorph, dy gnawd, dy fwynder, yn dyner i mi y del', 'pan fawn yn nofio o nwy'. Nid Piwritan mo Huw Morys.

Ffelena No. 2

Dyna'r pennawd i gân a welir yn CCAGC 1922, a dywedir yno gan J. Lloyd Williams ei bod i'w chael yn y 'Jenkins Keri MSS, sung by "Eos y Mynydd" and said to be common in Gwynedd'.[52] Cyn trafod yr honiad hwn, fodd bynnag, rhaid tynnu sylw at gân arall, sy'n gynwysedig mewn dwy o lawysgrifau Ifor Ceri, a elwir yn 'Siani aeth am serch' yn y naill (*Melus Geingciau Cymru*, rhif 13) a 'Ffilena Deheubarth' yn y llall (*Melus-Seiniau Cymru*, rhan 3, rhif 27); yr ail yn gopi o'r gyntaf (Enghraifft 18).[53]

Pennawd y gerdd y dyfynnir ei phennill cyntaf yma yw 'Cwynfan Mab mewn Cariad', a haedda ei brintio'n eglur:

Enghraifft 18

Mi roes fy mryd a'm serch
Ar garu'r fanol ferch,
Gan feddwl cawn 'r un deg ei dawn,
Y seren lawn o serch:
Mai'n cario'r Bêl bob tyrfa y dêl,
Mai'n isel feddwl fod:
Mae'i grân fel gro, mai'n bert ei thro
Mai'n ben lle bo, mewn Brin a Bro,
Heb gêl mai'n cario'r clod.

Dyma'n sicr foli'r ferch mewn dull cywrain. Mae'r amlder odlau yn arbennig o afaelgar, rhai ohonynt yn fewnol, a cheir hefyd gryn dipyn o gyseinedd yma; y cyfan yn seinio'n hyfryd i'r glust. Dichon fod ambell air ac ymadrodd yn galw am sylw, gan eu bod erbyn hyn braidd yn ddieithr. Dyna 'manol', er enghraifft, yn 'fanol ferch'. Yn ôl *Geiriadur Prifysgol Cymru* gall olygu 'hardd, gwych, teg'. Yna 'cario'r Bêl': daw i'r meddwl ddarlun o frenhines gyda theyrnwialen yn un llaw a sffêr/glob ar gledr y llaw arall. Yr un pryd fe'i molir am ei gwyleidd-dra: mae'n 'isel-feddwl'. At hynny mae 'ei grân', ei grudd, mor ffein â gronynnau'r tywod a'i cherddediad yn bert. Pwy bynnag oedd y bardd hwn ('Dienw' fel y noda Ifor Ceri tua gwaelod ei gopi), roedd yn deall ei grefft i'r dim.

Rhoes Ifor Ceri inni hefyd ddau nodyn cefndir ychwanegol ar y copi dan sylw, sef 'J.J. Ceredigion' ac 'M.S. penes [sef, ym meddiant] J.J.', gan gyfleu trwy hynny iddo gasglu'r gân yn sir ei febyd a'i bod ar gadw mewn llawysgrif o'i eiddo'i hun.

Dyma wybodaeth wir ddiddorol. Dengys inni fod dwy wedd ar waith Ifor Ceri fel casglwr caneuon. Casglodd rai ohonynt yn uniongyrchol, yn alaw a geiriau, oddi wrth gantorion yn y fan a'r lle (dyna, mae'n debyg, a ddigwyddodd yn achos y gân hon). Ar y llaw arall casglodd alawon oddi wrth berfformwyr, cyfeillion a chydnabod ac yna cyfunodd y rheiny â cherddi o ffynonellau printiedig.

Y tebyg yw iddo gychwyn ar y gwaith trwy gofnodi caneuon yr oedd ef ei hun yn eu gwybod a thrwy wrando ar bobl eraill yn eu canu. Ceir caneuon o'r math hwn yn ei lawysgrif gynharaf, *Melus-Seiniau Cymru* (dichon mai honno oedd ganddo mewn golwg wrth gyfeirio at 'M.S. penes J.J.'). Yna'n ddiweddarach daeth i'w feddwl gynllun uchelgeisiol a beiddgar, sef casglu ynghyd yr holl alawon yr oedd eu henwau i'w cael ar frig cerddi printiedig mewn cyfrolau megis *Carolau a Dyriau Duwiol*, *Blodeu-gerdd Cymry*, *Bardd a Byrddau*, *Gardd o Gerddi*, *Dewisol Ganiadau yr Oes Hon*, a'u tebyg, hefyd mewn almanaciau, taflenni-baled ac ambell lawysgrif, o bosibl.[54] Yn hyn o beth bu'n eithriadol o lwyddiannus, gyda'r canlyniad mai yn ei lawysgrifau ef y ceir y wybodaeth lawnaf ac egluraf o gynnwys canu poblogaidd Cymru yn yr ail ganrif ar bymtheg a'r ddeunawfed ganrif.[55]

Daeth J. Lloyd Williams i wybod am rai o'r llawysgrifau, a'u lleoliad yn y Llyfrgell Genedlaethol, trwy Mary Davies yn 1908, ac erbyn Ionawr 1909 roedd wedi cychwyn ar y gwaith o gopïo rhai ohonynt. Dros rai blynyddoedd wedyn daliodd ymlaen â'r gwaith hwnnw yn achlysurol ac erbyn Gorffennaf 1918 cofnododd yn un o'i ddyddiaduron: 'At the Nat. Lib. I completed the copying of Melus Seiniau ...'.[56] Gwnaeth astudiaeth drwyadl o *Melus-Seiniau Cymru* ac awgrymaf mai dyna yn bennaf a'i harweiniodd wedyn i ystyried alawon y carolau a'r baledi fel math neilltuol o alaw werin. Rhoes le amlwg i hynny yn ail gyfrol CCAGC yn arbennig.

Dychwelwn yrŵan at yr honiad cysylltiedig â 'Ffelena No. 2' yn y gyfrol honno, sef fod y gân dan sylw yn 'common in Gwynedd'.

Wrth drafod camp J. Lloyd Williams fel golygydd rhaid cadw mewn cof yn wastad y byddai ganddo lawer mwy nag un haearn yn y tân bob amser. Dyn ar frys, ar dân, ar alwad o sawl cyfeiriad – dyna ydoedd heb unrhyw amheuaeth; deinamo o ddyn. Erbyn dechrau'r 1920au roedd ganddo doreth o ganeuon ac alawon yn aros i'w hystyried a'u golygu, yn eu plith nifer o gopïau a wnaeth o gynnwys *Melus-Seiniau Cymru*. Gryn dair neu bedair blynedd wedi iddo gwblhau'r copïo hwnnw roedd ar drywydd yr holl esiamplau o'r alaw 'Ffelena' y medrai gael gafael arnynt, hynny er mwyn eu cymharu a chyhoeddi'r canlyniad yn CCAGC.

Cyhoeddodd saith esiampl i gyd, dwy o *Melus-Seiniau Cymru* ('Ffilena Gwynedd' a 'Ffilena Deheubarth'), ond rhywsut neu'i gilydd, ym merw ei brysurdeb, rhoes y pennill a berthynai i'r gyntaf o dan nodau'r gainc a berthynai i'r ail, gweithred a olygai y byddai'n rhaid canu un cymal cerddorol o'r gân dair gwaith drosodd (ar gyfer y geiriau: 'Mae'i grân fel gro, Mae'n bert ei thro, Mae'n ben lle bo'), canlyniad nad oedd yn dderbyniol iawn ganddo. Dyn a ŵyr sut yn union y digwyddodd y fath gymysgu ar bethau.

Gallwn fod yn sicr o un peth fodd bynnag: *nid* yw 'Ffelena No. 2' CCAGC i'w chael yn *Melus-Seiniau Cymru* Ifor Ceri.

Rhwystrau ar y Ffordd

Yn ôl ein cymdogion dros Glawdd Offa nid llwybr llyfn yw llwybr serch ffyddlon. Bid a fo am hynny, dichon y gellid llunio rhestr weddol hir o rwystrau posibl ar ffordd rhai cariadon sydd am briodi, ond gwaith i gymdeithasegwyr a haneswyr diwylliant fyddai hynny. O ystyried ein hen ganeuon ni'r Cymry ymddengys y deuai'r prif rwystrau o ddau gyfeiriad, sef (i) gwrthwynebiad teuluol a (ii) gwahaniaeth dosbarth. Dyma rai esiamplau yn unig i ddangos hyn.

Morgan Jones a'i gariad

Go brin fod baled Gymraeg sy'n adrodd am ddigwyddiad carwriaethol mwy trychinebus ramantus na hon, ac efallai fod rhywfaint o sail hanesyddol i'r stori. Cyfeiria Roy Saer mewn nodyn cefndir i'r gân, 'Morgan Jones o'r Dolau Gwyrddion', yn *Caneuon Llafar Gwlad 1* at erthygl gan D. Stanley Jones dan y pennawd 'Dyffryn Teifi', a ymddangosodd yn *Y Geninen* 1899, sy'n cynnig y canlynol fel cnewyllyn hanes y garwriaeth:

> Dywaid yr un ysgrif, ymhlith pethau eraill, mai Elen Wynne, un o blant Syr Watkin Wynne, Dyffryn Llynod, oedd y ferch, mai o'r frech wen y bu farw'r cariadon; mai ym mynwent Llandysul y claddwyd y ferch, ac mai ei wrthod a gafodd dymuniad olaf MJ.[57]

Yn Llyfrgell Rydd Caerdydd y daeth Roy Saer ar draws y daflen faled berthnasol. Dyma ddyfynnu'r pennawd:

CAN SERCH, YN RHODDI HANES MORGAN JONES O'R DOLE-
GWYRDDION, A'I GARIAD, MARY WATKINS O'R DYFFRYN
LLYNOD. A fuant feirw o serch un at y llall, ac a gladdwyd yn yr
un Beddrod, yn Mynwent Llanbedr.

Ar y daflen faled hefyd priodolir y gerdd i Thomas Dafydd,
Dyffryn Teifi, ac ychwanega'r nodyn cefndir fod Dolau
Gwyrddion (Uchaf ac Isaf) ar gyrion Llanbedr Pont Steffan,
gyda Dyffryn Llynod ryw ddeng milltir i ffwrdd, nid nepell o
Landysul. Eithr prin iawn yw nifer y copïau a oroesodd o'r
amrywiad hwn ar y gerdd, tra bod degau o gopïau o amrywiad
arall arni yn dal ar gael. Y gwahaniaeth sylfaenol rhwng y
ddau fath ar amrywiad yw bod yr uchod yn cynnwys pedwar
pennill ychwanegol a bod tri o'r rheiny yn cynnwys cyfeiriadau
penodol at ferch Dyffryn Llynod. Mae hi'n ddienw, felly hefyd
ei phreswyl, yn yr amrywiad mwyaf adnabyddus. Gan fod
i'r amrywiad hwnnw ar y gerdd naw ar hugain o benillion
bodlonaf yma ar gyflwyno crynhoad o'r stori.

Mae Morgan Jones o'r Dolau Gwyrddion a merch i ŵr
cyfoethog mewn cariad. Anfonwyd y ferch i ffwrdd ymhell
o'r ardal er mwyn cadw'r ddau ar wahân, ond mynnodd ddod
yn ei hôl. Addawai ei thad adael tair mil o bunnau iddi, a
degwm dau blwyf, yn ei ewyllys ar yr amod ei bod yn cefnu
ar ei chariad. Myn hithau ei ffordd ei hunan yn gyndyn. Gyda
Morgan Jones ei hun yn gwaelu mae'n clywed fod ei gariad ar
farw. Aiff i blas ei thad i'w gweld, er ei holl lesgedd. Cofleidia'r
ddau ei gilydd ac mae hithau'n marw yn ei freichiau. Dychwel
y mab i'w gartref lle mae'i dad yn ei annog i godi'i galon ac
ymserchu mewn 'cariad *fine*' arall. I ddim pwrpas. Ac yntau
bron yn methu cerdded aiff Morgan Jones i'w hangladd ond ar
ei ffordd yn ôl at ei deulu ymddengys iddo gael trawiad ar ei
galon. Ei unig ddymuniad bellach yw cael ei gladdu yn yr un
bedd â hi. Ni fyn teulu'r ferch mo hynny o gwbl, ond mae câr
i Morgan yn mynnu mai dyna fydd yn digwydd. Daw'r gerdd i
ben gyda'r bardd yn cynghori rhieni i adael i'w plant 'fatsio lle
bo'u ffansi'.

Nid yw crynhoad noeth o'r fath yn mynd i gyffwrdd unrhyw ddarllenydd ond mae sigl a chynnwys sawl un o'r penillion pedair llinell wyth sillaf yn fater gwahanol. Blaswch y rhain er enghraifft, lle mae Morgan yn cyfarfod â'i gariad glaf a'r ddau'n cyfnewid rhoddion ymroddiad:

A phan ddaeth e' gynta' i fyny, / Fe ganfu'r ferch roedd yn ei garu,
Fc adnabu, wrth ei gwyneb, / Na chai ef eilwaith ddim ei gweled.

Tlws ei gorph a phur ei wyneb / A ddois ti yma i gael fy ngweled;
Mae'n rhaid im fado ar fyr eiriau, / Yr ydwy'n mynd i gramp yr angau.

Dyma it' bedwar darn o arian, / Nid ydyw hynny ond rhodd rhy fechan:
Gwallt dy ben oedd geni'n nghadw / Pan oeddwn ar y cefnfor garw.

Dyma it' bedwar cnotyn sidan, / Nid ydyw hynny ond rhodd rhy fechan;
Ac ar dy ben rwy'n erchi eu gwisgo, / Mae'r tu arall wedi ei gildio.

Hawdd credu fod y prydyddu a'r stori yn apelio'n gryf at drwch y boblogaeth a wrandawai ar y gerdd yn cael ei chanu neu ei darllen. Hawdd credu hefyd na faliai'r gwrandawyr yr un ffeuen am wirionedd neu eudeb y stori. Efallai i ferch Dyffryn Llynod a mab Dolau Gwyrddion rywdro gael eu rhwystro rhag priodi ac mai rhwystro trychinebus oedd hynny. Yn sicr, roedd stori felly ar led yng Ngheredigion. Ond mae i straeon cyffelyb le ymysg pobloedd pedwar ban byd ac efallai mai addasu ar gyfer Dyffryn Teifi gerdd a oedd eisoes ar droed a wnaeth y Thomas Dafydd hwnnw gynt. Ba ots; i werin gwlad roedd hi'n 'stori dda', yn llawn rhamant.

Hyd y gwelaf mae o leiaf bedair alaw a ddefnyddiwyd i ganu'r gerdd, pob un rhywfaint yn wahanol ond yn perthyn i deulu niferus y cyfeirir ato weithiau fel teulu 'Y Dôn Fechan'. Serch hynny ni ddigwyddais erioed daro ar alaw o'r enw 'Y dôn fechan' fel y cyfryw, er bod un ar gael a elwir yn 'Tôn fechan Meifod', a honno'n perthyn yn bendant i'r teulu. Mae'n bwysig sylwi fodd bynnag fod yr ymadrodd 'ar fesur y Dôn Fechan' yn digwydd yn aml yng nghyd-destun yr alawon hyn ac mai mesur *mydryddol* yw hwnnw, un cyfarwydd dros ben ym maes yr Hen Benillion, sef y mydr pedair llinell wyth sillaf yn diweddu'n ddiacen. Gan fod alawon y teulu i gyd yn gymwys ar gyfer canu'r mydr hwn awgrymaf fod hynny'n un o'r prif resymau dros ei alw'n deulu 'Y Dôn Fechan'.

O'r pedair alaw y cyfeiriais atynt y fwyaf diddorol yw un a gofnodwyd gan Alfred Daniell o ganu ei fam, a'i dysgodd wrth wrando hen faledwr, Dic Dywyll, yn ei chanu yng Nghaernarfon yn nhridegau'r bedwaredd ganrif ar bymtheg. Mynnai'r cofnodydd fod rhai o'n hen alawon yn fynegiant o raddfa gerddorol ag iddi gyfyngau o chwarter ac wythfed tôn (nid cyfyngau o hanner tôn yn unig, fcl yn achos y graddfcydd cyfarwydd) ac mai ar raddfa felly y canai ei fam yr alaw benodol hon.[58] Gwyddai hi'n burion, meddai, am y gwahaniaeth rhwng 'cadw tonyddiaeth bur' a 'chanu allan o diwn'. Mewn ymgais i ddangos hynny defnyddiodd yr arwydd + i nodi chwarter tôn ac arwydd yr acen ddyrchafedig ´ i nodi cyfwng ychydig uwch nag wythfed. Ni fendithiwyd fi (os bendith hefyd) â chlust mor fain ag Alfred Daniell ond dyma ddyblygiad o'i gofnod ef (gyda'r modd re yn sylfaen iddo):

Enghraifft 19

57

Dacw 'nghariad i lawr yn y berllan

Y rheswm pennaf dros gynnwys y gân dra adnabyddus hon yw dangos sut y gall ambell gân fer, a godwyd yn wreiddiol ar lafar, 'dyfu' i fod yn fwy ei hyd; hynny'n sylfaenol oherwydd hen arfer ymhlith Cymry ddoe o ganu ymysg ei gilydd yr hyn a alwn ni bellach yn hen benillion neu yn benillion telyn. Mae digonedd o dystiolaeth ar gael bod nifer o'n hynafiaid, yn ferched a meibion, yn dysgu ar gof ugeiniau lawer o benillion ac yn ymryson canu bob yn bennill â'i gilydd heb ailadrodd geiriau, hynny dros oriau ar brydiau. Dichon y cenid cerdd gyfan weithiau, bob yn eilwers, ond tebycach o lawer, dybiwn i, y byddai'r 'ymrysonwyr' yn canu penillion cyflawn ynddynt eu hunain heb fod unrhyw gysylltiad rhyngddynt o ran cynnwys. Yn y cofio yr oedd yr orchest, ac o sôn am gofio, bûm fy hun yn dyst o fwynhau gwylio a gwrando ar orchest felly yn Neuadd Gerdd Gregynog yn wythdegau'r ugeinfed ganrif rhwng tri gŵr o Faldwyn, sef Caradog Puw, Emyr Davies a John Ellis. Gallent fod wedi dal ymlaen i ganu am gyfnod llawer hwy nag a wnaethant, ond eu cymwynas i ni'r gwrandawyr oedd rhoi esiampl o'r difyrrwch, a champus y gwnaed hynny hefyd. Sut bynnag, dichon mai canlyniad hyn o arfer yw'r ffaith fod sawl casglydd hen ganeuon wedi gorfod bodloni ar gofnodi gan ganwr neu gantores gân ag iddi ond un pennill yn unig, weithiau ddau. Dyna sut y bu hi yn achos y gân bresennol.

Ymysg rhai o'r llythyrau niferus a anfonodd Mary Davies at J. Lloyd Williams gwelir ei bod hi'n trefnu i draddodi darlith ar ganu gwerin, hynny yn Llundain ar 5 Rhagfyr 1908.[59] Dyma fyrdwn llythyr a ddyddiwyd ganddi ar 23 Tachwedd. Ddeuddydd yn ddiweddarach anfonodd lythyr arall ato yn amgáu y tro hwn gainc a phennill 'Dacw 'nghariad i lawr yn y berllan' a glywodd, meddai, yn cael ei chanu gan Mrs David Evans yn yr Eglwysnewydd, Caerdydd, 'last September'; gyda'r wybodaeth ychwanegol i Mrs Evans ei hun glywed ei chanu gan Thomas Elias (Y Bardd Coch) yn Llangamarch yn 1828. Mae'n amlwg i'r gân fach honno gael ei chanu yn ystod y ddarlith; yn debygol hefyd i J. Lloyd Williams, yn ddiweddarach, gael golwg ar ddarlith Mary Davies, oherwydd ymysg nifer o nodiadau ganddo dan y pennawd 'Welsh Music Notes & Words & Tunes' ceir y dyfyniad hwn ohoni:

> The words are by Thomas Elias Bardd Coch who used to sing them to this tune when he was working as a tailor. He became influenced by the revival of that period and his secular songs became hymns in later life. He wrote Mae'n hyfryd meddwl ambell dro.[60]

Rhag camarwain neb, cystal peidio â llyncu'r dyfyniad fel y saif. Diau mai Thomas Elias oedd y canwr gwreiddiol ac ar y pryd gweithiai fel teiliwr ond os 'Mae'n hyfryd meddwl ambell dro / Wrth deithio anial le' oedd gan Mary Davies mewn golwg wrth gyfeirio at yr emyn, roedd yn cyfeiliorni: Ieuan Glan Geirionydd oedd awdur hwnnw. At hynny, mwy perthnasol a phwysicach yn y cyd-destun presennol, mae'n dra annhebygol mai Thomas Elias oedd piau'r geiriau a ganodd. Gyda llaw, cefnodd Thomas Elias ar deilwra yn ddiweddarach ac ordeiniwyd ef yn weinidog gyda'r Methodistiaid Calfinaidd. Cyfansoddodd nifer o emynau. Bu farw ym Mhontsenni yn 1855, yn 62 mlwydd oed.[61]

Dyma fy ngharn dros ddweud nad ef oedd awdur y geiriau. Un pennill yn unig o'r rhai a ganwyd a lynodd yng nghof Mrs Evans, sef:

> Dacw 'nghariad i lawr yn y berllan,
> O na bawn i yno fy hunan,
> Dacw'r tŷ, a dacw'r 'scubor,
> Dacw ddrws y beudy'n agor.

Yn ddiweddarach derbyniodd Mary Davies gopi o faled oddi wrth J. H. Davies (yn ei dro, Cofrestrydd a Phrifathro Coleg Prifysgol Cymru, Aberystwyth) yn cynnwys amrywiad ar y pennill hwn, ynghyd â deuddeg hen bennill arall ar yr un mydr. Dyma'r amrywiad:

Dacw 'nghariad yn y berllan –
Gwyn fy myd pe cawn ei chusan;
Er bod ei thylwyth yn fy erbyn
Mi a'i mynnaf cyn pen blwyddyn.

Y mae i hwn, yntau, amrywiad pur agos o ran geiriad – pennill a nodwyd gan J. Lloyd Williams yn un o'i ddyddiaduron:[62]

Dacw 'nghariad i yn y berllan
O gwae fi na chawn i gusan
Er bod tylwyth yn ei erbyn
Mi briodaf cyn pen blwyddyn.

Dyma dri phennill yn agor â'r un cwpled, mwy neu lai, ond yn gwahaniaethu'n amlwg ar ddau gyfrif: (i) yr ail a'r trydydd yn sôn am wrthwynebiad teuluol i'r garwriaeth; (ii) y cyntaf a'r ail yn benillion mab, y trydydd yn bennill merch. Yr awgrym cryf yw ein bod yn ymwneud yma â phennill crwydrol y newidiwyd cryn dipyn arno yn ystod ei grwydriadau; un cwbl nodweddiadol o'r llu penillion a genid gan yr ymrysonwyr y cyfeiriwyd atynt yn gynharach, a chan fod dau ddull arno yn cyfeirio'n benodol at agwedd wrthwynebus y teulu at y cariadon gellir ei gynnwys yn yr isadran hon.

Sylwer ymhellach fod Mary Davies ei hun, tra'n cyfeirio at y faled a dderbyniodd oddi wrth J. H. Davies, yn cydnabod mai dyfaliad ar ei rhan oedd priodoli awduraeth geiriau'r faled honno i'r Bardd Coch:

The metre, subject and form are so similar to the verse sung by Mrs D. Evans of Whitchurch, that it seems fair to suppose it is the origin of the only verse she could remember. It was probably written by Thomas Elias, y 'Bardd Coch', who was born 1792, at Brynteg, near Cilycwm, Carmarthenshire, and died at Pontsenni in 1855.[63]

Dyfaliad anghywir oedd hwnnw. Y ffaith yw fod nifer o daflenni baled cyffelyb i'r un a dderbyniodd Mary Davies oddi wrth J. H. Davies wedi goroesi, hynny o dan y pennawd 'Penillion Diddanus/Dyddanus', a'r hyn a geir ynddynt yw dilyniant o benillion digyswllt yn hytrach na rhannau o un gerdd. Gallent fod yn benillion annibynnol.

Dyna fel y digwyddodd yn achos 'Dacw 'nghariad i lawr yn y berllan' wedi iddi gael ei chyhoeddi yn CCAGC am y tro cyntaf yn 1910.[64]

Enghraifft 20

Lah: D

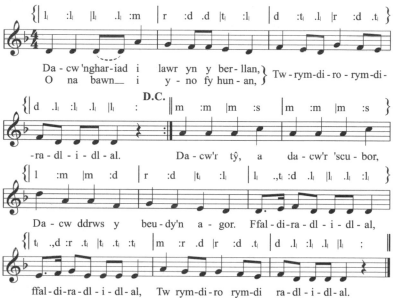

Os am wneud cân gyhoeddus ohoni rhaid oedd 'tyfu' tipyn arni a phan gyhoeddwyd casgliad Mary Davies, *Caneuon Gwerin Cymru* yn 1919 fe ychwanegodd dri hen bennill at y gwreiddiol.[65] Fe'i cyhoeddwyd droeon wedyn mewn casgliadau eraill gan ddilyn yr un math ar drefn ond weithiau gyda hen benillion gwahanol. Dyna ffurf sawl cân yng nghorff ein hen ganeuon.

Y gwydr glas

Dyma gân arall gwerth sôn amdani sy'n ymddangos i mi fel pe'n amlygu ymyrraeth deuluol mewn carwriaeth; un sy'n adlewyrchu, y tro hwn, hen arfer a fu ar droed yng Nghymru ar un adeg, yn arbennig felly ymysg teuluoedd cefnog, neu weddol gefnog, oedd â'u bryd ar gydio maes wrth faes neu'n awyddus i rymuso eu dylanwad ar gymdeithas. Yr arferiad dan sylw yw'r 'briodas orfod', hynny yw, priodas rhwng mab a merch o ddau deulu gwahanol, yn unol â chytundeb wedi ei selio ymlaen llaw gan y rhieni o'r ddau du. Awgrymaf mai yng ngoleuni yr hen arfer hwn y mae deall yn iawn bennill 'Y gwydr glas':

Enghraifft 21

Sylwer fy mod yn canoli sylw yrŵan ar *un* pennill yn unig; y pennill sy'n cynnwys y pennawd yr adwaenir y gân wrtho. Y gwir yw fod o leiaf dair ffurf ar y gân sy'n cynnwys *nifer* o benillion ac, at hynny, o'r safbwynt cerddorol, ceir o leiaf chwe alaw wahanol ar gyfer eu canu.[66] Fodd bynnag, lle bo nifer o benillion, y pennill hwn a ddaw gyntaf yn ddieithriad. Yn fyr, mae yn naill ai'n unig bennill neu yn bennill agoriadol.

Fel sawl hen bennill saif yn gadarn a chyflawn ar ei ben ei hun. Felly, er enghraifft, y gwelir ef yn *Hen Benillion*.[67] Mae ei nerth yn ei gynildeb a gorwedd hynny yn ei hanner olaf. Sylwer mai yn groes i'w hewyllys yr aed â'r ferch i blwy arall; bu'n rhaid i rhyw lanc *fynd â hi* yno. Yn gam neu'n gymwys dyna fel y gwelaf i bethau. Dichon y carai rhywun arall gyflwyno'r ferch fel un sydd am siomi cnociwr-ffenest gobeithiol mewn ffordd fach ddigon caredig, ond cofier mai sôn am 'fy nghariad' y mae hi wedi'r cyfan ac onid tuag ato fo yn benodol y mae ei 'hwyllys da' hi? Wel, 'rhwng gwŷr Pentyrch a'i gilydd', fel y clywais ddweud yng nghyffiniau Pontypridd!

Cyfeiriais yn gynharach at y ffaith fod ambell fersiwn o'r gân yn cynnwys nifer o benillion. Dyma enghraifft arall mi dybiaf o feithrin peth ar bwt o gân a pheri iddi 'dyfu' tipyn. Pan gofnodwyd 'Y gwydr glas' yn wreiddiol, hynny o ganu saer maen yn Y Bermo yn 1910, ni chynhwysai ond y pennill uchod. Fe'i cyhoeddwyd yn nhrydydd rhifyn CCAGC yn 1911 gyda'r golygydd yn nodi fod taflen faled o'r 'Gwydr glas' wedi dod i'w feddiant a phum pennill wedi eu printio arni. Mewn Atodiad yn rhifyn y flwyddyn ddilynol, 1912, noda iddo dderbyn copi ysgrifenedig yn cynnwys yr un pum pennill yn yr un drefn, a theg casglu mai oddi ar daflen faled y copïwyd nhw. Dewisodd hefyd brintio yr ail a'r trydydd pennill:

A chwithau lân ferch ifanc,
Rhowch ran o'ch cwmni cu
I lanc sy' dan y ffenestr
Heb feddu lle yn y byd.
Mae'r llanw wedi llenwi
A'm llong ar frig y dón;

Ni ddeuaf ddim i'ch blino
'Run noswaith rhawg ond hon.

Atebai'r ferch yn gryno
Nad oedd hi'n *lodgio* neb;
Mae'r ffordd yn ddigon llydan,
A'r llwybrau'n ddigon teg.
A chwithau lencyn gwisgi
Ewch efo glan y dŵr,
Mae digon o'r mân gychod –
Cewch *bass* hefo'r rhain yn siŵr.[68]

Pan gyhoeddodd W. S. Gwynn Williams gyfrol gyntaf ei ddetholiad o'r caneuon gwerin a gyhoeddwyd yn CCAGC rhwng 1909 a 1934, o dan y pennawd *Caneuon Traddodiadol y Cymry*, cynhwysodd y tri phennill hyn ond ni sylwodd yntau, mwy na J. Lloyd Williams ei hun, mai i gân arall y perthynai'r ail a'r trydydd pennill.[69] Yr unig gysylltiad rhyngddynt a'r pennill cyntaf yw bod *cyfeiriad* yn hwnnw at yr arferiad o gnocio ar ffenest. I'r gwrthwyneb, dau bennill gân gnocio o'r iawn ryw yw'r penillion hyn, yn cynnwys rhan o sgwrs rhwng llanc o forwr gobeithiol a morwyn hynod o annibynnol.

A dychwelyd at y daflen faled sylwer fod tuag un ar bymtheg o gopïau ohoni wedi goroesi ac ar gael yng nghasgliadau gwahanol lyfrgelloedd. Gwelais gymaint â naw o'r rheiny yng nghasgliad Llyfrgell Genedlaethol Cymru, 'Baledi a Cherddi', a gatalogiwyd yn feistrolgar gan Tegwyn Jones.[70] Ym mhob un ohonynt ceir yr un rhes o bum pennill. Dichon mai dyna'r drefn gyda'r gweddill hefyd.

Trydedd ffurf ar y gân sy'n cynnwys nifer o benillion yw honno a welir yn *Wyth Gân Werin*, gyda Thomas Parry wedi ychwanegu dau bennill at yr un gwreiddiol a'r ail o'r rheiny yn cadarnhau, mi dybiaf, yr awgrym a wnaed yn gynharach mai yng nghefndir y briodas orfod y mae inni ddeall y pennill gwreiddiol hwnnw:

Dywedwch wrtho nad wyf yn leicio
Ei adael ef fel hyn;
Mi garwn glywed heno
Ei fraich amdanai'n dynn.
Ond llencyn o'r plwy arall
A fynnodd fynd â mi;
Nid eiddo merch mo'i h'wyllys,
Mae arall trech na hi.[71]

Cân y bachgen main

Y fam yw ffynhonnell ymyrraeth â chwrs serch yn y gân hon, oedd yn hynod o boblogaidd yn ystod y bedwaredd ganrif ar bymtheg; yn wir fe'i codais i hi ar fy nghlust o glywed fy mam yn ei chanu droeon yn hanner cyntaf yr ugeinfed ganrif, ac erys ei gafael yn gadarn ynof o hyd – y pedwar pennill cyntaf yn sicr. Mesur gwrthrychol o'i phoblogrwydd yw i 59 o daflenni baled sy'n ei chynnwys oroesi i'n cyfnod ni. Dyna a ddarganfûm wrth bori yn llyfryddiaeth wych Tegwyn Jones (y cyfeiriwyd ati uchod) sy'n cynnwys teitlau yn agos at 7,500 o faledi'r bedwaredd ganrif ar bymtheg.[72]

Hyd yn ddiweddar derbyniwn fod y gerdd wedi ei llunio gan Thomas Williams ('Gwilym Morganwg', 1778–1835) ond ni chredaf fod tystiolaeth ddibynadwy dros dderbyn hynny bellach. Yr unig gasgliad diogel i'w dynnu yw mai perthyn i 'Anad.' y mae, eithr 'Anad.' a ŵyr sut i adrodd stori; prydydd mewn llinach sy'n ymestyn dros ganrifoedd lawer.[73]

Dilyn hen arferiad a wneir ar gychwyn y gerdd. Rhodio'r caeau ar ryw ddydd Mawrth y mae'r prydydd. Daw i goedwig dawel lle mae dwy ferch yn sgwrsio. Mam a merch sydd yno yn trafod priodas. Y fam am i'r ferch briodi dyn ariannog:

Cei fowntio'th geffyl, 'y nghangen gynnil,
A gweision sufyl iawn i'w trin,
A golud bydol, sef aur melynion
Ac arian gloywon ar dy glun.

Nid dyna syniad y ferch. Mae hi am gadw'n driw i'r Bachgen

65

Main, sy'n fwy gwerthfawr yn ei golwg na chyfoeth yr India, sidanau Persia ac aur Periw. Ei gwynfyd hi yw cael cysgu yn niogelwch breichiau y llanc gwallt melyn.

'Does ryfedd yn y byd fod canu fy mam wedi gafael arnaf a bod y Bachgen Main, yn arbennig, wedi tyfu'n llanc rhamantus iawn yn fy ngolwg. Yn fwy felly, efallai, oherwydd na ddatgelai'r gerdd beth oedd ei enw. Y cwbl a awgrymir ar ddiwedd y gerdd, mewn llythyr oddi wrtho, yw fod yr enw'n cynnwys tair llythyren:

> Ynddo ef mae tair llythyren
> Sydd yn mynd â 'mhryd a 'ngwedd,
> Ac oni ddaw o'n ôl i'w sbelio
> Y rhain a'm gyr i waelod bedd.

Dyna ichi glo adfydus i gerdd. Pa 'Dei', 'Wil', 'Twm', 'Ned', a allai arwain merch mor driw i'r fath ddiwedd truenus?

Ar gyfer ei chanu mae o leiaf wyth amrywiad o'r un alaw wedi eu cofnodi a phum alaw arall sydd nid yn unig yn wahanol i honno ond hefyd yn gwbl wahanol i'w gilydd. Gwelir yn Enghraifft 22 gynrychiolydd o'r ffurf fwyaf poblogaidd ar y gân, fel y cofnodir hi yng nghyfrol gyntaf *Canu'r Cymry*.[74]

Gan aros gyda'r wyth amrywiad ar yr alaw hon gellir nodi fod tair ohonynt heb eiriau yn gysylltiedig â nhw,[75] a dwy ynghlwm wrth garolau Nadolig.[76]

Dim ond ar ran olaf yr alaw y cenir y gerdd gyfan a welir yn *Forty Welsh Traditional Tunes*, gyda'r geiriau wedi eu 'diwygio' gan Cledlyn Davies. Rhoir mynegiant i'r ysfa ddiwygio yn *Cambrian Minstrelsie* hefyd. Yn lle chwe phennill y gerdd wreiddiol ceir tri phennill, llawn hyder a gobeithion Mudiad Cymru Fydd, gan John Morris-Jones, ynghyd â'r sylw golygyddol hwn:

> ... the melody is even now a favourite, since it has of late years,
> with questionable taste, been introduced to our religious services.
> We are sorry to say that the old ballad itself is too coarse for
> reproduction.[77]

Enghraifft 22

Lah: G

'F'annwyl eneth, ti sydd yma
Gyda mi â'th ddwylo'n rhydd,
Yn lân dy drwsiad, yn hardd d'osodiad,
A minnau am dy fatsio sydd;
Cei fowntio'th geffyl, 'y nghangen gynnil,
A gweision sufyl iawn i'w trin,
A golud bydol, sef aur melynion
Ac arian gloywon ar dy glun.'

'Pe cawn i rannau gwledydd India,
Sidanau Persia, aur Periw,
Gwell gen i'r mab rwyf fi'n ei garu,
Rwyf fi am sefyll iddo'n driw.'
'O ai fel yna rwyt ti'n darparu?
Cei gweirio'th wely ar bigau'r drain,
Oni choeli 'ngeiria, bydd chwerw'r chwara
Os mentri gyda'r bachgen main.'

67

'Wel gyda'r bachgen main mi fentra'
Mam, a dwedyd ichi'r gwir,
Mi 'dawa'r moddion i'r cybyddion
A mentraf gyda blodau'r sir;
Ei wyneb purwyn a'i wallt melyn,
Ac ar ei ruddiau mae dwy ros,
A gwyn ei byd y ferch a fyddo
Yn ei freichiau'n cysgu'r nos.

'Os aeth fy nghariad ymhell dros foroedd,
Os aeth a'm gadael ar y lan,
Dewi Sant ro rwydd-deb iddo
A'i gyf'rwyddo ym mhob man.
'D a'i ddim i wylo chwaith na becsio
Nac i grïo ar ei ôl;
Os ydyw ef yn digwydd imi,
Daw f'annwyl gariad eto'n ôl.

'Â'i law ei hun sgrifennodd lythyr
Ac ar ei gefn roedd sêl o gŵyr,
Ac nid oes dim yn torri 'nghalon
Ond ei ddarllen fore a hwyr.
Ynddo ef mae tair llythyren
Sydd yn mynd â 'mhryd a 'ngwedd,
Ac oni ddaw o'n ôl i'w sbelio,
Y rhain a'm gyr i waelod bedd.'

Gwir nad yw tinc nodyn cefndir *Y Cerddor Cymreig* mor galed ag un y *Cambrian Minstrelsie* ond mae'r un mor eglur:

Cenir hi yn fynych iawn yn ngwlad Mon gan lanciau gweini ac ereill a alwant eu hunain yn "ganwrs"; ac y maent wedi bod yn fy swyno i lawer gwaith wrth wneyd hyny, er fod y geiriau, rhaid addef, yn fynych yn lled isel.[78]

Diamau mai'r cwpled bach hyfryd 'A gwyn ei byd y ferch a fyddo / Yn ei freichiau'n cysgu'r nos' a dagai yng ngyddfau'r Cymry cerddgar hyn!

A throi at y pum alaw cwbl wahanol i'r un flaenorol (ac i'w

gilydd, yn ogystal) casglwyd dwy ohonynt gan Mrs Herbert Lewis, o gwmpas 1910–11. Cyhoeddodd un yn ei chyfrol gyntaf yn 1914, *Folk-songs collected in Flintshire and the Vale of Clwyd*;[79] pum pennill o'r gerdd gyfan, fel y codwyd hi ar y ffonograff o ganu Jane Williams (ar y pryd mewn gwth o oedran), tra mae'r llall ar gael ymhlith papurau J. Lloyd Williams, gyda thri phennill yn unig, a'r trydydd o'r rheiny yn gymysgedd o ran o'r trydydd a rhan o'r pedwerydd gwreiddiol![80] Mae byd o wahaniaeth rhwng y ddwy alaw; y naill yn llafargan ei symudiad a'r llall yn sionc a chyson ei churiad dawnsiol.

Yng Nghorris y casglwyd pedwar pennill cyntaf y gerdd wreiddiol a ganwyd ar yr alaw y cyfeirir ati erbyn hyn fel 'Y ferch o blwy Penderyn' (amrywiad ar 'Callyn serchus' yng nghasgliad Maria Jane Williams *Ancient National Airs of Gwent and Morganwg*), a'u cyhoeddi yn *Folksongs of Britain and Ireland*.[81] Yn *Caneuon Llafar Gwlad 2* y ceir y ddwy gân sy'n weddill ac yma eto mae'r gwahaniaeth rhwng y ddwy alaw yn tynnu sylw dyn: yr un o ardal Ystalyfera yn symud yn hamddenol adroddiadol, gyda'r un gainc, i bob pwrpas, ar gyfer pob hanner pennill o'r penillion cyfan, a'r llall o Lanwyddelan, Sir Drefaldwyn, mewn amseriad tri-chwarter bywiog sydd, rwy'n credu, yn amrywiad ar alaw Wyddelig o'r enw 'Mairgireud Bhan' a argraffwyd yn 1809 yn yr ail o dair cyfrol *A General Collection of the Ancient Music of Ireland ...* gan Edward Bunting.[82] Daeth yr alaw yn adnabyddus ymysg y baledwyr yng Nghymru dan yr enw 'Pegi Band'. Hyd y gwn argraffwyd yr alaw mwyaf niferus ei hamrywiadau am y tro cyntaf yn *Caniadau Bethlehem*, J. D. Jones, 1857,[83] a cheir y ffurf lawysgrifol gynharaf arni yn llawysgrif Llewelyn Alaw yn Llyfrgell Genedlaethol Cymru, NLW 329B, sy'n cynnwys y dyddiad 'June 21st, 1855'.[84]

Yr hen ddyn

Un o'r cystadlaethau yn Eisteddfod Genedlaethol Caerfyrddin, 1911, fel y gwelwyd uchod, oedd llunio casgliad o ganeuon gwerin o siroedd Caerfyrddin, Ceredigion a Phenfro. Daeth tri chasgliad i law y beirniaid, Mary Davies a J. Lloyd Williams, ac ymysg papurau yr olaf yn y Llyfrgell Genedlaethol mae ar gael ddosbarthiad triphlyg ganddo (*Genuine, Doubtful, Not Folksongs*) o enwau'r caneuon a gasglwyd gan 'Sian', sef Jennie Williams, yn wreiddiol o Aberystwyth, a restrwyd yn ail yn y gystadleuaeth.[85] T. Soley Thomas, ffermwr o ardal Llanidloes, a gafodd y wobr gyntaf.

Ymhlith caneuon Jennie Williams roedd 'Fe ddwedai'r hen ddyn wrth ei ferch'. Gosododd J. Lloyd Williams hi yn y dosbarth *Doubtful*, gyda'r ychwanegiad: *Sounds English*. Flynyddoedd yn ddiweddarach, fodd bynnag, a'r amheuaeth i bob golwg wedi diflannu, ymddangosodd y gân yn CCAGC gyda phum pennill – y pedwerydd, am ryw reswm, wedi ei hepgor.[86] Yn y nodyn cefndir iddi yno dywedir: 'Sung by David Evans, Aberystwyth, who had learnt it from his father 30 years earlier'. Gallai'r tad hwnnw fod wedi ei chodi ar ei glust trwy glywed baledwr mewn ffair, marchnad, tafarn neu sgwâr tref yn ei chanu. Erbyn y cyfnod hwnnw yn sicr roedd y geiriau ar gael ar daflen faled yn cynnwys 11 pennill, ond hynny, sylwer, o dan y pennawd 'Yr Hen-Ddyn'. Llinell *agoriadol* y gerdd yw 'Fe ddwedai'r hen ddyn wrth ei ferch', a'r hyn sydd gennym yma, fel y dengys amrywiad gweddol gwta CCAGC hyd yn oed, yw tad yn ceisio rhwystro'i ferch i briodi llencyn tlawd a dewis yn hytrach esmwythfyd hefo hen ddyn cyfoethog. Eithr fel yn achos y fam yn 'Y bachgen main' roedd gan y tad hwn yntau ferch annibynnol. Gwthio rhwystr y rhiant o'r ffordd a wnaeth y naill a'r llall o'r merched.

Dyma bennawd ffurfiol, a chynnwys cyflawn, un o daflenni baled 'Yr Hen-Ddyn' a oroesodd: 'Cân Newydd, sef, ymgom rhwng tad a'i ferch o berthynas iddi briodi Yr Hen-Ddyn, ar gyfrif ei feddianau'.

Hanesydd. Fe dd'wedai hen ddyn wrth ei ferch,
   "Wel dacw hen fab tirion,
   A lle braf i gynal tai,
   Os teimli ar dy galon.
Y Ferch. Braf yw tai, a braf yw tir,
   A d'weyd y gwir am danyn',
   Fy anwyl dad, na ddigiwch ddim,
   Ni fynaf fi mo'r hen-ddyn.
Y Tad. Cae't gyda'r hen-ddyn dir a thai,
   Cae't aur ac arian ddigon,
   A da a defaid o bob rhyw,-
   Yr hyn nis ceir gan feibion.
Y Ferch. Mae'n well gen' I gael buwch neu ddwy,
   O'r sort wyf fi'n eu 'mofyn,
   Pe'u godrwn hwy i'r un pec,
   Na gwrando clec yr hen-ddyn.
Y Tad. Ti gae't eistedd ar ei lin,
   Cae't yfed gwin a chwrw.
Y Ferch. Wel, pa leshad wnai gwin i mi,
   Ar lin yr hen fab gweddw?
Y Tad. Ti gac't esgidiau o lw'r (*sic*) pinc,
   Ac hefyd 'sanau sidan,
   A gardyson wstid man,
   Ac arnynt fyclau arian.
Y Ferch. Mae'n well gen I gael gardys plaen,
   A hosan gwlan y ddafad,
   Ac esgid ledr i ffitio 'nhroed,
   A mab i fod yn gariad.
Y Tad. Ti gae't fyn'd i'r gwely gwyn,
   O bluf yr adar gwylltion,
   A llen lieiniau, a phob peth,
   Nag sydd i'w cael gan feibion.
Y Ferch. Gwell genyf fyn'd i wely o frwyn,
   A chael mab mwyn o'm hoedran,
   Na myn'd i'r gwely gwyn o blyf,
   A chyda'r hen-ddyn truan.
   Dyna swydd a gwaith pob dyn,
   Yw swydd a gwaith yr hen-ddyn –
   Bugeilio defaid ar dir a maes,
   O herwydd rhwmp yr hen-ddyn.

Mae rhai geiriau yn y gerdd a all fod yn ddieithr i lawer ohonom erbyn hyn. 'Pec', er enghraifft, sef mesur sych ar gyfer gwerthu ceirch ac ati, ond yma y llestr mesur ei hun. Cymreigiad o'r Saesneg *worsted* yw 'wstid' sy'n cyfeirio yn y cyswllt hwn at fath arbennig o edafedd ffein. Eithr y gair 'rhwmp' yn y pennill olaf sy'n achosi'r boen fwyaf i mi! Ni all olygu yma yr hyn a olyga'n arferol, sef trosol/ebill o ryw fath neu grwper anifail. Tybed ai sylw difrïol gan y ferch am yr hen-ddyn yw'r pennill cyfan, i'r perwyl nad yw dyn hefo crwmp (rhwmp?) ar ei gefn yn dda i ddim bellach ond i fugeila defaid?

Sut bynnag, fel y gwelsom, parhaodd rhan o'r gerdd mewn bod hyd 1910 pan gofnodwyd canu David Evans ohoni gan Jennie Williams yn Aberystwyth. Eithr mae rhagor i'w ddweud. Yn 1953 pan oedd Seamus Ennis ac Emrys Cleaver yn crwydro Cymru i recordio caneuon gwerin ar ran y BBC, un o'r cantorion y daethant ar ei draws oedd Ben Phillips, neu 'Ben Bach' fel yr adwaenid ef yng Ngogledd Penfro.

Yn ei ddarlith gampus yn y gyfres, 'Darlith Goffa Amy Parry-Williams' (Eisteddfod Genedlaethol Cymru Sir Benfro, Tyddewi, 2002) ceir ymdriniaeth drylwyr gan Roy Saer o Ben Phillips, ei gefndir, ei ganeuon a'i berfformiad ohonynt. Un o'r caneuon hynny oedd 'Yr hen ddyn' (o dan y pennawd hwnnw y cyfeirid ati gan y canwr yn ddieithriad) a dyma ddyfyniad perthnasol o'r ddarlith:

> Clywodd 'Yr hen ddyn' – yn cael ei chanu ar batrwm bob yn ail – gan bâr o gantorion crwydrol a'i perfformiodd yn ffair Fathri; ... [87]

Ni wyddys sut yn union y dysgodd Ben Bach y gân ond mae ei amrywiad ef arni i'w gweld yn *Folksongs of Britain and Ireland* [88] ac o'i gymharu ag un David Evans yn CCAGC gwelir fod perthynas agos rhyngddynt. Y gwahaniaeth arwyddocaol yw bod un y canwr o Fathri yn fwy diddorol oherwydd fod ail gwpled pob pennill yn cael ei ailadrodd ar ffurf cytgan, sy'n rhoi mwy o sioncrwydd i'r cyfan rywsut. Dichon mai dyma'n union a wnâi dau gantor crwydrol ffair

Fathri pan glywodd Ben Bach nhw'n canu; rhoi tipyn o liw ar y perfformiad.

Enghraifft 23

Doh: G

Braf yw'r tai a theg yw'r tir
A dweud y gwir amdano
Fy annwyl dad, na ddigiwch ddim
Ni fynna i ddim o'r henddyn
Fy annwyl dad, na ddigiwch ddim
Ni fynna i ddim o'r henddyn.

Ti gei gyda'r henddyn ddigon o dai
Ceir aur, cei arian ddigon
A da a defaid o bob rhyw
Beth na gewn ni gan feibion
A da a defaid o bob rhyw
Beth na gewn ni gan feibion.

Mae'n well gen' i gael buwch neu ddwy
O'r siort rwyf i'n eu mofyn
A godro'r ddwy'r un pryd i'm pec
Na gwrando ar glec yr henddyn
A godro'r ddwy'r un pryd i'm pec
Na gwrando ar glec yr henddyn.

Ti gei fynd i'r gwely gwyn
O bluf yr adar gwyllt'on
A phluf tylluan a phluf y dryw
Beth na gewn ni gan feibion
A phluf tylluan a phluf y dryw
Beth na gewn ni gan feibion.

Mae'n well gen' i fyned i wely o frwyn
A cha'l mab mwy i'm hoedran
Na mynd i'r gwely gwyn o bluf
A chyda'r henddyn druan
Na mynd i'r gwely gwyn o bluf
A chyda'r henddyn druan.

Ti gei eistedd ar ei glin
Cei yfed gwin a chwrw
Ag o ba les fydd gwin i mi
Ar glin yr hen fab gweddw
Ag o ba les fydd gwin i mi
Ar glin yr hen fab gweddw.

Lliw'r heulwen

Ystyriwn yrŵan rwystr i briodas cariadon sy'n codi o'r teimlad fod mab neu ferch yn perthyn, neu ddim yn perthyn, i ddosbarth cymdeithasol penodol. Enghraifft sydd gyda'r gorau o gân a ddengys hyn yw 'Lliw'r heulwen'.

Un arall o ddarganfyddiadau Jennie Williams oedd y gân hon eto ac yn y casgliad a anfonodd i Eisteddfod Genedlaethol Caerfyrddin, 1911, y cofnodwyd hi am y tro cyntaf. Yn wir, y cofnod hwnnw yw tarddiad pob enghraifft arall ohoni a ymddangosodd o hynny ymlaen, boed mewn print neu lawysgrif. Yn y cyswllt hwn mae'n werth nodi i Evan Rowlands, a'i canodd, ddweud ei bod yn gyfyngedig i fro ei febyd, sef y Mynydd Bach yng Ngheredigion. Gallai fod yn llygad ei le.

Ynddi, meddaf, y *tarddodd* pob enghraifft ddilynol ohoni,

eithr nid heb rai gwahaniaethau yn y tarddiadau, a hynny'n bennaf yn yr alaw. Mân wahaniaethau ydynt mae'n wir ond mae iddynt arwyddocâd yn y cyswllt presennol oherwydd eu bod yn enghreifftiau o gam-gopïo o lawysgrifen neu brint, nid o geisio gosod mewn nodiant cerddorol yr hyn a *genid* gan rywun neu'i gilydd. Mae gwahaniaethau yn yr ail achos yn gyffredin iawn eithr yn llai disgwyliadwy ac esgusodol nag yn yr achos cyntaf.

Gwaetha'r modd nid yw cofnod gwreiddiol Jennie Williams ei hun ar gael. Aeth y casgliad hwnnw ar goll rywsut ac felly ni ellir cymharu'r chwe enghraifft y digwyddaf fod yn gwybod amdanynt â chofnod safonol.[89]

Ymddengys mai beirniaid y gystadleuaeth yn yr Eisteddfod yng Nghaerfyrddin oedd J. Lloyd Williams a Mary Davies a llawysgrif yr Amgueddfa Werin yw'r copi a wnacth J. Lloyd Williams o'r casgliad a ddaeth yn ail orau. Dyma sydd ar glawr y nodlyfr: 'W.F.Song. Eisteddfod Caerfyrddin. "Sian"– (Ail oreu) Miss Jennie Williams Aberystwyth'. Cynnwys gopïau o rai caneuon cyfan, alawon yn unig, cwpled agoriadol ambell alaw yn unig a thro arall dim ond geiriau i alawon tra adnabyddus. Hyn oll, yn achos J. Lloyd Williams, ar gyfer cyhoeddi rhai eitemau yn CCAGC. Fel beirniad gwelodd Mary Davies hithau gasgliad Jennie Williams a diamau iddi gael golwg arno wedi'r gystadleuaeth, gan fod cysylltiad teuluol a phroffesiynol rhwng y ddwy ohonynt. Yn wir, pan baratôdd Mary Davies *Caneuon Gwerin Cymru* ar gyfer ei gyhoeddi gan Hughes a'i Fab yn 1919 (y trefniannau gan ei nai, W. Hubert Davies) gofalodd gynnwys yn y gyfrol dair eitem o'r casgliad, 'Merch ei mam', 'Y Folantein' a 'Lliw'r heulwen'.[90]

Yr hyn sy'n haeddu tynnu sylw ato yma yw fod gwahaniaethau rhwng y copïau a wnaed o alaw 'Lliw'r heulwen' (yn y casgliad gwreiddiol) gan J. Lloyd Williams a Mary Davies; hynny mewn rhythm yn bennaf, ac un nodyn. At hynny, pan aeth J. Lloyd Williams ati i gyhoeddi'r gân yn CCAGC yn 1912 newidiodd ddau nodyn o'r alaw fel y codwyd hi ganddo o'r casgliad gwreiddiol – yn ddamweiniol, dybiwn i.[91] Dyn a ŵyr sut yn union y cofnodwyd hi gan Jennie Williams ei hun.

Boed hynny fel y bo, fersiwn 1912 a genir amlaf heddiw a hynny, mae'n debyg, oherwydd dylanwad CCAGC a phoblogrwydd dilynol *Caneuon Traddodiadol y Cymry*, yr olaf yn arbennig ar bwys y defnydd helaeth a wnaed o'r ddwy gyfrol mewn eisteddfodau o'r 1960au ymlaen.[92] Dyma'r fersiwn hwnnw, yn alaw a geiriau.

Enghraifft 24

Hawdd iawn yw 'nabod sgwarnog
   Yn rhedeg ar ei ffrwst;
Hawdd iawn yw 'nabod petris
   Pan godant, ar eu trwst;
Hawdd iawn yw 'nabod derwen
   Ym mysg y meillion mân –
Gwae fi na bai mor hawsed
   I 'nabod merch fach lân.

Mae'n rhaid i'r felin falu
  Pan gaffo ati ddŵr;
Mae'n rhaid i'r gof i weithio
  Tra paro'r heyrn yn frwd;
Mae'n rhaid i'r ddafad garu
  'R oen bach tra bo fe'n wan –
Mae'n rhaid i minnau gymryd
  Y sawl sydd ar fy rhan.

Mae'r alaw syml, pum-nodyn ei chwmpawd, yn hyfryd i'w chanu ac o fewn cyrraedd cantorion o bob oed, eithr rhaid wrth oedolyn i amgyffred y gerdd sy'n cyfleu profiad dirdynnol o gariad yn cael ci gau allan, yn yr achos penodol hwn, gan ragfur cyfoeth a safle gymdeithasol. Y dehongliad a awgrymaf fi ohoni yw mai stori ydyw am was ffarm ('Pan elwy'i bant oddiyma ...') sydd mewn cariad â merch perchenogion cefnog y lle ond sy'n gorfod bodloni ar chwilio am gymar bywyd oddi mewn i'w ddosbarth ei hun.

At hynny, roedd y bardd a luniodd y geiriau hyn yn delynegwr o'i ben i'w sawdl a rhaid wrth radd o chwaeth lenyddol aeddfed i'w gwerthfawrogi'n llawn. Mae i'r gerdd adeiladwaith crefftus gyda'r pennill cyntaf o dri yn fynegiant cain o gariad at ferch, a'r ddau bennill arall yn fynegiant grymus o sylweddoli mai cariad anobeithiol ydyw ('Mae'n *rhaid* i minnau gym'ryd / Y sawl sydd ar fy rhan'). Y gwas druan! Efallai mai am sefyllfa gyffelyb y canwyd y pennill bach trist hwnnw:

Mi fûm yn gweini tymor / Yn ymyl Ty'n-y-coed
A dyna'r lle difyrraf / Y bûm i ynddo 'rioed,
Yr adar bach yn tiwnio / A'r coed yn suo 'nghyd, –
Mi dorris i fy nghalon / Er gwaetha'r rhain i gyd.[93]

Colli Cariad

Mynwent eglwys

Profiad a ddaw i ran pobl yn aml yw colli cariad, ac adlewyrchir hynny yn helaeth mewn cerdd a chân. Eithr mae gwahanol fathau ar golli cariad a'r un gwirioneddol derfynol yw hwnnw sy'n dwyn i ben bob perthynas ddynol. Mynegiant angerddol o hynny yw'r pennill bach syml ei ffurf:

> Pan o'wn i'n rhodio mynwent eglwys
> Gan chwilio am le teg i orffwys,
> Tarawn fy nhroed wrth fedd f'anwylyd,
> Mi glywn fy nghalon fach yn symud.

Mae nifer o amrywiadau arno i'w cael yma ac acw a hyd y gwn i y ffurf gyntaf a gofnodwyd ar gân yw hwnnw yn CCAGC 1910, dan y pennawd 'Pan o'wn i'n rhodio'n mynwent eglwys' – cân y daethpwyd i'w hadnabod yn ddiweddarach fel 'Mynwent eglwys' (Enghraifft 25).[94] Yn y Cylchgrawn ychwanegir pennill arall:

> Haen o bridd a cherrig hefyd
> Sydd rhyngof fi a chorff f'anwylyd,
> A phedair astell wedi'u hoelio,
> Pe bawn i well, mi dorrwn honno!

Enghraifft 25

Doh: F

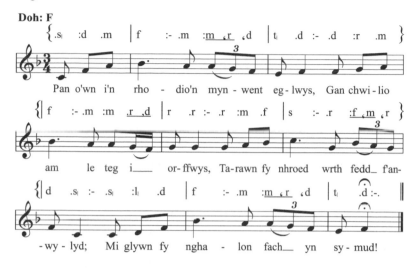

Y gŵr a'i casglodd oedd John Morris (1887–1977), o'r Manod, Blaenau Ffestiniog, ar y pryd yn fyfyriwr yng Ngholeg Prifysgol Gogledd Cymru, Bangor, ac yn aelod o Gymdeithas yno o'r enw 'Y Canorion'. Cymdeithas oedd honno a sefydlwyd gan J. Lloyd Williams yn nhymor y gaeaf 1907, yn benodol i gasglu, canu ac astudio caneuon gwerin. Pwyswyd yn arbennig ar yr aelodau i gasglu'r caneuon yn eu hardaloedd yn ystod eu gwyliau o'r coleg a bu John Morris yn neilltuol o lwyddiannus yn hyn o beth. Cafodd afael ar gryn ddeugain o ganeuon a detholwyd nifer dda ohonynt ar gyfer eu cyhoeddi gan J. Lloyd Williams. Gwaetha'r modd ymddengys i'r casgliad gwreiddiol fynd ar goll wedi marwolaeth y casglwr. Yn ffodus gwahoddwyd John Morris i ddarlithio ar ei brofiadau fel casglydd ar gyfer Cwrs Bwrw Sul Cymdeithas Alawon Gwerin Cymru yn Y Barri yn 1965. Cafwyd gem o ddarlith ganddo (fe'i gwelir yn *Canu Gwerin* 1990) ac wrth dynnu at ei diwedd adroddodd ei hanes yn dod ar draws 'Mynwent eglwys'. Dyma'i eiriau ei hun:

'Dach chi'n gwbod am "Mynwent Eglwys", 'dydach? Cathrin Jên. Mynd i dŷ rhyw hen wraig i ffarwelio â hi cyn dod nôl i'r coleg, a rhyw ferch yn ista ar stôl yn ymyl tân. Cathrin Jên oedd ei henw hi.

Oedd hi newydd gladdu'i gŵr, Robin. O'n i'n nabod Robin yn iawn.
"Wel, wyt ti newydd gladdu Robin, 'dwyt," medda fi wrthi. "Ydw,"
medda hi. Mae'n dechra crio. "Ble wyt ti wedi bod," medda'r hen
Siân Gruffudd, "heb ddod i edrych amdana i tan rŵan? Wyt ti'n
mynd i ffwr fory." Finna'n deud wrthi mod i 'di bod yn hel. "Duw!"
medda hi, "be oedd isio ti fynd yr holl ffor' yna? Yli Cathrin Jên yn
famma, *hon* sy'n gwbod nhw." "O, wel, *ydach* chi'n gwbod nhw?"
"Ydw. Gwbod nhw i gyd," medda Cathrin Jên. Oedd hi yn f'ymyl i
fanno.
"Wel, wna i'm gofyn ichi ganu rhai, Cathrin Jên," me fi. "Gwela i
chi tro nesa do'i adra." "Faswn i'n licio canu *un* i chi," me hi, "ar
ôl Robin." A dyma hi, 'nte: [yma adroddodd John Morris y pennill
cyntaf] … Dyma hi'n torri i lawr. "Dlyfa hwn," medda'r hen Siân
Gruffudd, "panad o de. Aros i ti gael y penillion erill." O'n i'n
gwbod y penillion erill fel digwyddodd hi, 'nte. Ond roedd Cathrin
Jên yn mynd i ganu beth wmbreth imi. Ond cyn i mi fynd adra
ddiwedd y term oedd Cathrin Jên wedi mynd ar ôl Robin.[95]

Pwt o wybodaeth berthnasol bellach am Cathrin Jên. Gweini
wrth y bar yn y Queen's Hotel oedd ei gwaith a 'does ryfedd
yn y byd felly ei bod yn gyfarwydd â chaneuon poblogaidd yr
ardal. Yn y cyswllt hwn diddorol sylwi mai barn Mary Davies
am un o gryfderau T. Soley Thomas fel casglydd (enillydd y
gystadleuaeth yn Eisteddfod Genedlaethol Caerfyrddin, 1911)
oedd ei fod yn medru mynd yn rhwydd i'r tafarnau i chwilio
amdanynt. Nid felly yr oedd hi yn ei hachos hi, Ruth Lewis a
Grace Gwyneddon Davies!

Gan gyfrif y gân flaenorol mae o leiaf wyth amrywiad ar gael
o 'Mynwent Eglwys' mewn gwahanol gasgliadau a'r hyn sy'n
hynod yw fod alaw pob un ohonynt yn wahanol. Mae dwy o'r
caneuon yn ddi-fyrdwn gyda'r gweddill yn cynnwys amrywiol
fathau ar fyrdwn. Cawsom enghraifft o un ddi-fyrdwn yng
nghân Cathrin Jên a cheir y llall yn CCAGC 1925 ac mewn dau
gasgliad cyhoeddedig,[96] alaw yn y modd re a godwyd o ganu
Prys Williams, Arolygwr Ysgolion a ymwelodd ag Ysgol Wyliau
Gymraeg Llanwrtyd yn Awst 1921. Tystiai ef i'w phoblogrwydd
yng Ngheredigion.

Hynodrwydd tair o'r chwe chân gyda byrdwn yw fod y byrdynau hynny'n cynnwys llythrennau o'r wyddor a rhai rhifau, a genir ar ôl pob llinell o'r pennill. Peth arall hefyd sy'n taro rhywun ynghylch un ohonynt yw fod ei halaw yn un sionc, mewn amseriad 6/8. Fe'i gwelir yn *Ail Gasgliad o Alawon Gwerin Môn*, Grace Gwyneddon Davies, a chodwyd hi gan yr awdur o ganu Owen Parry, Dwyran, ffynhonnell nifer o ganeuon rhagorol.[97] At hynny bu'r casglydd yn ddigon craff i sylwi fod yr alaw yn perthyn yn agos i'r tair alaw 'Migildi, magildi' a welir yn CCAGC, a'r alaw a enwyd yn 'Pant y pistyll' yn *Alawon fy Ngwlad*.[98] Ymhellach, perthynant hefyd i'r alaw Seisnig/ Wyddelig 'St. Patrick's Day', y tueddai Annie G. Gilchrist (un o'r cerddorion Seisnig yr arferai J. Lloyd Williams anfon rhifau o'r *Cylchgrawn* atynt am sylwadau cymharol ar y caneuon Cymraeg) i'w hystyried fel 'an old marching tune and refrain'.

Mae'r ddwy alaw arall Abiécaidd eu byrdwn yn llawer dwysach eu naws, yn perthyn yn wreiddiol i ogledd a de Ceredigion, y gyntaf ohonynt ar gael mewn tair ffynhonnell.[99] Haedda'r ail sylw arbennig oherwydd iddi gael ei chadw ar lafar yn Y Wladfa, heb fod tystiolaeth iddi gael ei chofnodi yma yng ngwlad ei tharddiad. Un o geidwaid amlycaf y canu traddodiadol Cymraeg yn Y Wladfa oedd Sara MacDonald, wedi ei geni yno, gwraig arbennig o ddiddorol a chanddi stôr eang o ganeuon poblogaidd Cymraeg ar ei chof. Recordiwyd nifer ohonynt gan Shân Emlyn hoffus yn ystod ei hymweliadau â'r Wladfa, ac yn ddiweddarach cafodd Phyllis a minnau'r fraint o wneud yr un peth ar ein haelwyd yng Nghwmystwyth, yn ystod un o ymweliadau yr Archentreg Gymraeg â'r hen wlad. Dau bennill a ganai hi o 'Mynwent eglwys' ac fe'u cododd ar ei chlust o ganu ei thaid, Thomas Jones, genedigol o Flaen-porth, de Ceredigion, a groesodd i'r wlad newydd ar fwrdd y 'Mimosa' yn 1865. Cyhoeddwyd hi'n ddiweddarach yn *Canu Gwerin* a *Canu'r Cymry* (Enghraifft 26).[100] Meddai'r Fns Sara MacDonald ar lais pur, swynol ac anwylai bob nodyn a gair a ganai.

Enghraifft 26

Doh: F

1. Haen o bridd a haen o ger-rig, Yr A, B, C,_____ Sydd rhyng-of
2. Trwm yw'r plwm a thrwm yw'r cer-rig, Yr A, B, C,_____ Trwm yw

i a chorff fan-wy-lyd, *One, two, three,*_____ A phe-dair
ca-lon pob dyn un-ig, *One, two, three;*_____ Try-maf

as-tell we-di'u hoel-io, A, B, L ac O, P, Q; Pe bawn i'n
peth dan haul a lleu-ad, A, B, L ac O, P, Q;___ Ca-nu

well___ mi dor-rwn hon-no, R ac S, T ac U.
ffár-wel lle by-ddo car-iad, R ac S, T ac U.

Awgrymwyd fod canu'r math hwn ar fyrdwn yn ddull hwylus o ddysgu'r wyddor i blant ond go brin y gellir derbyn hyn o ystyried prinder a threfn y llythrennau! Ar y llaw arall, daeth yr arfer i fod o ddysgu'r wyddor i blant ar gân ac os mynnwch weld dwy enghraifft gampus o hynny trowch at gyfrol Nansi Martin, *Caneuon Gwynionydd*, 1973 – un ohonynt ar alaw adnabyddus 'Twll bach y clo', gan agor hefo'r pennill hwn:

A sydd am angor a B sydd am Bys,
C am y ci, CH am chwip pan fo brys;
D sydd mewn dyn ac DD am ddraig goch,
E sydd am esgid ble bynnag y boch.[101]

Mae'r byrdynau mewn dau o amrywiadau 'Mynwent eglwys' yn cynnwys rhes o sillafau disynnwyr, i'w canu yn y naill achos ar ôl pob llinell mewn pennill ac yn y llall ar ddiwedd pennill. Ceir y math cyntaf o amrywiad, gyda chwe phennill, yn *Folk-songs collected in Flintshire and the Vale of Clwyd*, a gyhoeddwyd yn ddiweddarach yn CCAGC 1925. Fe'i codwyd gan Mrs Herbert Lewis (Ruth Lewis) ar ei ffonograff o ganu hen wraig o Dreffynnon, Jane Williams.[102] Mae alaw y gân yn ymdebygu o ran ei sioncrwydd i'r un a gofnodwyd gan Grace Gwyneddon Davies yn Nwyran, Môn ac yn wir, yn ôl Jane Williams ei hun, byddai'n ei chanu i'w phlant er mwyn eu cadw'n ddiddig! Yr un casglydd a recordiodd yr ail enghraifft ac mewn nodyn esboniadol at J. Lloyd Williams dywedodd hyn:

> The tune opposite was sung by Mr Roberts Mostyn ucha
> Llansannen Sept 1913 to Tra bo eglwys yn Llanelli a wenol fach yn hedeg ynddi
> We cannot catch the 2nd half of the penill. I expect you have it
> – also to Mynwent Eglwys.[103]

Mae'n amlwg fod Mrs Herbert Lewis a'i chynorthwywyr yn cael trafferth i godi'r geiriau o'r ffonograff (rhaid cofio mai ail iaith oedd y Gymraeg i'r wreigdda hon a fu mor fawr ei chymwynas i'n cenedl) ac felly dim ond yr alaw a anfonwyd at y golygydd. Dichon nad oedd yntau yn gyfarwydd â'r pennill ar y pryd ac o ganlyniad arhosodd yr alaw yn anghyhoeddedig hyd y flwyddyn 2000. Fodd bynnag, sylwer yn arbennig ar glo'r dyfyniad. Ymysg papurau J. Lloyd Williams yn Llyfrgell Genedlaethol Cymru mae copi o'r alaw sy'n gysylltiedig â rhai o benillion arferol 'Mynwent eglwys' ac oherwydd ei bod yn alaw mor hyfryd bodlonwn ar ei chyhoeddi yma gyda'r pennill cyntaf arferol (Enghraifft 27).[104]

Enghraifft 27

Tra la la la   la   a____   la   la   Tra la la   la

Pan o'wn i'n rhodio mynwent eglwys
Gan chwilio am le teg i orffwys,
Tarawn fy nhroed wrth fedd f'anwylyd,
Mi glywn fy nghalon fach yn symud.

Erys un amrywiad arall i'w ystyried, hwn eto gyda byrdwn,
ond y tro hwn yn Saesneg. Fe'i cofnodwyd gan Mrs Herbert
Lewis yn ystod ymweliad â Llandysul a'r cylch ym Mehefin
1913. Dyma'i nodyn cefndir i'r pwt o gân (Enghraifft 28).

This is very funny. Sung by Mrs Thomas Llandyssul June 1913
after hearing my 'Mynwent Eglwys'. This was all the tune repeated
over and over again. Miss Mary Hughes took it in solfa as the
record was very poor.[105]

Enghraifft 28

Lah: G

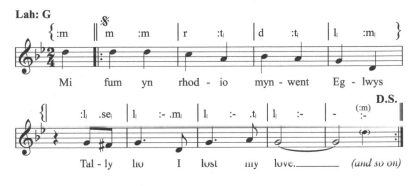

Mi fûm yn rhodio mynwent eglwys
Tally ho I lost my love
Lle'r oedd cant o gyrff yn gorffwys,
Tally ho etc.
Trewais fy nhroed ar fedd f'anwylyd,
Tally ho etc.
Mi glywn fy nghalon fach yn symud.
Tally ho etc.

Mae'n debyg mai'r 'Tally Ho' oedd yn taro'r gwrandawyr fel rhywbeth digrif – ac y *mae* felly gan mai dyna a gysylltwn fel rheol ag ymddygiad helwyr llwynog pan godant y creadur truan hwnnw i'w ymlid â'u ceffylau a'u cŵn. Eithr does bosib mai dyna oedd swyddogaeth yr ymadrodd yn y cyswllt arbennig hwn. Tybed a ddefnyddid ef weithiau yn ochneidiol drist? Ni welais awgrym o hynny yn yr *Oxford Universal Dictionary* na'r *Oxford Dictionary of Quotations* sy'n digwydd bod wrth law gennyf ond diamau fod ffynonellau ymadroddol perthnasol eraill i fynd ar eu trywydd.

O ystyried *geiriau'r* wyth gân flaenorol gwelir eu bod yn amrywio o ran nifer y penillion sy'n gysylltiedig â nhw. Cadarnha hyn y sylw a dderbyniodd Mrs Herbert Lewis oddi wrth J. H. Davies ac a gyhoeddwyd mewn nodyn cefndir i'r amrywiad ar y gân yn CCAGC 1925:

'*Mynwent Eglwys*' seems to me to be merely a string of penillion
... I am inclined to think that many of the ballad singers strung
suitable penillion together when they had a good tune.[106]

Er enghraifft, yn achos o leiaf dair o'r enghreifftiau hyn ceir
penillion cwbl ddigyswllt â cholli cariad trwy angau. Serch
hynny mae'n eithaf posibl fod cerdd gyfan yn llechu yn yr
amrywiaeth penillion a honno'n adrodd am ferch yn ymweld â
bedd ei hanwylyd. Tra'n wylo a myfyrio yno ar mor derfynol a
fu'r toriad rhyngddynt daw glaslanc heibio iddi gan ei chysuro
trwy ddweud y caiff gariad arall eto. Etyb hithau y gall hynny
fod ond mai'r hyn sy'n ei llethu yw gweld 'dodi pridd ar fab
mor laned'.

Hiraethgan Cilcwm

Yn bur aml cyfarfyddai casglyddion â chantorion na allent
ond galw i gof bennill cyntaf cân yn unig ac, ar brydiau, lai
na hynny o eiriau. Er enghraifft, pan gofnododd J. Lloyd
Williams un o ganeuon H. O. Hughes, Bangor, y cyfan a
gafodd ganddo oedd y llinell gyntaf sef 'Hen ferchetan wedi
colli'i chariad, Ffol-di-rol,' etc. Enid Parry a gyflawnodd, yn
rhagorol, y gamp o lunio gweddill y pedwar pennill a genir
gennym erbyn hyn.[107]

Yn achos 'Hiraethgan Cilcwm' dau bennill byr pedwar llinell
yn unig a gofiai Evan Rowlands pan ganwyd hi ganddo i Jennie
Williams yn Aberystwyth. At hynny, penillion *olaf* cân oeddynt
a honno'n boblogaidd yn ardal y Mynydd Bach, Ceredigion, o
gwmpas yr 1830au. Yn ôl a ddeallaf, nid oes bentref o'r enw
'Cilcwm' yn ardal maboed Evan Rowlands a chan nad oes ond
un plwyf a elwir yn 'Cil-y-cwm' yng nghyfrol Elwyn Davies,
Rhestr o Enwau Lleoedd (1957) casglaf mai y plwyf hwnnw yn
Sir Gaerfyrddin, tua phedair milltir o Lanymddyfri, yw'r un
sydd dan sylw yn y gân fach hon. Eithr, fychaned yw, mae'n fy
nghael i bob tro.

Enghraifft 29

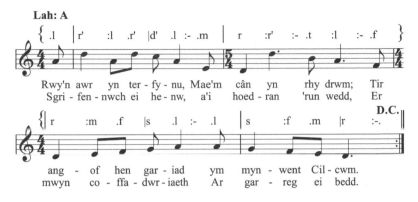

Lah: A

Rwy'n awr yn ter - fy - nu, Mae'm cân yn rhy drwm; Tir
Sgri - fen - nwch ei he - nw, a'i hoed - ran 'run wedd, Er

ang - of hen gar - iad ym myn - went Cil - cwm.
mwyn co - ffa - dwr - iaeth Ar gar - reg ei bedd.

Fel y dywedwyd uchod, penillion yn cloi cerdd yw'r rhain ac efallai mai gan rhyw hen faledwr y cenid nhw. Mae'r cwpled agoriadol yn awgrymu hyn. Beth bynnag am hynny maent yn canu profiad dirweddol neu ddychmygol gŵr sy'n sefyll wrth fedd rhywun a garai, neu a garodd unwaith. A olyga'r ymadrodd dwys, 'Tir angof hen gariad', mai bedd noeth, di-garreg oedd hwnnw heb unrhyw fanylion am y ferch arno? Beth yw'r stori sydd ynghudd yma? Gresyn na chaem wybod.

Mae'r alaw yn berl. Yn y modd re, sylwer; modd sy'n cyfleu grym y geiriau'n berffaith. Dichon y dylid dweud ychydig yn rhagor am y modd hwnnw yrŵan. Ers tua dwy ganrif a hanner bu'n arferol gan gerddorion y rhan orllewinol o'r byd i synied am raddfeydd cerddorol fel rhai yn syrthio i ddau ddosbarth o octefau sef Mwyaf a Lleiaf (tair ffurf ar y rheiny). Yn gyffredinol gwahaniaethant yn ôl y dull y perthnasir ynghyd y tonau a'r hanner-tonau a gynhwysant, gyda phum tôn gyfan a dwy hanner-tôn ym mhob graddfa. Yn y modd mwyaf ceir hanner-tôn rhwng 3(E) a 4(F) a hanner-tôn arall rhwng 7(B) ac 8(C'). Yn y modd lleiaf (ag ystyried y ffurf harmonig arno yma) ceir hanner-tôn rhwng 2(B) a 3(C) ac un arall rhwng 5(E) a 6(F). Yn achos y modd re (sy'n ymestyn o D i D') ceir hanner-tôn rhwng 2(E) a 3(F) a 6(B) a 7(C). Ffordd hwylus i gael y raddfa hon yw chwarae'r nodau gwyn o D i D' ar y piano.[108]

Gyda chefnu ar y siarad ffurfiol yna ergyd y cyfan yw fod cantor ac offerynnwr fel ei gilydd yn synhwyro newid naws mewn alawon a luniwyd ar sail y gwahanol raddfeydd hyn. A chlensio'r mater, gwrandawer ar gerddoriaeth Indiaidd neu Tseineaidd, cerddoriaeth gyda'i gwreiddiau mewn graddfeydd tra gwahanol i'r rhai yr ydym ni'n gyfarwydd â nhw. Daw'r dieithrwch i'r brig ar unwaith.

Y glomen

Yn nhrydedd bennod ei lyfr gwych *Dulliau'r Canu Rhydd, 1500–1650*, a gyhoeddwyd yn 1952, mae Brinley Rees yn cyfeirio at un math ar gerddi rhydd sy'n agor gydag ymadroddion fel 'Am fi'n Rhodio y kaye.../A m fi yn rhodio ar foreuddydd.../amfi yn rhodio koyd yglyn...' neu 'fal i roeddwn yn rhodio.../ 'fel ir oeddwn i mewn rhiw fan.../ 'fal yr oeddwn ar Dduw Sadwrn...', ac ymlaen. Yn y bennod flaenorol dyry ddisgrifiad cyffredinol ohonynt:

> Yn y cerddi hyn y mae'r bardd yn rhodio, yn aml ar goedfron ar fore hyfryd o wanwyn, a'r adar wrthi'n canu ar y coed gwyrddlas; neu y mae'n eistedd efallai dan goeden, neu ynteu yn ei wely'n cysgu ac yn breuddwydio. Fe glyw neu fe wêl ferch, neu henwr, neu aderyn, neu anghenfil, ac yna daw'r ymddiddan rhyngddynt; neu ynteu dyry'r ymddiddan a glyw rhwng rhyw ddau arall.[109]

Cawsom enghraifft o gerdd o'r fath eisoes (ond ei bod o gyfnod diweddarach) yn achos 'Y bachgen main', a chyda chyfarchiad cyffelyb yr egyr 'Y glomen'.

Gŵr o Flaenau Ffestiniog, M. H. Thomas, a anfonodd y ffurf hon ar y gân i J. Lloyd Williams, a chafodd esiampl arall ohoni yn ddiweddarach oddi wrth R. H. Evans, a'i clywodd hi'n cael ei chanu gan Richard Jones, torrwr beddau yng Ngarndolbenmaen.

Enghraifft 30

Doh: Bb

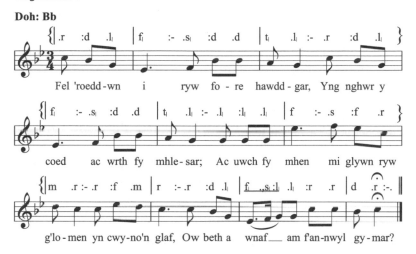

Fel 'roedd-wn i ryw fo-re hawdd-gar, Yng nghwr y
coed ac wrth fy mhle-sar; Ac uwch fy mhen mi glywn ryw
g'lo-men yn cwy-no'n glaf, Ow beth a wnaf___ am f'an-nwyl gy-mar?

A nesu wnes yn nes i wrando
Beth oedd y gangen ferch yn gwyno,
A nesu wnes a gofyn iddi
"Y lana o liw, a'r fwyna'n fyw,
  Beth yw dy g'ledi?"

Hyd yma ni lwyddais i ddarganfod sawl pennill yn union o'r
gerdd a ddaeth i'r fei yn y naill ffynhonnell na'r llall ond pan
gyhoeddwyd y gân yn CCAGC cynhwyswyd troednodyn gan J.
H. Davies yn dweud fod saith pennill ar gael yn argraffedig
ar daflen faled o dan y pennawd 'Cwyn merch ieuangc am
ei chariad'. Ceir gweld arwyddocâd hyn yn nes ymlaen. Yn y
cyfamser, cychwynnwn gydag ychydig sylwadau ar yr alaw.[110]

Mae ynddi swyn arbennig ar bwys disgyniad ac esgyniad ei
nodau, yn enwedig felly y naid o 6ed tua'i chanol, cyn codi i'r
7fed, sy'n esgor wedyn ar ddisgyniad graddol ac yna'n esgyn
i glo pendant. Hynny hefyd yn y modd re, fel yn achos yr
'Hiraethgan' flaenorol. Ar ffurf *cân*, yr ymddangosiad hwn yn
CCAGC oedd ei hymddangosiad cyntaf, ond cyhoeddwyd yn
gynharach ddwy ffurf ar yr *alaw* (o dan benawdau gwahanol,

sef 'Y fwyn golomen' a 'Cledan') yng nghasgliad Nicholas Bennett, *Alawon fy Ngwlad*, gyda'r gwahaniaeth eu bod ill dwy yn y modd lleiaf.[111] Yn ôl ei arfer mynnodd golygydd cerddorol y cyhoeddiad hwnnw, D. Emlyn Evans, 'gywiro' alawon modd re i'r modd lleiaf. Gyda llaw, mae gan Llewelyn Alaw yntau fersiwn o'r alaw yn B leiaf.[112] Ar wahân i'r tair enghraifft ddieiriau hyn, fodd bynnag, dilyn alaw y Cylchgrawn a wneir yn y chwe chyhoeddiad printiedig o'r gân y digwyddaf fod yn gyfarwydd â nhw – ac eithrio 'Y glomen wen' a welir yn *Detholiad* 1955 Undeb Noddwyr Alawon Cymru. Am ryw reswm di-alwamdano dewisodd trefnydd yr enghraifft hon newid peth ar ei nodiant, yn arbennig yn y pedwar bar olaf.[113]

Yr hyn sy'n neilltuol o ddiddorol ynghylch y gân yw'r *geiriau*. Y ffaith yw nad yw'r penillion sy'n gysylltiedig â'r alaw o'r bedwaredd ganrif ar bymtheg ymlaen yn ddim ond gweddillion o ffurfiau cyflawnach ar y gerdd, a dyry hynny oleuni gwahanol ar y sefyllfa a ddisgrifir ynddi yn wreiddiol. Cyfeiriwyd yn gynharach at y daflen faled 'Cwyn merch ieuangc am ei chariad'. Dyma fel y cyhoeddwyd hi gan John Jones, Llanrwst, yn y bedwaredd ganrif ar bymtheg:

Fel'r oeddwn i rhyw foreu hawddgar,
Mewn llwyn o goed ac wrth fy mhleser
Ar fy nghyfer mi glywn rhyw golomen,
Yn cwyno'n glaf, Ow beth a wnaf,
Am fanwyl gymar.

Ond nesu wnes yn nes i wrando,
Lle'r oedd y gangen ferch yn cwyno,
Mentro wnes a gofyn iddi,
Y lân o liw, yr hardda'n fyw,
Pa beth yw'th gledi?

Rhyw gledi mawr sydd yn fy mynwes,
A hyny wrth gofio yr hyn a gefais;
Wrth gofio'r mab a'r geiriau mawrion
I'm calon rhoes trwm lewyg loes,
Fe dyr fy ngalon.

Gadewaist fi mewn gerddi'n gynar,
Yn lodes ber yn mlodau mwynder
Gadewaist fi mewn modd rhadlonaf,
Gadewaist fi do yn wael fy mri
Yn yr adwy galetaf.

Gadewaist fi mewn gerddi gwyr[ddion]
Yn lodes ber yn flodau'r meillio[n]
Gadewaist fi do dan cyll crinion;
Canys dyna'r fan a daw fei'm rhan,
Lle torai'm calon.

O cymer galon paid ag wylo,
Daw haul i d'wynu ar fronydd eto,
A phan ddel, daw'r coed i ddeilio
Mi gofia yn dda pan ddelo'r haf,
Daw'r gweilch i rodio.

Ond ar fy nghyfer mi glywn rhyw glomen
Yn cwyno'n glaf am ei hanwyl gymar
Ac am ei gwddf r' oedd aur yn gylchau,
Lle bu'n faith do lawer gwaith,
Fy nwy fraich inau.

Fel y saif mae'r gerdd yn dipyn o gybolfa. O ystyried cwyn y ferch druan ym mhenillion 4 a 5 gofidio y mae am i'w chariad ei gadael ym mlodau ei hieuenctid, dan goed cyll crinion (cangen o gollen oedd un arwydd o wrthod cariad ddyddiau a fu). Purion, mae hynny'n eglur, ond penagored yw ystyr 'yn wael fy mri / Yn yr adwy galetaf'. Sut mae deall yr ymadrodd hwn? Gallai olygu ei bod wedi 'colli ei henw da'; bod ei chymeriad bellach dan gysgod. Ar y llaw arall gellid deall y geiriau yn unig fel mynegiant grymus o chwerwder y gwrthodiad. Dychwelaf at hyn cyn bo hir.

Mae'r pennill olaf yntau yn broblemus, yn neilltuol felly y cwpled clo. Er i mi ei ganu droeon yn y gorffennol teimlwn weithiau fod rhywbeth o'i le arno; rhywbeth yn chwithig yn y geiriau. Onid canwr y pennill olaf oedd canwr y pennill cyntaf hefyd? Eithr sut, a pharchu cysondeb, y gallai hynny fod? Awgrym amlwg y pennill olaf yw fod y dyn sy'n holi'r ferch ynghylch ei 'chledi' yn gwybod yn burion beth sy'n ei brifo'n greulon ac mai ef ei hun, a fu'n ei chofleidio 'lawer gwaith', oedd yn gyfrifol am hynny. Yr unig bosibilrwydd arall yw ei bod yn ferch hael iawn ei ffafrau hefo nifer o gariadon ond nid yw hynny'n cyd-fynd â'r ffaith mai gwrthodiad unwaith ac am byth, gyda hithau 'mewn gerddi'n *gynar* / Yn *lodes* ber', yw'r hyn a ddaeth i'w rhan. At hyn i gyd, chwithig dros ben yw cael y ferch yn cyfarch yr ymddiddanwr ym mhennill 3 ac yna'n cyfarch yn uniongyrchol y carwr a'i gwrthododd ym mhenillion 4 a 5.

Mae hyn oll yn arwain rhywun i amau tybed ai camgofio, camddeall, hepgor a chymysgu penillion mewn cerdd gyflawn gynharach sy'n gyfrifol am gowdal o'r fath? Credaf y gellir dangos hynny.

Y gwir yw fod o leiaf un daflen faled a thair llawysgrif o'r ddeunawfed ganrif sy'n cynnwys copïau o'r gerdd ac er bod gwahaniaethau rhyngddynt yr un yw'r sefyllfa gyffredinol a ddisgrifir, sef merch ifanc a dwyllwyd gan gariad, wedi iddi golli ei morwyndod o'i achos, a'i gadael i fagu'r plentyn ei hunan. Caiff ei chynghori a'i chysuro gan ŵr sy'n digwydd dod ar ei thraws: gwylia o hyn allan, meddai, rhag coelio geiriau celwyddog rhai meibion ond cofia nad yw'n ddiwedd byd ac y daw meibion cymwys eto i groesi dy lwybr.[114]

Argraffwyd y daflen faled yng ngwasg Siôn Rhydderch yn 1727, gyda'r gerdd yn un o dair, dan y pennawd 'Blodeu yr Bronnydd', a chopi o'r faled hon yw llawysgrif 11115B yn Llyfrgell Genedlaethol Cymru, a berthynai i Evan Williams, gyda'r dyddiad *January 31st 1777* arni. Nid yw argraffwaith Siôn Rhydderch yn ddifeius o bell ffordd ond gan mai ei fersiwn ef yw'r cynharaf yn y cyswllt hwn dyma hi, ynghyd â'i brychau:

Blodeu yr Bronnydd

Rhodio'r oeddwn diwrnod howddgar
Yn y coedydd wrth fy mhleser
Mi glywn Golomen ar fy 'nghyfer
Yn cwyno yn gla' beth a wna am fanwyl gymar

At y llwyn yr es i wrando
Lle 'roedd y ganned ferch yn cwyno
Mentro wneuthym ofyn iddi
Fun trowddgar liw lan fwyna'r fyw beth yw dy gledi

Trwm yw:r medddwl sy'n fy monwes
Braw i'w gofio briw a gefais,
Am gofio mab a geiriau mwynion
I'm dwyfron rhoes drom lewig loes a dryllia'r galon

Ond braf yw'r fallan ddyddiau Glamai
A ffeind inwr yn llwnflodau   [inwr = yw'r llwyn]
Pansyrthis rhair ni bydd cyn hardded,
Frllu'r fin dea hardd ei llun pan gollo ei chairad.

Mwyn howddgar Fab a gloeyw ei Gydyn
Di eist f'y anwylyd i mi'n elyn
Ar ol fy nghael yn modd ffyddlona
Gadawodd fi'n wael fy mri, 'n 'radwy gletta

Fy 'ngwalch i cofia trom yw'r Galorn
Wrth gofio'r man a'r geiriau mwynion
Y bum i gynai yn dy freichiau
Was hardd ar dwyn ag erfy mwyn gofia dithau

Y Pheniccs wych ymhlieth y morwynion
Neu gagnen hardd or gwrddi gwyrddion
Oedd fy moddion gan fy nghariad
O dduw gwynfe ddarfu am hyn ni fyn ni mo ngwelad

Gwrando ferch a bydd di gefnog
Daw gwcilch i rodio bronydd hculog
Eri'th flodau unwaith syrthio
Daw'r mwyn was glan clyw deulw'r can i'th gofleidio

Gwrando fi fy Mun sy danbleth [sy danbleth = sidanbleth]
Cymmer gyngor fy Anwyl Eneth
Ar ol torri'r cae bydd rhai'n daerach
Am fynd lle bo fun glud heb glo i nofion hyfach

Llawer Ferch a aeth i flinder
Wrth gowleidio'r Meibion mwynber
Bydd hi ddydd a nos yn wylo
Ag yntau'n wych yn goleuo'r drych n ysgafn droedio

Llawcr gwaith y rhoes i hefyd
Yn dyn fy nwylaw am fy Anwylyd
Rhoes yntau fy einioes mewn peryglon
Caeth yw hyn wrtho ynglyn mae fy nghalon

Dan ei adenydd y cest diddanwch
O'r G'lomen fach fe ddaeth yn dristwch
Ond gwilia etto syrthio i ddrysni
Rag ofn na ddaw ei ddeheulaw i'th gowleidio oth gledi

Fy ngwalch ddweida wrth fy nghowleidio
Na fynna fyth er dim fy nigio
Am goelio ei fwynion eiriau howddgar
F'am tynnodd i o'm llawen dŷ i welu o alar

F'am cafodd i yn y gerddi cynar
Yn gangen gu dan flodau mwynber
F'am gadawodd dan cyll creinion
Dyma'r fan Duw'n fy roan y thra i nghalon

Clyw'r Glommen burfwyn er dy brofi
Daw etto i'th ffasiwn flodau ffansi
Pan ddelo'r gweilch i rodio'r coedydd
Doi dithau'r fiun deg hardd dy lun i'r llwyn llawenudd

W : M

Dyna'r gerdd gyda'i stori'n llawn. O'i chymharu ag un
Llanrwst gwelir fod cyfatebiaeth rhwng y tri phennill agoriadol,

ond rhaid mynd ar wasgar ynddi cyn dod at benillion sy'n cyfateb rhywfaint i'r pedwar olaf a argraffwyd gan John Jones. Cofier imi dynnu sylw yn gynharach at yr amhendantrwydd yn y geiriau: ' ... yn wael fy mri / Yn yr adwy galetaf'. Bellach mae eu hystyr yn ddigamsyniol. Sylwer ar y delweddu sydd yn : 'Eri'th flodau unwaith syrthio' ac yn arbennig yn: 'Ar ol torri'r cae bydd rhai'n daerach / Am fynd lle bo fun glud heb glo i nofion hyfach'.

Yn y gerdd gyflawn mae cwynion y ferch yn llanw sawl pennill a'r ymddiddanydd yn amlwg iawn ei gysur a'i gyngor ond yn y llall, byr yw cwyno'r fun ac un pennill o gysur yn unig a geir gan yr ymddiddanydd; hcb y gair lleiaf o gyngor. At hynny nid ymddengys pennill olaf problemus Llanrwst yn y gerdd hir o gwbl ac ni chyfetyb hwnnw ond yn adleisiol i eiriau o eiddo'r ferch yn y gerdd hir: 'Llawer gwaith y rhoes i hefyd / Yn dyn fy nwylaw am fy Anwylyd ...'. Fel y gwelwn ymhen ychydig daw hyn yn eglurach fyth pan ystyriwn un o'r ddau fersiwn llawysgrifol arall.

Ar y ffordd at hynny mae'n werth dychwelyd am egwyl i'r bedwaredd ganrif ar bymtheg ac at waith cyhoeddedig y gŵr unigryw hwnnw, John Jones ('Talhaiarn', 1810–69). Yng nghyfrol gyntaf *Gwaith Talhaiarn* (1855) mae'n colbio (nid am yr unig dro) y Cymry hynny sydd 'o dan balf cath lefn-flewog Calfiniaeth, yn tybio nad oes dim barddoniaeth ond mewn rhyw siwtrws o hymnau a rhimynau o ganeuon ffug-dduwiol; ... Yr ydym ni, beirdd y dyddiau diweddaf, yn tybio os gallwn nyddu mil o linellau, fod hynny yn gampwaith. Bid siwr, y mae mor hawdd rigmarolio mil o linellau ag yw nyddu pedair; ond pa les, oni bydd cnaid, synwyr a doethineb, neu lawenydd a digrifwch ynddynt?'[115] Llawer gwell ganddo yw Hen Benillion Cymraeg ac fel enghraifft o hynny dyfynna bedwar ohonynt:

Yr oeddwn hefo'r hwyr yn rhodio
Gerddi gwyrddion i'm comfforddio,
Uwch fy mhen clywn fwyn lymysten,
Oer yw'r loes! beraidd foes, yn uchel ochen.

Nesu wneis i yn 'wyllysgar,
At fwyn ei llais a main ei llafar,
A than ufudd ofyn iddi,
Er mwyn Duw, y fwyna'n fyw, beth yw dy g'ledi?

Dyma'i hatteb hi a'i hesgusion,
Aml gnoc a dyr y galon;
Unig wyf yn mysg yr adar,
A'm gado i'n gaeth yma wnaeth fy nghymwys gymmar.

Hardd yw'r 'fallen ddyddiau C'lamai,
Hardd yw'r llwyn sy'n llawn o flodau;
Y Gauaf nid yw rhai'n cyn hardded –
Felly mun, hardd ei llun, pan gyll ei chariad.[116]

Sylwer fod y ddau bennill agoriadol yn cyfateb i benillion 'Y glomen' ond nid yr aderyn hwnnw sydd ar y pren y tro hwn eithr llymysten. Mae'r alegori yn wahanol a dyna'r gwir hefyd am y ddau fersiwn o gerddi'r ddeunawfed ganrif sydd gennym ar ôl i'w hystyried.

Mae nifer o wahaniaethau rhyngddynt ond nid oes angen manylu ar hynny yma; yn hytrach nodaf ddau beth yn unig.

(i) Yn y ddwy gerdd fel ei gilydd mae'r ymddiddanydd yn gofyn i'r ferch sut olwg oedd ar ei chymar ('pa liw sydd arno') a chaiff glywed hyn:

Y fo ydi blodeu Coed ag Adar
Y fo ydi'r unig walch di gymar
Ag am ei wddw'r Aur yn Glyche, lle bu'n faith
Lawer gwaith fy Adenydd [wedi'i groesi] inne *Neufraich*[117]

Onid yma y ceir ffynhonnell pennill problemus olaf fersiwn Llanrwst ac onid yma y dileir yr anghysondeb y cyfeiriwyd ato? Pan welir mai'r ferch sy'n llefaru'r cwpled clo daw'r cyfan yn eglur.

(ii) Ar waelod cerdd argraffedig Siôn Rhydderch gwelir y llythrennau 'W : M' ond a bwrw mai ef/hi oedd yr awdur ymddengys mai 'Anad.' ydoedd ac ydyw. Ynglŷn ag awdur fersiwn llawysgrif 836D, perthynol i Dafydd Williams, Bode(u)lwyn, Llanfechell (a ddechreuodd sgrifennu ynddi yn 1718, yn ôl Daniel Huws) hawlir mai merch a luniodd hwnnw:

Os daw gofyn pwy a gana
hyn o faled o ddyria
un a difarodd ddarfod iddi
fod mor ffôl a mynd ar ol
y llencyn gweisci[118]

Eithr nid ydym fymryn yn nes at wybod dim amdani. Nid yw'n dilyn chwaith mai merch ydoedd. O ddarllen geiriau'r hen gerdd sy'n agor â'r geiriau 'Ffarwel i Langyfelach lon...' gallech dybio ar ei diwedd mai merch a'i lluniodd ond gwyddys mai ei hawdur oedd Siemsyn Twrbil (James Turberville).

Dau sylw cyffredinol i gloi. Yn gyntaf, gellir casglu mai gweddillion o fersiwn cerdd y Llymysten a ddaeth i lawr dros y blynyddoedd, rhywsut neu'i gilydd, hyd at Dalhaiarn. Go brin fod y gerdd gyfan ar ei gof gan mai ei berwyl ar y pryd oedd dyfynnu enghraifft o Hen Benillion yn benodol. Yn ail, ac yn fwy arwyddocaol yn y cyd-destun presennol, awgrymaf ei bod yn bosibl y gwelwn yma faled o dan ddylanwad newid mewn chwaeth foesol cyfnod cymdeithasol arbennig, yn diosg peth o'i delweddaeth erotig ac yn ymbarchuso rhywfaint.

'Rown i'n rhodio

Yn y gân flaenorol cafwyd enghraifft o ferch yn cael ei thwyllo gan ei chariad. Yn yr un dan sylw yrŵan ceir enghraifft o fachgen yn cael ei dwyllo, nid gan ei gariad ond yn hytrach gan fradwr o gymydog iddo. Sut y digwydd hynny? Dramodig ar gân yw'r ateb, yn cynnwys dialog rhwng tri chymeriad ac yn cloi gydag epilog chwithig, gwta. Mae rhediad y chwarae mor syml fel mai carlo dŵr dros afon a fyddai ei grynhoi. Darllenwch neu cenwch ymlaen.

Enghraifft 31

Cwrddyd wnes i â chymydog, To ral di ro,
Un o'r bradwyr dau-wynebog, To ral di ro a rei ta ral.

Cyntaf peth ofynswn iddo, &c.
"Sut mae caru merch, a'i chario?"&c.

"Rho di heibio'i chwmni flwyddyn, &c.
A daw i'th garu bob yn ronyn." &c.

'Mhen y flwyddyn mi es ati, &c.
Gan ofyn iddi, "Wnei di 'ngharu?" &c.

Atebai'r ferch yn hawdd ei deall, &c.
"A ffaelest ti â chael neb arall? &c.

Sa di ymhell, na ddoi di'n agos, &c.
'Rwy'n priodi 'mhen yr wythnos." &c.

Pwysi glas yng ngardd y gardner, &c.
Ac enw hwn yw 'Caru'n ofer'. &c.

Rhagorol. Gem fach o faled, a'r unig esboniad ychwanegol sydd ei angen yw mai enw arall ar y pansi yw 'Caru'n ofer'.

Mae ffurf yr alaw cyn symled bob tamaid â ffurf y stori, gyda'i nodau i gyd o fewn graddfa o bum nodyn, o G i D (mewn nodiant sol-ffa, o l_i i m) ond gyda rhai o'r nodau yn addasedig. Mae arwyddocâd i hyn o berthynas i alawon gwerin Cymru, o gymharu â rhai Lloegr, dyweder. Fel y dangosodd Phyllis Kinney, o ystyried 852 o ganeuon traddodiadol Cymraeg mewn print roedd cynifer â 60 ohonynt mewn graddfa bumnod. O archwilio ar hap bedwar casgliad printiedig o alawon traddodiadol Seisnig, yn cynnwys dros 1360 esiampl, ni chafwyd ond 4 alaw bumnodyn.[119] O ran graddfeydd, hyd y gwn, ni fu cymharu cyffelyb rhwng ein halawon traddodiadol ni ac eiddo Yr Alban a'r Iwerddon. Dyma orchwyl i rywun!

Y wasgod goch

Mewn darlith gan Robin Gwyndaf y clywais Robert Pierce Roberts, Llanddulas, yn canu'r gân hudolus hon. Fe'i recordiwyd gan y darlithydd, ynghyd â nifer o ganeuon eraill, pan ymwelodd â'r canwr hynod o felys hwnnw yn Nhachwedd 1973; yntau ar y pryd yn 74 mlwydd oed. O ganu ei dad y daeth hi iddo fo.

Ar unwaith, rhaid pwysleisio nad yw'r atgynhyrchiad printiedig o'r gân a gyhoeddir yma yn cyfleu'r cyfoeth o amrywiadau rhythmig a melodig a ddefnyddiwyd gan Robert Pierce Roberts wrth iddo ei chanu, ond gellir blasu'r rheiny mewn adysgrifiad ohoni gan Phyllis, a gyhoeddwyd yn ysgrif gynhwysfawr Robin Gwyndaf ar 'Robert Pierce Roberts a chân "Y Wasgod Goch"'.[120] Ni ellir gorbwysleisio mai mater o 'ddod-yn-weddol-ati' yw atgynhyrchu mewn nodiant gân a gofnodir ar lafar neu oddi ar recordiad o unrhyw fath, a phan ddaeth yn bryd i gyhoeddi ffurf arni ar gyfer ei chanu gan bobl yn gyffredinol, bu'n rhaid diwygio yn betrus-ofalus yr hyn a glywid ar y casét (yn enwedig ychydig ar drefn y penillion). Dyma'r canlyniad.

Enghraifft 32

Lah: G

Rhoth imi glôs o felfat lowddu
A leinin gwyn i gofio amdani;
Rhoth imi gôt liw du o'r pandy
A chrys yn frith i lwyr alaru.
Di-rei-di-rei ...

A gwasgod goch o doriad calon
A'i botymau i gyd o ddagrau heilltion;
Rhoth imi het garlein wedi ei thrimio â mwynder
A ffon o gollen ffeind o ffárwel.
Di-rei-di-rei ...

Rhoth imi gadach sidan gwyrddlas
A llun ei harch oedd arno'n fflowars;
Rhoth imi sane o wlân crydeddig
Ac wedi eu gweu â saethau'r Ciwbig.
Di-rei-di-rei ...

A sgidia o blwm â dur yn fyclau,
Wel, byth 'r anghofia i'r trymder oedd arna-i:
Wel, dyna'r siwt i gyd i fyny
Ond fod eisiau'i gwisgo i fynd i'w chladdu.
Di-rei-di-rei ...

Tra bo llong yn mynd i'r Werddon,
A thra bo castell yng Nghaernarfon,
A thra bo dŵr oddeutu Amlwch,
Wel, byth 'r anghofia i ei harddwch.
Di-rei-di-rei ...

Trafaeliais i trwy Gymru a Lloeger
Ac mi welais ferched lawer,
Ond ni fûm nes i dorri'm calon
Nag ar ôl merch gŵr o Bantyffynnon.
Di-rei-di-rei,
Ffol di-ri-di-ri-di-ri-di-rei, di-rei, di-rei-di-ho.

Di-rei-di-rei-di-ho
Di-rei-di-rei-di-ho, rei-di-ho.

Alaw yn y modd re yw hon eto, o fewn cwmpawd o octef, ar wahân i frawddeg glo y pennill olaf lle ceir disgyniad hyfryd o ddeg nodyn cyn i'r llais orffwyso wedyn ar y tonydd sylfaenol. Gwrandawer hefyd ar amlder pumed y raddfa ar ddechrau brawddegau un a thri sy'n rhoi cadernid i'r pennill cyfan.

Fodd bynnag, er melysed yr alaw, y gerdd sy'n swyno fwyaf. Goroesodd dwy ffurf debyg iawn i'w gilydd arni, y naill o ffiniau Dyffryn Clwyd a'r llall o Fôn, a'r ddwy yn mynd â ni'n ôl i'r ddeunawfed ganrif o leiaf. Wrth fwynhau sigl ei seiniau a hud ei delweddau caf fy atgoffa'n gryf o rai o'r cerddi serch a geir yn rhannau agoriadol cyfrol T. H. Parry-Williams, *Canu Rhydd Cynnar*. Un ohonynt yn arbennig, lle ceir 'Cŵynfan Gŵr mewn cariad. Neu Gerdd mewn Alegori yn Cyfflybu Cariad ai Effaeth i Long a'i pherthynasau'. Er enghraifft:

Fy llong sŷdd o Dderw Ffansi
Hoelion heirn Serch sŷdd ynddi
Gwedi i seilio'n gyflawn wastad
O'r tu mewn o Goed Deisyfiad.

Ffyddlon feddwl pur di-'lynas
Yw fy Stern fy ngard am cwmpas
Llian Cyssur ŷw fy Hwyliau
Gwir Grediniaeth ŷw f'Angorau.[121]

Alegori yw cerdd 'Y wasgod goch' hithau, a chyfyd cwestiwn diddorol yma, sef beth yw'r berthynas rhwng y ddwy ffurf. A ydynt yn gwbl annibynnol ar ei gilydd ynteu a yw un yn fenthyciad o'r llall? I geisio ateb rhaid wrth weld y geiriau a ganwyd gan Thomas Roberts, Gaerwen; a phob yn gwpled y canwyd nhw ganddo, gyda byrdwn ar ôl pob un.

Enghraifft 33

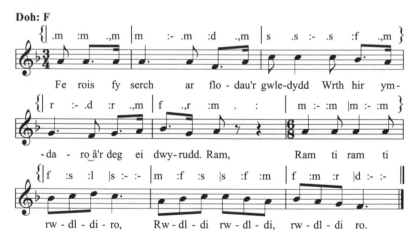

Ond waeth im' dewi, a rhoi 'madawiad,
Mi wn na chaf mo'r lana anad. Ram &c.

Mynnaf 'sgidia plwm, a dur yn fycla,
I gofio am y tir a gerdda. Ram &c.

Mi fynnaf sana' o griwl cordeddig
Wedi eu gweu gan saethau Cupid. Ram &c.

Mi fynnaf glos o felfed gloewddu
A *lining* gwyn i lwyr alaru. Ram &c.

Caf wasgod goch o dorriad calon,
A botymau o ddagrau heilltion. Ram &c.

Mi fynnaf gôt o diapalma,
A chrys brith o groes feddylia'. Ram &c.

Mynnaf ffunnen wen dan flodau'r ffansi,
Fe ddaw amser y caf fod hebddi. Ram &c.

Caf het Carlisle wedi ei beindio a mwyndra
Ac edau f'einioes ynddi'n gwalcia. Ram &c.[122]

Mae cymaint o debygrwydd rhwng geiriau'r ddwy fel mai
gwiriondeb a fyddai mynnu iddynt ddod i fod yn annibynnol
ar ei gilydd. Byddai'r cyd-ddigwydd yn anhygoel. Calon y ddwy
yw alegori y siwt gladdu ac â'r alegori honno y mae a wnelo
mwyafrif mawr y penillion yn y naill achos a'r llall. Serch
hynny y mae rhai gwahaniaethau rhyngddynt.

(i) Nid yr un cyd-destun sydd i'r siwt gladdu yn y ddwy ffurf.
Yn troi a throsi yn ei wely y ceir canwr Robert Pierce Roberts,
yn breuddwydio'n hanner-effro ei fod yn gweld merch 'yn anfon
siwt o ffarwel' iddo. Yng nghân Thomas Roberts mae'r canwr
yn gwybod nad oes ganddo obaith am briodi'r ferch a gâr ac
ef ei hun sy'n mynnu hel defnyddiau'r siwt gladdu ynghyd.
(ii) Mae i gân Llanddulas glo pendant ond yr argraff a gawn
o ystyried cân y Gaerwen yw ei bod yn anghyflawn. (iii) 'Does
dim amheuaeth nad i Ogledd Cymru y perthyn y gyntaf, fel y
dengys y pennill olaf ond un. Ar wahân i leoliad y canwr hefo'i
'lana anad' yn yr ail gwpled, ni ellir mentro lleoli'r ail.

Fodd bynnag, yn y ddau achos fel ei gilydd cariadon
gwrthodedig yw'r ddau ganwr. Colli'r dydd fu hi yn hanes y ddau
ohonynt. Gwelsom hynny eisoes yn achos canwr y Gaerwen

ac y mae'r un mor eglur yn achos canwr Llanddulas. Ymysg defnyddiau'r siwt gladdu sylwer i hwnnw hefyd dderbyn 'ffon o gollen ffeind' oddi wrth y ferch, sef arwydd o wrthodiad cariad neu, o leiaf, o wrthodiad priodas.

Beth felly am y berthynas rhwng y ddwy gerdd? Yn bennaf yn wyneb y ffaith fod cerdd Robert Pierce Roberts yn gerdd ac iddi agoriad, canol a chlo pendant, awgrymaf mai ynddi hi y tardd un Thomas Roberts. Yn ystod trosglwyddiad y gân ar lafar o ganwr i ganwr ac o ardal i ardal newidiwyd yr agoriad ond cadwyd at ergyd y cyfan sef mai'r hyn a ddigwyddai oedd ffarwelio â merch.

O'm rhan fy hun mae rhai o eiriau ac ymadroddion y ddwy gerdd yn ennyn chwilfrydedd ar gorn eu dieithrwch. (a) Dyna'r ymadrodd 'het garlein', er enghraifft. Dyma esboniad *Geiriadur Prifysgol Cymru* arno, o dan y pennawd, 'carlin, carlein': "[bnth. S. *Caroline (hat)* … Het a oedd yn ffasiynol yng Nghymru tua diwedd y 18g." Sylwer ar y gair Saesneg *'Caroline'* yn arbennig, ansoddair a ddefnyddid i ddisgrifio rhywbeth perthynol i gyfnodau Siarl I a Siarl II yn Lloegr, ac mae'n eithaf posibl felly fod yr ymadrodd 'het garlein' yn gyfarwydd yng Nghymru gryn dipyn yn gynharach na diwedd y ddeunawfed ganrif. 'Het Garlisle' ag iddi 'gwalcia' (h.y., â'i hymylon wedi eu troi i fyny) sy gan Thomas Roberts ond y tebygrwydd yw mai canlyniad camglywed neu gamddeall 'carlein', ar ran rhyw ganwr neu'i gilydd, oedd 'Carlisle'. Dyna hanes cân lafar yn aml. (b) 'Gwlân crydeddig' yw'r ymadrodd yn un o'r cerddi ond 'criwl cordeddig' a geir yn y llall. Dwy ffurf lafar ar 'cyfrodeddig' yw'r rhain, sef ansoddeiriau'n disgrifio cyd-blethiad o wahanol ddefnyddiau, ac yn ôl *Geiriadur Prifysgol Cymru* daw'r enw 'criwl' o'r Saesneg 'crewel', math ar edau wstid (*worsted*). (c) 'Diapalma' oedd yr enw a roed, hyd at ganol y ddeunawfed ganrif o leiaf, i fath o blaster wedi ei wneud yn rhannol o olew palmwydd, a ddefnyddid i sychu briw ar groen. Lleddfu'r boen o golli'r ferch: cwbl gymwys.

Temtasiwn a gyfyd weithiau wrth drafod hen ganeuon yw

codi sgwarnog a dilyn ar drywydd honno neu hwnnw. Gan ddibynnu ar natur y sgwarnog mewn golwg gall hynny fod yn ddiflas i ddarllenydd. Rwyf am fentro syrthio i'r demtasiwn yrŵan!

Diamau y cytunai'r mwyafrif ohonom fod alaw Robert Pierce Roberts, yn rhinwedd ei dwyster, yn cyd-fynd â'r geiriau yn well na'r un a ddefnyddiai Thomas Roberts. Hynny, mae'n debyg, oherwydd fod byrdwn 'Ram-di-ram' yr olaf yn un mor sionc. Mae'r amseriad 6/8 yn gweddu i'r dim iddo, a hawdd synio amdano yn cael ei chwarae ar delyn neu grwth neu, yn absenoldeb hynny, yn cael ei leisio gan ganwr unigol mewn sillafau soniarus. Yn wir, mae lle da dros gredu mai dynwared offeryn sy'n cyfrif yn aml am sawl 'ffal-di-ral' a 'la-la-la-la' a geir yn ein canu traddodiadol. Dyma lle daw'r sgwarnog i'r fei.

Un o'r alawon yr oedd J. Lloyd Williams yn gyfrifol am weld ei chynnwys yn y *Llyfr Canu Newydd* a gyhoeddwyd yn dair rhan gan y Cyngor Cerdd Cenedlaethol rhwng 1929 a 1932 (mae i'w gweld dan y pennawd 'Dau Beth' yn Rhan 3) yw 'Ram-di-ram' a chyfeirir ati yno fel 'Cân y pastwn (Ram)'.[123] Ni wn o ble na sut y daeth y teitl 'Cân y pastwn' i'w feddiant ond mae'n un awgrymog dros ben.

Ychydig a wyddom gydag unrhyw radd o sicrwydd am sut y byddai datgeiniaid y cyfnod clasurol yn datgan englyn, cywydd ac awdl i gyfeiliant telyn neu grwth, ond yn ôl esboniad *Geiriadur Prifysgol Cymru* ar '**p. pastwn**' (o dan '**pen 3(b)**') tystiodd Siôn Dafydd Rhys yn ei *Ramadeg* (1592) i fodolaeth datgeiniad 'Penn Pastwn' a'i ddisgrifio fel hyn:

> ... *of inferior status (of poets, &)* ... Datceiniad, *Penn Pastwn*, a elwir yr vn a fô ynn datcānu heb Fedru ddim cany Tant 'ihunan, a hwnnw a ddyly sefyll yn nghenawl y Neuadd, a churaw 'i phonn, a chanu 'i gywydd nai 'i Owdl gyda'r dyrnodieu.[124]

Yr hyn sy'n ddiddorol i sylwi arno yn y cyd-destun hwn yw y gellir defnyddio yr union alaw hon, 'Ram', i ganu cwpledi o gywydd, gydag amodi dipyn ar y nodiant i gyfarfod â churiadau'r cynganeddion – a chwpledi o gyhydedd fer o ran hynny – ac ymddengys yn debygol mai trwy i genedlaethau o Benbastynwyr ei defnyddio i wneud hynny y daeth i'w hadnabod fel 'Cân y pastwn'.

Dyna ni felly. Gyda bod y sgwarnog yna ar ei gwâl symudwn i ystyried isadran arall o'r caneuon serch.

Hiraethu am y Cariad

GAIR HYFRYD I'W ynganu, yn enwedig ar gân, yw 'hiraeth', er y gall hiraethu ei hun fod yn boenus. Yn ôl *Geiriadur Prifysgol Cymru* gall 'hiraeth' fod yn gyfuniad o 'hir' ac 'aeth', gyda'r ail elfen yn golygu poen, gloes, tristwch. Dyna'r hiraeth sydd ynghlwm wrth golli rhywun neu rywbeth sy'n annwyl yn ein golwg; yr edrych yn ôl sy'n brifo. Gellir hiraethu hefyd am yr hyn nad yw eto'n bod; yr edrych tu hwnt sy'n denu, megis y dyhcu angerddol am baradwys neu Ynys Afallon. At hynny mynnodd y beirniad llenyddol praff, Alun Llywelyn-Williams, yn ei gyfrol afaelgar *Y Nos, y Niwl, a'r Ynys*, fod y beirdd rhamantaidd wedi ymestyn ystyr y gair 'hiraeth' i olygu 'y teimlad o ddyheu ynddo'i hun, ... ni waeth pa mor ddiamgyffred yw gwrthrych neu achos y dyheu'; hiraethu er mwyn hiraethu.[125] Boed hynny fel y bo, esgorodd profiadau hiraethus o'r mathau hyn ar swm enfawr o lên a chelfyddyd gain dynolryw, ac o ganeuon traddodiadol yn ogystal.

Un o'r rhai hyfrytaf o'r rheiny yn Gymraeg yw 'Hiraeth' ei hun; er nad yw'n perthyn yn benodol i'r isadran bresennol am y rheswm nad yw'r geiriau yn dweud am beth yn union yr hiraethir. Cân *am* hiraeth ydyw. Eithr, a minnau bellach wedi fy nghael fy hun yn cyfeirio ati, gobeithiaf y maddeuir imi am ddyfynnu rhai o'r Hen Benillion gwych:

Dwedwch, fawrion o wybodaeth,
O ba beth y gwnaethpwyd hiraeth,
A pha ddefnydd a roed ynddo
Na ddarfyddai wrth ei wisgo?

Derfydd aur a derfydd arian,
Derfydd melfed, derfydd sidan,
Derfydd pob dilledyn helaeth –
Eto er hyn ni dderfydd hiraeth.

Hiraeth, hiraeth, cilia, cilia,
Paid â phwyso mor drwm arna',
Nesa tipyn at yr erchwyn,
Gad i mi cael cysgu gronyn.

Hiraeth mawr a hiraeth creulon,
Hiraeth sydd yn torri 'nghalon;
Pan fwyf dryma'r nos yn cysgu
Mi ddaw hiraeth ac a'm deffry.

Mae'r alaw hithau yn hudolus, gyda'i datganiad agoriadol
soniarus a'i chlo swynol hefo'r esgyniad gosgeiddig i'r tonydd
uchaf a'r cilio tawel i'r un terfynol. Yn rhyfedd iawn, er
mai J. Lloyd Williams a'i cofnododd gyntaf oddi wrth rhyw
ganwr neu'i gilydd ar Ynys Môn, ni chyhoeddodd mohoni yn
CCAGC, a gwelodd olau dydd am y tro cyntaf yng nghasgliad
Grace Gwyneddon Davies, *Chwech o Alawon Gwerin Cymreig*
(1933).[126]

Yn yr isadran hon, lle'r ymdrinnir â chaneuon sy'n mynegi
hiraeth penodol am gariadon yn eu habsenoldeb, dechreuwn
ag un o'r rhai mwyaf poblogaidd o'r fath.

Lisa lân

Ceir sawl amrywiad ar alaw 'Lisa lân' mewn print (deunaw o
leiaf) gyda'r mwyafrif ohonynt yn gwahaniaethu mewn manion
nodiannol ac ambell un o'r rheiny'n addurniadau derbyniol
dros ben. Dyma dystiolaeth J. Lloyd Williams yn 1912:

A very large number of forms of this air has been sent to the Editor. Only a very few can be quoted, but they further illustrate the astonishing variety of melodic effects obtained out of a very simple formula, and the prevalence of the air in every part of Wales.[127]

Mae nifer enfawr o amrywiadau ar yr alaw ar gael hefyd mewn gwledydd eraill; er enghraifft, Lloegr, Yr Alban, Iwerddon, Unol Daleithiau America, a Canada, fel nad oes enaid byw a all hawlio dweud ymhle yn union y tarddodd. Gwyddys fodd bynnag mai'r arfer ymysg ethnogerddorion y gwledydd hynny yw cyfeirio at yr amrywiadau dan sylw fel 'of the "Vilikens and his Dinah" type'.

Ymddengys mai parodi oedd y gerdd 'Vilikens and his Dinah' (yn defnyddio tafodiaith y Cocni o Lundeiniwr) ar faled stryd gynharach o dan y pennawd 'William and Dinah'. Yn y gerdd wreiddiol honno ceir hanes am fasnachwr cyfoethog oedd am i'w ferch, Dinah, briodi gŵr cyfoethog, ond gwrthododd hi ufuddhau i'w thad. Caeodd yntau y drws yn ei hwyneb. Gwenwynodd hi ei hun a chafwyd hi'n farw gan ei chariad, William. Yfodd yntau yr un gwenwyn. Terfynir y gerdd gyda rhybuddio rhieni rhag rhwystro perthynas rhwng gwir gariadon. Daeth y gân-barodi yn eithriadol o boblogaidd mewn Neuaddau Cerdd, theatrau a thafarnau a thros y blynyddoedd defnyddiwyd ffurfiau ar yr alaw yn helaeth i gyflwyno cerddi ar bynciau o sawl math.

Yng Nghymru y geiriau a gysylltir amlaf o lawer â'r amrywiadau alawol yw penillion 'Lisa lân'. O'r deunaw esiampl o'r alaw mewn print ceir penillion 'Lisa lân' yn gysylltiedig â deuddeg ohonynt. Gyda'r chwech sy'n weddill cysylltir Hen Benillion, pennill cyntaf 'Ffarwel i Langyfelach lon' a phenillion gan T. Gwynn Jones. Goroesodd sawl taflen faled o'r geiriau hefyd ac wrth ddarllen y saith pennill arferol sy'n llunio'r gerdd mae'n berthnasol sylwi fod pedwar ohonynt yn clol hefo'r llinell 'Mae/Daw hiraeth mawr am Lisa lân'.

O ystyried moddau'r deunaw alaw, gan gofio fod rhai o'r rheiny yn ddyblygedig, mae saith yn y modd do (ambell un yn addasedig), tair yn y modd la (dwy yn addasedig) ac un yn y modd re. Digonedd o amrywiaeth geiriol ac alawol felly i gadarnhau tystiolaeth J. Lloyd Williams i boblogrwydd y gân ac i'w bodolaeth ar lafar dros gyfnod hir.

I'm golwg i y ffurf fwyaf addurniedig arni, a'r un a fyddai'n fwyaf tebygol o apelio at gantorion, yw honno a gofnodwyd gan Grace Gwyneddon Davies o ganu Mrs Jones, Talybont, Niwbwrch, Môn, hithau'n ei chanu fel y clywodd ei thad, Owen Parry, Tyddyn y Gwynt, Dwyran, yn ei chanu. Roedd Owen Parry, gyda llaw, yn un o wir gynheiliaid y canu traddodiadol, ac ef oedd ffynhonnell y cwbl o'r caneuon a gyhoeddodd Grace Gwyneddon Davies yn ei dau gasgliad o *Alawon Gwerin Môn* (1914 a 1924), gydag eithrio'r ffurf arbennig hon ar 'Lisa lân'. Dyma fel y cyhoeddwyd yr alaw gyda'r ail bennill o'r gerdd yn CCAGC, gan J. Lloyd Williams (lle'r hepgorir y cyfeiliant piano). Fe'i dilynir yma gan y geiriau a ganwyd gan ferch Owen Parry.[128]

Enghraifft 34

Doh: Eb

Fy ngha-lon lawn,___ fy nghow-lad glyd, Ty - di yw'r la - na sy'n___ y___ byd; Ty - di sy'n pe - ri poen a___ chri_____ A___ thi sy'n dwyn___ fy my-wyd i.

Bum yn dy garu, do, lawer gwaith, / Mewn llawer modd a mwynder maith;
Bum yn dy gusanu, do, Lisa gêl, / Yr oedd dy gwmni'n well na'r mêl.

Fy nghalon lawn, fy nghowlad glyd, / Tydi yw'r lana' sy'n y byd;
Tydi sy'n peri poen a chri, / A thi sy'n dwyn fy mywyd i.

Pan byddwyf mewn llawenydd llon, / Fe ddaw rhyw boenau dan fy mron,
Wrth gofio'r mwynion eiriau mân, / Daw hiraeth dwys am Lisa Lân.

Pan byddwy'n rhodio gyda'r dydd, / Fy nghalon fach a aiff yn brudd,
Wrth glywed sŵn yr adar mân / Daw hiraeth dwys am Lisa Lân.

Pan byddwy'n rhodio yn yr ardd / Ymysg yr holl flodeuau hardd,
Wrth dorri o'r mwyn friallu mân / Daw hiraeth dwys am Lisa Lân.

Pan byddwy'n rhodio gyda'r hwyr / Fy nghalon fach a dodd fel cwyr,
Wrth glywed sŵn y tannau mân / Daw hiraeth dwys am Lisa Lân.

O Lisa, a ddoi di i'm danfon i / A rhoi fy nghorff mewn daear ddu?
Gobeithio doi di, fy annwyl ffrind, / Hyd lan y bedd lle 'rwyf yn mynd.

Ar ben waun Tredegar

Pan gyhoeddwyd y gân hon yn CCAGC yn 1910 (y tro cyntaf iddi ymddangos) roedd hynny o dan y pennawd 'Cariad i notws', gan mai dyna eiriau agoriadol y pennill cyntaf o ddau a argraffwyd.[129] Eithr mewn rhifyn diweddarach yn 1925, a gynhwysai ddwy enghraifft arall ohoni o dan yr un pennawd, agorai un o'r rheiny gyda'r geiriau 'Ar ben waun Tredegar'.[130] Flynyddoedd wedyn, yn 1951, fe'i galwyd yn 'Ar ben waun Tredeger', geiriau agoriadol y cyntaf o bedwar pennill sydd fel pe'n ffurfio cerdd gyflawn. Eithr mae'n eithaf posibl mai pennill annibynnol yw 'Ar ben waun Tredegar' a ychwanegwyd at y gweddill. Sut bynnag, dyna'i henw arferol bellach.

Enghraifft 35

Ar ben Waun Tre-de-ger mae ei-rin a chnau, Ar ben Waun Tre-de-ger mae fa-lau ym Mis Mai, Ar ben Waun Tre-de-ger mae ffrwy-thau o bob rhyw, Ar ben Waun Tre-de-ger mae 'nghar-iad i'n byw.

Fy nghariad a 'nodws i wylad y nos,
Fy nghariad a wedws, do, lawer air cro's,
Fy nghariad a 'nodws i edrych yn llon,
Fy nghariad a dorrws fy nghalon i bron.

Mae heb ei thorri eto ond mae'n glwyfus iawn o hyd,
Wrth feddwl am y bachgen sy 'mhell dros y byd,
Mae digon o fechgyn yn agos ac ymhell,
Ond beth dâl am hynny, mae 'nghariad i'n well.

Chwi ferched ieuainc hawddgar na charwch ddim ond un,
Gochelwch gael eich denu gan grechyn teg ei lun,
Mae cariad fel y moroedd yn chwyddo fyth i'r lan,
Mae'r ferch sy'n caru'n gywir yn canu clychau'r llan.[131]

Mae ei thafodiaith yn nodi'n ddigamsyniol i ba ran o'n gwlad y perthyn ond nid oes prawf iddi gael ei chofnodi gan gantorion Mynwy. O gyffiniau Merthyr Tudful, Pontrhyd-y-fen (yn arbennig) ac, o bosibl, yr Hendy y daeth y rheiny. Ystyriwn eiriau'r gân i gychwyn.

Gwelsom mai yn ail rifyn y *Cylchgrawn* yn 1910 yr ymddangosodd y tro cyntaf ac o Lundain y daeth i law y golygydd, oddi wrth ryw Mr Jenkins a'i clywodd yn cael ei chanu, meddai, gan weision fferm ei dad rhwng Merthyr a Hirwaun. Ychwanegodd J. Lloyd Williams, 'I have no idea what 'notws' means', ond derbyniai haeriad anfonydd y llythyr ei fod yn gyfystyr â 'nododd': 'from dodi, to compel (gorfododd)'. Ni phoenid y golygydd gan y terfyniad deheuol '-ws' yn 'wedws' ('dywedodd') a 'dorrws' ('dorrodd'). Roedd yn gwbl gyfarwydd â hwnnw. Nid ymholodd chwaith ynghylch ystyr 'i wylied y nos' ('i wylad', mewn man arall). Eithr yn rhyfedd iawn, doedd gweld enghraifft o ddefnyddio hwnnw yng nghyd-destun *serch* yn peri dim syndod iddo. Mwy am hyn eto.

Beth ynteu am 'nodws/notws' a'r honiad ei fod yn ffurf ar 'dodi'? Y cyfieithiad Saesneg a gynigiwyd gan Mr Jenkins fel y gwelsom oedd 'to compel' a rhaid talu sylw iddo fo yn neilltuol gan mai'r Wenhwyseg oedd ei dafodiaith. Euthum i Lyfrgell Genedlaethol Cymru i chwilio am y gair ymysg geirfâu'r dafodiaith, e.e., geirfâu gan Cadrawd a Tom Jones, ond nid oedd i'w gael yno. Holais rai cyfeillion cyfarwydd â'r Wenhwyseg o'u plentyndod a'u cael hwythau'n fud ar y mater.

O fewn cylch cyfyngedig fy narllen a'm cydnabod 'Gwenhwysegol' ni chefais un enghraifft o ddefnydd o'r gair. Yn fy nghyfyngder troais at eiriadur Saesneg-Cymraeg John Walters, Y Bontfaen, ysgolhaig oedd yn gwbl gyfarwydd â'r dafodiaith, i weld pa gyfystyron Cymraeg a gynigiai ef ar gyfer y berfenw Saesneg '*to compel*'. Nid oedd 'dodi' yn eu plith ond yr oedd yno un ymadrodd tra awgrymog sef 'peri (gwneuthur)' – o'i ymestyn, 'peri i rywbeth fod neu ddigwydd'.

Fel sy'n digwydd weithiau, mewn sgwrs ar y ffôn gyda'm cyfaill, Roy Saer, soniais am fy mhenbleth ac ar unwaith cynigiodd fynd draw i'r Amgueddfa Werin yn Sain Ffagan i edrych mewn rhai geirfâu tafodieithol a ffynonellau eraill yno am y gair 'notws'. O fewn dim cefais wybod ganddo nad oedd hwnnw ar gael yn y geirfâu perthnasol ond goleuodd y tywyllwch imi mewn dwy ffordd. Yn gyntaf, tynnodd fy sylw at y ddau bennill canlynol yn *Llen Gwerin Blaenau Rhymni*:

> Cariad a'm dododd i wilad y nôs;
> Cariad a'm dododd mewn blinder a lôs;
> Cariad a'm dododd i edrych yn llon,
> A chariad a dorodd fy ngalon i bron.

> Ni dorodd hi eto, ond mae'n glwyfus o hyd,
> Wrth feddwl am fy nghariad sy'n m'ell iawn o dir;
> Amal yw'r llwybrau sy' rynto ni'n doi,
> Ond rhwng y ddau gariad, mâ calon yng ngloi.[132]

'Dododd' – yn y fan a'r lle dyma ategiad sylweddol i haeriad Mr Jenkins fod 'notws' yn dod o 'dodi', a'r peth pwysig i'w bwysleisio yma yw fod i ambell ddefnydd o'r ferf honno rym achosol, sy'n dod â ni yn ôl at ymadrodd John Walters, 'peri (gwneuthur)', sy'n gyfystyr â 'gosod (ar waith)' a 'pennu' *Geiriadur Prifysgol Cymru* ar gyfer 'dodi'. Yr hyn a ddywed y ferch yn y pennill cyntaf yw fod Cariad wedi peri iddi 'wilad' y nos, ei gosod weithiau mewn sefyllfa annifyr, achosi llawenydd iddi ar brydiau, droeon eraill dorri ei chalon bron iawn.

Ail bwynt fy nghymwynaswr oedd fod yr ymadrodd 'a'm dododd' (gyda'i ragenw mewnol gwrthrychol 'a'm') yn troi ar lafar gwlad yn '(fy) nododd i'. Rhoes nifer o esiamplau o'r treiglad o 'd' i 'n' mewn cyd-destunau cyffelyb imi a thrwy hynny gwblhau'r gwaith o roi cyfrif am 'notws' y Wenhwyseg.

Trown yrŵan at yr ymadrodd 'i wylied/wylad y nos'; ymadrodd, fel y gwelsom, na sylwodd J. Lloyd Williams arno. Yr hyn sy'n nodedig yn ei gylch yma yw'r defnydd ohono yng nghyd-destun Serch. Fel rheol fe'i cysylltir ag arferion crefyddol ac angladdol ac roedd digonedd o enghreifftiau o hyn i'w cael yn y geirfâu tafodieithol a welais, eithr heb rithyn o naws serchiadol o'u cwmpas. Euthum am gymorth i gyfrol

Catrin Stevens, *Arferion Caru*, a chael ei bod mewn un man yn disgrifio beth a ddigwyddai weithiau pan fyddai gwas a morwyn yn cael eu hunain yn y tŷ wedi i'r mistar a'r feistres fynd i gysgu:

> ' ... gallai'r cariadon, naill ai garu yn y gegin, neu ynte fynd i'r llofft a charu ar y gwely. "Noswaith o wylad" oedd y term yn ne-orllewin Ceredigion am yr arfer o eistedd i fyny'n hwyr yn caru, ac yn aml clywid pryfocio cydweithiwr blinedig, "'Dyw e dda i ddim heddi, fe gas "noswaith o wylad" neithiwr'."

Tybed nad dyna sydd wrth wraidd 'Cariad a notws i wylied y nos' ac nad oedd y defnydd hwn ohono yn gwbl anghyfarwydd i rywun neu rywrai yn ne-ddwyrain y wlad? Tybed hefyd nad yw hyn yn taflu goleuni pellach ar ergyd ail linell y pennill, gyda'r ferch yn cael 'llawer gair cro's' gan feistres anfodlon ar ei gwaith ambell ddiwrnod? Wrth fynd heibio sylwer mor grefftus y lluniwyd y pennill gyda dau gwpled gwrthgyferbyniol: (i) caru'r nos yn bleserus ond gyda chanlyniadau blinderus weithiau; (ii) y cariad yn medru llonychu'r ferch ond dod yn agos dro arall at dorri'i chalon hefyd.

Mae'n bryd troi yrŵan at yr alaw. O ystyried y chwe ffurf brintiedig o'r gân y digwyddaf wybod amdanynt mae alawon dwy ohonynt yn rhedeg yn llyfn a'r pedair arall yn symud yn sionc, ond perthynant i'w gilydd i gyd, gydag un yn ddyblygiad bwriadol o fersiwn cynharach. Dylwn ychwanegu fod *geiriau* gwahanol i un o'r caneuon: 'Ar Odyn y Bendro mae defaid ac ŵyn ...' sy'n adleisio'r pennill gwreiddiol (tybed a fu cais ar dynnu coes yma?).[134]

Mae un peth diddorol arall ynghylch y gân sy'n ymwneud â pherthynas arbennig rhwng rhythm yr alaw a mydr penillion 3 a 4. Mae i'w weld yn amlwg yn yr enghraifft a geir ar ddechrau'r isadran hon, sef yr amrywiad a ganwyd gan Samuel Davies (Sam y Delyn) o Bontrhyd-y-fen, a thra'n nodi hynny cystal cywiro un peth a ddywedir mewn nodyn cefndir i'r amrywiad hwnnw yn CCAGC 1951. Cawn ar ddeall yno fod

Samuel Davies ei hun wedi cyfansoddi penillion 3 a 4, ond ni chredaf y gellir derbyn hynny, yn sicr o berthynas i'r trydydd pennill. Cyhoeddwyd hwnnw yn yr amrywiad cyntaf o'r gân a gyhoeddwyd yn ail rifyn y Cylchgrawn yn 1910, a chofier i Mr Jenkins ddysgu canu'r pennill pan oedd yn fachgen ar fferm ei dad. Mae'n wir na wyddom beth oedd ei oedran pan anfonodd gopi o'r gân i'r Cylchgrawn ond gellir bod yn bur bendant mai rywbryd wedi ei fachgendod ef y ganwyd Samuel Davies! At hynny mae'r pedwerydd pennill yn glo hollol ddisgwyliadwy i'r gerdd.

Sylwer fod mydr penillion 3 a 4 yn wahanol i fydr y ddau bennill cyntaf. *Yn sylfaenol*, pedair llinell 11 sillaf yw 1 a 2, ond penillion 76.76. dwbl yw 3 a 4. Dyma felly enghraifft o ganu dau fydr gwahanol i'r un alaw trwy ddyblu ambell nodyn a newid mymryn ar y rhythm. Yn gynnil ddigon y gwneir hynny yma, a chawn yr un peth yn digwydd mewn enghraifft arall sydd beth yn wahanol. Yn yr achos hwn yr hyn a gawn yw defnyddio'r un alaw, yn sylfaenol, i ganu *cerddi* ag iddynt fydrau gwahanol – yn yr achos hwn rhan gyntaf alaw un amrywiad o 'Y gog lwydlas' i ganu penillion 11 sillaf arni ac addasiad o'r un rhan i ganu penillion 76.76 o gerdd a elwir 'Rhodio roeddwn inna' neu 'Cân Plasnewydd'.[135] Defnyddiaf un pennill yr un, yn unig, i ddangos y gyfatebiaeth a'r gwahaniaeth rhwng y caneuon hynny (Enghraifft 36, 37).

Gwir mai ychydig yw'r dyblu ar nodau sydd i'w cael yn yr enghraifft hon eto; serch hynny, mae'n enghraifft o'r egwyddor o ganu penillion ag iddynt fydrau gwahanol ar yr un alaw, egwyddor a gymhwysir hefyd yn ein canu traddodiadol ar wastad llawer ehangach a mwy cymhleth Cerdd Dant.

Enghraifft 36

Enghraifft 37

Titrwm, tatrwm

Yn hanes sefydlu a datblygu Cymdeithas Alawon Gwerin Cymru ni thalwyd sylw dyladwy i'r merched gweithgar a fu ynglŷn â hynny; yn arbennig felly, Mary Davies, Ruth Lewis a Grace Gwyneddon Davies. Bellach cawsom ein goleuo am hyn, yn bennaf gan Wyn Thomas, Cyfarwyddwr Archif Cerddoriaeth Draddodiadol Cymru, Prifysgol Bangor. Nid y lleiaf o'i gymwynasau o bell ffordd.[136]

Yr olaf o'r triawd yna, Grace Gwyneddon Davies, a gofnododd 'Titrwm, tatrwm', a hynny o ganu ei phrif ffynhonnell ym Môn, sef Owen Parry, Dwyran. Cyhoeddodd dri chasgliad o ganeuon: *Alawon Gwerin Môn* (1914), *Ail Gasgliad o Alawon Gwerin Môn* (1924) a *Chwech o Alawon Gwerin Cymreig* (1933), gydag Owen Parry yn canu bron y cyfan o gynnwys y ddau gyntaf, a'r trydydd yn cynnwys caneuon yr arferai hi ei hun eu canu mewn llu o ddarlithiau ar ganeuon gwerin a draddodwyd dros sawl blwyddyn ganddi hi a'i gŵr, Robert Gwyneddon Davies.[137]

Rhagdybiaf mai'r tro cyntaf i 'Titrwm, tatrwm' ymddangos mewn print oedd yn *Alawon Gwerin Môn*, er nad oes gennyf dystiolaeth ddiymwad i hynny. Y rheswm am yr ansicrwydd yw mai yn yr un flwyddyn ag y gwelodd casgliad cyntaf Grace Gwyneddon Davies olau dydd, sef 1914, y cyhoeddwyd pumed rhifyn Cylchgrawn y Gymdeithas Alawon Gwerin. Rhoes J. Lloyd Williams y gân i mewn yn hwnnw, ynghyd â thair arall o'r un casgliad, sef 'Y gelynen', 'Fy meddwl i a fy malais' a 'Mam-yng-nghyfraith t'wnt i'r afon'. Tybiaf y byddai wedi gofalu fod y gyfrol yn gyhoeddedig o flaen y Cylchgrawn. Serch hynny, am ryw reswm sy'n ddirgelwch i mi, ni chyhoeddodd y gân yn yr union ffurf sydd arni yn *Alawon Gwerin Môn*. Yn un peth newidiodd yr amseriad o 4/4 i 2/4 ac at hynny ychwanegodd nodyn ym mar agoriadol y cwpled olaf. Cywirodd beth ar yr orgraff a bu'n ddigon craff i ddisodli'r ymadrodd 'gwasgu fy hun mewn cell', yn un o'r penillion, gydag un llawer mwy synhwyrol, sef 'gwasgu fy mun mewn cell'! Eithr y gwahaniaeth amlycaf yw'r newid trefn ar y ddau bennill olaf, gydag ail bennill *Alawon Gwerin Môn* yn mynd yn drydydd pennill yn y Cylchgrawn. Fe'i dilynwyd yn hyn gan Philip Thomas yn *Alawon Gwerin Cymru*, ond cadwodd ef yn ffyddlon i'r alaw. I'r gwrthwyneb, cadwyd at drefn penillion *Alawon Gwerin Môn* gan D. Vaughan Thomas yn *Ten Welsh Folk-Songs*; felly hefyd gan y golygyddion yn *Mabsant*.[138] Fodd bynnag, amseriad 2/2 sydd i'r alaw yn y cyntaf ac amseriad 6/8 yn yr ail, yn ogystal â chryn newid ar ffurfiau'r geiriau, ac un nodyn gwahanol yn y trydydd bar o'r diwedd.

Dewisais hollti blew fel hyn er mwyn dangos fel y gall golygyddion gymhlethu hynt cân fach syml ar brydiau. Eithr y prif reswm dros gynnwys 'Titrwm, tatrwm' yn yr isadran hon yw bod ei geiriau yn dangos yn glir un math o beth a all ddigwydd i gân sy'n byw am gyfnod ar lafar. I wneud hynny rhaid ystyried dehongliad Grace Gwyneddon Davies ei hun o'r hyn a ganai Owen Parry.

Enghraifft 38

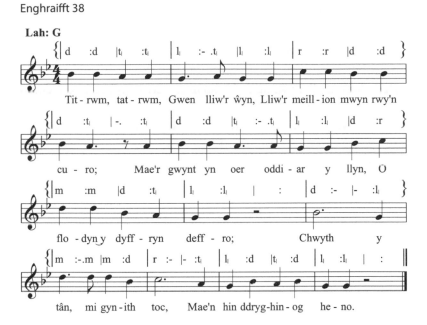

Os yn mhell o'm gwlad yr af
Pa beth a wnaf â'm geneth –
Pa un ai mynd a hi efo mi,
Ai gadael hi mewn hiraeth?
Hed fy nghalon o bob man
I fryniau a phantiau Pentraeth.

'Rwyf weithiau yn Llundain ac weithiau yn Nghaer
Yn gweithio'n daer am dani;
Weithiau yn gwasgu fy hun mewn cell,
Ac weithiau'n mhell oddiwrthi;
Mi gofleidiwn flodau'r rhos
Pe bawn yn agos atti.

Un o'r cyfranwyr i'r gyfrol *Llên a Llafar Môn* oedd Cynan, a ddewisodd drafod 'Geiriau'n Caneuon Gwerin'.[139] Cyfyngodd ei sylwadau i rai o'r caneuon a gofnodwyd yn y sir. Un o'r rheiny, meddai, 'sy'n merwino 'nghlustiau i bron bob tro y clywaf ei chanu yw "Titrwm-tatrwm"' ac aeth ati'n hwyliog i esbonio pam. Y geiriau oedd yn ei gorddi.

Un o ganlyniadau posibl trosglwyddo cân ar lafar yw y gall y gwrandäwr gamglywed yr hyn a genir. Yma, ceir enghreifftiau o hyn yn y pennill cyntaf. Naill ai camglywodd Owen Parry, neu rywun cynharach nag o, rai o eiriau'r pennill hwn. Aeth 'wy' yn 'ŵyn', 'hwy' neu 'mwy' yn 'mwyn', a 'hi'n' yn 'hin'. Yn *Hen Benillion* cynhwysodd T. H. Parry-Williams bennill o lawysgrif berthynol i ddechrau'r bedwaredd ganrif ar bymtheg sy'n dangos i hyn ddigwydd:

Titrwm, tatrwm, Gwen lliw'r wy,
Ni alla' i'n hwy mo'r curo;
Mae'r gwynt yn oer oddi ar y llyn;
Lliw blodau'r dyffryn deffro.
Chwyth y tân i gynnau toc, –
Mae hi'n ddrycinog heno.[140]

Gesyd yr hen bennill y sefyllfa'n berffaith eglur: carwr y tu allan i'r drws, bron â thrigo gan oerfel, wedi hen flino ar guro'r ffenest, yn apelio'n daer am i'r cariad ei adael i mewn at glydwch y tân. Yn gwbl naturiol mae'n moli ei phryd o liw'r wy. Chwedl Cynan:

Gall ŵyn fod yn ddu, neu'n wyn-wyn, neu'n wyn-budr, ac ni byddai'n gompliment i ferch dweud bod ei hwyneb yr un lliw â'r un o'r tri! Ond dweud wrth ferch ffarm bod ei grudd o liw brown cynnes, deniadol, wy yn syth o'r nyth – ah! Dyna rywbeth.[141]

Mae ail linell pennill Owen Parry yn wahanol i ail linell y pennill uchod ac ni wn sut i roi cyfrif am hynny, ond gallai 'Lliw'r meillion mwy rwy'n curo' fod yn gwbl briodol, gyda rhyw wrandäwr yn camglywed 'mwy' am 'mwyn', eto'n ddigon main ei glust i'w odli ag 'ŵyn', fel y gofynna'r mydr. Am linell olaf y pennill diamau fod 'Mae hi'n' yn swnio'n fwy naturiol na 'Mae'n hin'; er yr ymddengys i mi y gallai'r olaf dalu am ei le hefyd.

Camglywed geiriau sy'n blino Cynan yn y trydydd pennill yn ogystal, a sylwodd yn benodol ar yr un enghraifft â J. Lloyd Williams sef cyfnewid, 'gwasgu fy mun' am 'gwasgu fy hun'. Ar wahân i ddigrifwch yr ail syniad, byddid yn colli grym y gwrthgyferbyniad sy'n y cwpled oni wneid hynny. Yn annisgwyl, fodd bynnag, ni chyfeiriodd at enghraifft arall ar ddechrau'r ail linell yn y pennill: rhyw wrandäwr yn tybio iddo glywed 'Yn gweithio' yn lle 'Ac weithiau'. Mater arall a'i poenai ynglŷn â'r pennill hwn oedd fod blas rhy lenyddol ar ei eirfa a myn mai hwn oedd 'yr hen fersiwn gwreiddiol':

Weithia'n Llundain, weithia 'Nghaer,
Ac weithia'n daer amdani,
Weithia'n gwasgu'r fun mewn cell,
Ac weithia 'mhell oddi wrthi.
Mi gofleidiwn floda'r rhos
Pe bawn-i yn agos ati.

Un sylw perthnasol yma. Yn ei gasgliad *Hen Benillion* cynhwysodd T. H. Parry-Williams bennill sydd yr un â hwn ond fod pob 'weithia' yn 'weithiau', a 'bawn-i' yn 'bawn'.[142] Tybed ai tafodieithu hwnnw a wnaeth Cynan ynteu a ddigwyddodd daro ar ei bennill mewn rhyw gasgliad gwahanol o'r hen benillion?

Yn sicr, mynnodd dafodieithu ail bennill Owen Parry. Ni allai ei glust oddef odli 'geneth' hefo 'hiraeth' a 'Pentraeth'. Roedd yn eglur iddo fo 'mai ar lafar gwlad Môn y canodd y bardd' gan odli'n berffaith yn ei dafodiaith fel hyn:

Os ymhell o'm gwlad yr af,
Pa beth a wnaf â'm genath?
Pa un ai mynd â hi efo mi,
Ai'i gadal hi mewn hira'th?
Hed fy nghalon o bob man,
I frynia' a phantia' Pentra'th.

Wel, barned a farno beth yn union a wnaeth y *bardd*, mae'n debygol iawn fod greddf Cynan yn ei lle parthed 'canwrs' Môn. Mae'n dra thebygol mai pennill fel hwnyna a glywid gan fynychwyr y 'Pentraeth Arms'.

Gair i gloi'r drafodaeth hon. Fel myfi fy hunan mae'n amlwg i'r gantores frwdfrydig Siwsann George, Stuart Brown a Peter Meazey, golygyddion *Mabsant*, fwynhau darllen ysgrif Cynan, oherwydd 'diwygiadau' y cawr llenyddol hwnnw a ddilynwyd ganddyn nhw mewn print ac ar gân. Nid anghofiaf berfformiadau Siwsann.

Pan 'ro'wn i yn y goedwig

Bu cystadlaethau eisteddfodol yn ffynhonnell i nifer o'n caneuon gwerin a chafwyd casgliadau o bwys trwy gyfrwng y rheiny, e.e., yn y bedwaredd ganrif ar bymtheg, rhai Maria Jane Williams, John Thomas (Ieuan Ddu) a James James (Iago ab Ieuan, awdur cerddoriaeth ein hanthem genedlaethol), i'w dilyn gan rai Jennie Williams, T. Soley Thomas a W. O. Jones yn yr ugeinfed ganrif.

O'r ddwy ffurf a oroesodd ar y gân neilltuol hon cafwyd y gyntaf yng nghasgliad James James (1832–1902), o dan y ffugenw 'Orpheus', yn Eisteddfod Llangollen, 1858, a'r enw a roes arni yn ei lawysgrif oedd 'Y Tri Darlun Cymreig', gyda thri phennill moesegol, trymllyd, gan rywun o'r enw Benjamin Jones. Fel mwyafrif beirdd ei gyfnod roedd gan Iago ab Ieuan syniadau pendant am swyddogaeth, geirfa a chystrawen iaith farddonol a chredai fod rhesymau da dros ymwrthod weithiau â phenillion ambell hen gân. Wele ddyfyniad o'r rhaglith i'w lawysgrif:

> It was thought advisable to adapt words to each air of a class superior to those sung traditionally to them; and where this has not been done it is because of the peculiar connection between the airs and songs.

Nododd hefyd '*Air*, "Pan oeddwn ar ddiweddydd"'.

Mewn sylwadau rhagymadroddol i'r caneuon, fodd bynnag, dywedodd i'w ganwr ganu'r pennill canlynol i'r alaw:

Pan oeddwn ar ddiweddydd
Yn rhodio yn yr haf,
A Gwen o dan fy nghesail
Drwy'r coed yn eithaf braf,
Mi welais lan fwyalchen
Yn uchel uwch fy mhen
Ac yno roedd hi n tunio
A'i phig yn pigo'r pren.[143]

Wrth fynd heibio, pwy bynnag a rodiai drwy'r coed ar yr hafnos honno mae'n hollol siŵr mai 'gwn' oedd ganddo dan ei gesail! Sut bynnag am hynny dim ond yr un pennill hwn a ganodd David Evans, Caerdydd, i'r casglwr o Bontypridd. Pwyswyd y pennill hwnnw yn y glorian a'i gael yn brin. Trowyd at Benjamin Jones.

Yn agos at ganrif yn ddiweddarach, yn Eisteddfod Genedlaethol Llanrwst, 1951, caed cystadleuaeth am '*ALAW WERIN* wreiddiol heb ei chyhoeddi o'r blaen ...'. Tri yn cystadlu: Bob Roberts, Tai'r Felin, a ddaeth yn gyntaf (hefo tair cân!), Ivor D. Thomas, Aberafan, a Llew Evans, Llanfachreth. Cân Ivor D. Thomas oedd 'Pan 'ro'wn i yn y goedwig' ac mae hanner olaf ei phennill cyntaf bron air am air yr un â hanner olaf pennill David Evans uchod. Gwir fod alawon y ddwy gân yn wahanol ond diamau mai olion yr un pennill gwreiddiol yw pennill cyntaf y ddwy fel ei gilydd.

Ni chofiai Ivor Thomas (a oedd yn fab i Philip Thomas, y cyfeiriwyd at ei waith yn gynharach fel arweinydd canu gwerin yr Ysgol Wyliau Gymreig) beth oedd enw canwr y gân a glywodd ei chanu mewn tafarn yng Nglyn Nedd wedi iddo fod yn gwylio gêm o rygbi, tua 1912 neu 1913. Gwyddai, fodd bynnag, fod mam y canwr wedi bod yn gweini ym Mhlas Aberpergwm pan oedd Maria Jane Williams yn byw yno. Byd bach, chwedl ni'r Cymry.

Yn wahanol i Iago ab Ieuan, fodd bynnag, bu Ivor Thomas mor ffodus â chael tri phennill gan ei ganwr a'r ffaith honno a agorodd y drws ar ffaith ddiddorol arall, ond cyn dod at hynny rhaid troi at y gân a godwyd wedi'r gêm rygbi yng Nglyn Nedd.[144]

Enghraifft 39

Cyfarchu wnes i 'r 'deryn
Rhôdd hyn foddhad i mi,
A oes gennyt ryw newyddion
O 'nawr dwêd wrtha'i?
Yr aderyn du pigfelyn
Atebodd mewn whistl fain:
D'oes gen i ddim newyddion
Pan bo i'n pigo'r drain.

Os collais flodau'r teirgwlad
'Gen i amcan p'le bu'r bai;

Ni anwyd nac ni fagwyd
Ffyddlonach na ni'n dau.
Ni fagwyd nac ni anwyd
Ffyddlonach dau na ni,
'Rwy' bron â marw amdani,
Ond byw sydd raid i mi.

Ceir awgrym yn y trydydd pennill fod y carwr sydd yma nid yn unig yn hiraethu am ei gariad yn ei habsenoldeb ond y gall hefyd fod wedi ei cholli i rywun arall am ryw reswm neu'i gilydd. Gellid felly fod wedi cynnwys y gân yn yr isadran flaenorol, ond mae gorgyffwrdd yn rhwym o ddigwydd pan eir ati i ddosbarthu caneuon, a phan ystyrir fod y carwr arbennig hwn yn taeru dros ddau gwpled na anwyd erioed ddau ffyddlonach nag efô a'i anwylyd, cesglais nad yw'n barnu fod ei hiraethu yn ofer a'i fod yn gobeithio'r gorau fod yr hen gwlwm yn dal.

Dyna'r pryd y cofiais am gerdd o'r ail ganrif ar bymtheg a welais mewn cyfrol y cyfeiriais ati'n gynharach, sef *Dulliau'r Canu Rhydd, 1500–1650* gan Brinley Rees. Dyna'r 'agor drws' y cyfeiriais ato gynnau.

Sgwrs rhwng bardd a phioden yw'r gerdd mewn golwg, a gynhelir dros dri ar ddeg o benillion wyth llinell, ac sy'n llawer rhy faith i'w chynnwys yma,[145] ond bydd dyfynnu'r pedwar pennill cyntaf yn ddigon i ddangos ymhle y tarddodd geiriau'r ddwy gân sydd dan sylw gennym ni yrŵan:

Fel roeddwn /i/ /n/ rhodio/r/ goedfron
fyhynan ganol dydd
yn Mcddwl am ynghariad
yn arwen kalon brydd
ag yno /i/ klown /i/ /r/ bioden
yn inion wch y mhen
yn rhoddi anfed grechwen
ai ffig yn pigo/r/ pren

Mi ymgroesis rhag gwrthweb [gwrthddywediad]
a garwed oedd i llais
Mi droisim fwyneb ati
Agyfynis iddi ar gais
O ble i doethost di yna
y bioden gynffon fain
Mae gent /i/ newydd garw
Pen foch di yn pigo/r drain

Mi ddoethym yma rwan
ar ol trafalio /o/ bell
nid oes gini Mor newddion
ach gwneiff chwi ronin gwell
ond bod y ferch lle rhoist dy serch
ith annerch kolia fi
Mae rwan gyfall arall
yn emyl Mynd a hi

ffi taw son ath siarad
na ddwaid ond y gwir
Ni welist dday ffyflonech
Pe rodit beder sir
Ag ydi Myn a Mmine
fy rhiain addfain glws
kyn byrad ag oedd Desbi
oi chariad Pyramus

Ac felly y carlama'r sgwrsio yn ei flaen gyda'r bardd yn
gwrthod derbyn fod ei gariad yn cefnu arno, er ei fod yn gwybod
am y pwysau a osodir arni gan rai pobl i ymrwymo â rhywun
arall, ac yn y diwedd yn gofyn i'r bioden fynd ati i gael gwybod
yn union beth yw ei bwriad: 'Brysia/n/ dol ag ateb', meddai,
'Pwy garia/r/ Maen ir wal'. Etyb y bioden hithau:

Pen ddelwi adre om siwrne
Ni ddoi am llaw/n/ wag
Oni chai fy neges
Mae/n/ siwr imi gael fy na[g]

Felly y terfyna'r gerdd. O'n safbwynt ni y ffaith i ddal sylw arni yw fod gweddillion ohoni wedi goroesi hyd at gystadleuaeth eisteddfodol yn Llanrwst yn 1951 a chyhoeddi rhifyn o gylchgrawn Cymdeithas Alawon Gwerin Cymru yn 1953. Ni wyddys ar ba alaw y cenid yr hen gerdd, os yn wir y cenid hi o gwbl, ond rhywsut neu'i gilydd, dros ganrifoedd, daethpwyd i ganu rhywfaint ohoni ar ddwy alaw nad oes berthynas alawol rhyngddynt. A ddaw goleuni ar hyn rywbryd? Does ond gobeithio.

Dwy bleth o'i gwallt melyngoch

Profiad llawer casglydd oedd mai un pennill yn unig a gofiai ei ganwr neu gantores ac weithiau, yn wir, dim ond darn o bennill; fel yn achos y canwr hwnnw o Fangor na chofiai ond llinell gyntaf cân a ddysgodd pan yn blentyn.[146]

Cân un pennill yw'r un bresennol ac fe'i hanfonwyd at J. Lloyd Williams mewn llythyr o Lanelli, dyddiedig 7 Mawrth 1922, gan Frank H. Phillips, oedd wedi holi ei rieni am rai o'r 'old ballads' yr arferent eu canu yn nyddiau eu hieuenctid. Cafodd bedair enghraifft, yn cynnwys y baledi adnabyddus am Morgan Jones o'r Dolau Gwyrddion, llofruddiaeth Hannah Davies ar Fynydd Pencarreg, y Ferch o Blwy Penderyn, a'r un Hen Bennill hwn:

Dwy bleth o'i gwallt melyngoch
Tri thro 'yround ei phen
Mae hiraeth ar fy nghalon
Ar ol yr eneth wen.

Rhoes y llythyrwr 'tc' ar ddiwedd y pennill gan awgrymu felly fod ei rieni wedi canu pennill neu benillion eraill, ond hwn yn unig a sgrifennodd. Tybed a oes yn rhywle gerdd ar gael sy'n cynnwys y pennill hyfryd hwn tua'i diwedd, ynteu ai cyfres o Hen Benillion anghysylltiedig a ganodd y rhieni? Beth bynnag y gwir, diolch am a gaed ac yn arbennig am fanylyn y 'tri thro' o gylch y pen! Hawdd delweddu'r addurn.

Enghraifft 40

Ray: E

Dwy bleth o'i gwallt me-lyn - goch Tri_ thro o rownd ei phen,_ Mae

hir -aeth ar fy_ ngha-lon___ Ar ôl yr en - eth wen;___ Mae

hir - aeth ar fy_ ngha - lon Ar_ ôl yr en - eth wen.___

Ffarwél i'r merched mwynion,
Ffarwél i ddrws y plas;
Ffarwél i borth y fynwent,
Ffarwél i'r garreg las;
Ffarwél i borth y fynwent,
Ffarwél i'r garreg las.

Ffarwél i dref Llanddewi,
Ffarwél i'r Eglwys Wen;
Ffarwél i'r clochdy uchel
A'r ceiliog ar ei ben:
Ffarwél i'r clochdy uchel
A'r ceiliog ar ei ben.

Eithr mae'r diolch pennaf am yr alaw hudolus. Pan benderfynodd golygyddion *Canu'r Cymry II* (Phyllis Kinney a Meredydd Evans) ddethol y gân i'w chyhoeddi yn eu cyfrol ychwanegasant ddau Hen Bennill at y gwreiddiol, hynny er mwyn ceisio denu pobl i'w canu ar wahanol achlysuron cymdeithasol a thrwy hynny ei phoblogeiddio, fel yr haedda. Ceir eu dewis nhw o benillion ychwanegol yn Enghraifft 40.

Alaw yn y modd re sydd i'r gân ac nid yw'r gwyriad bychan yn y pedwerydd bar o'i diwedd yn newid ei naws gyffredinol o gwbl. Yn hytrach yr hyn sy'n wefr i'r canwr yn y bar dan sylw yw'r llam o octef o donydd i uwch-donydd a hynny'n ei wahodd i aros mymryn ar yr ail, dybiwn i. Mae'n alaw sy'n llifo'n hyfryd i lawr ac i fyny, yn arbennig felly yn yr ymchwydd sy'n dod ar ddiwedd y pennill a dechrau'r ailadrodd. Yna'r codi a'r disgyn tawel yn cloi'r cyfan fel pe'n adleisio'r hyn a'i blaenorodd. Onid yw'n syndod fel y gall alaw mor fer symud gwrandäwr teimladwy?

Diddorol sylwi hefyd mai peth anghyffredin iawn mewn canu gwerin Cymraeg yw dod ar draws enghraifft o ailganu geiriau hanner olaf pennill pedair llinell, fel sy'n digwydd yn achos 'Dwy bleth o'i gwallt melyngoch'. Edrychais, yn weddol frysiog rhaid cyfaddef, trwy'r caneuon a gyhoeddwyd yng nghyfrolau 1–5 o CCAGC (sy'n cynnwys rhai cannoedd o ganeuon ac felly'n groestoriad eithaf teg). Ni ddigwyddais weld ond tair o rai felly yno: 'Y gelynen', 'Y cardotyn' a'r 'Hen Wyddeles'.[147] Eithr mae un peth sy'n gwahanu'r rhain oddi wrth yr un sydd dan sylw yma. Ailgenir yr un rhan yn union o'r *alaw* yn y tair a enwyd (gydag eithrio un bar yn 'Y cardotyn') ond ni ddigwydd hynny yn achos ein halaw hiraethus ni. Mae parhad o fewn amrywiaeth yn nodweddu hon o'i dechrau i'w diwedd. Un alaw ar ei hyd ydyw.

Twyll mewn Serch

GALL FOD DWY wedd o leiaf i dwyll serch. Ar un wedd gall un o'r cwpwl ei dwyllo'i hun fod y llall yn ei garu. O dan bwys yr awydd angerddol i ennill calon un arall gellir camddeall y berthynas yn llwyr a dehongli ymddygiad digon diniwed fel petai'n llawn arwyddion o ymrwymiad dwfn; hynny wedyn yn arwain at siomiant mewn cariad. Ar wedd arall gall y twyll darddu'n gyfan gwbl o un tu i'r bartneriaeth, yn rhywbeth hollol allanol i un ohonynt, gyda honno neu hwnnw yn cael ei ddefnyddio fel dernyn gwyddbwyll gan y llall; hynny yn ei dro yn achos hunandosturi chwerw yn y gwrthodedig. At hynny, nid dwy wedd annibynnol ar ei gilydd mo'r rhain; gallant gydfodoli o fewn yr un enghraifft o doriad perthynas rhwng dau. Gyda llaw, nid yw'n dilyn fod y caneuon hyn bob amser yn adroddiad ffeithiol o rywbeth a ddigwyddodd. Gall mai cynnyrch dychymyg rhyw brydydd neu'i gilydd ydynt ond maent i gyd yn adlewyrchu profiadau dynol. Onid ydynt yn brofiadau ffeithiol maent yn rhai posibl a digon cyffredin. Trown yrŵan at ambell enghraifft.

Mi fûm yn caru 'nghariad

Cofnodwyd hon gan T. Soley Thomas a ffermiai dir Penclun, Y Fan, Llanidloes, casglydd brwd a aeth â'r wobr gyntaf mewn dwy gystadleuaeth casglu caneuon gwerin yn Eisteddfodau Cenedlaethol Bae Colwyn (1910) a Chaerfyrddin (1911). Bu hefyd yn cynorthwyo Nicholas Bennett hefo gwaith casglu y gŵr hael hwnnw.

Ysywaeth, un pennill yn unig a gafodd gan ei gantores, 'Mrs Mills, Glyn Cottage' (tybed a oedd cysylltiad rhyngddi a theulu cerddgar Millsiaid, Llanidloes?); ond roedd yn bennill gwerth ei gael oherwydd fod ei saernïwr yn grefftus yn ei ddefnydd o ymadroddion ac yn mynegi siomiant merch ifanc mewn ffordd smala sy'n awgrymu nad oedd y 'golled' yn ei llethu'n ormodol:

> Mi fûm yn caru 'nghariad
> Am ddeuddeng mis ac un,
> Yn meddwl yn fy nghalon
> Fy mod i'n eithaf un;
> Yn lodes heinyf lawen
> Yn tyfu 'ngardd y byd,
> Nid oeddwn yn y diwedd
> Ddim ond brechtan i aros pryd.

'Ysywaeth', meddwn yn gynharach, ond tybed? Onid yw'n gerdd gyfan ynddi'i hun, fel llawer o'n Hen Benillion ni? Dichon y byddai ychwanegu at y pennill yn ei ddifetha. Sut bynnag, mae'n gynnyrch merch neu fab medrus ar drin geiriau.

'Am ddeuddeng mis ac un', sef 13 o fisoedd. Ai gorffansïo yw clywed adlais yma o'r hen ofergoel sy'n gysylltiedig â'r rhif hwnnw? 'Yn tyfu 'ngardd y byd': does bosib nad oes gyfeiriad yma at arwyddocâd 'iaith y blodau' ynglŷn â chariad, yn enwedig wrth foli merch ifanc am ei harddwch a'i rhinwedd cymeriad. Ac yna, y clo cartrefol ei naws: 'brechtan i aros pryd'. Mae yma fath ar dderbyniad o'r sefyllfa sy'n ymylu bron ar fod yn raslon: 'wel, dyna fo, mi ddysgis rwbath wedi'r cyfan'.

A throi sylw at yr alaw, un fer ydyw sy'n rhannu'n ddwy gyda'r ail ran, i bob pwrpas, yn ailadroddiad o'r gyntaf. Mae hefyd yn y modd re ac ar wahân i'r nodyn agoriadol (*anacrusis)* o fewn cwmpawd o octef.[148]

Enghraifft 41

Lah: F#

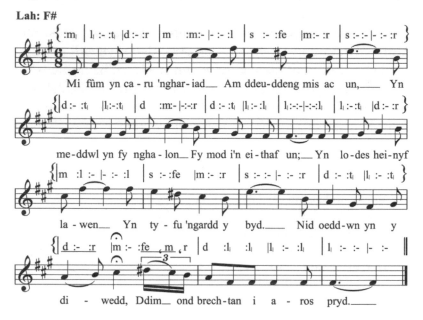

Trip i Aberystwyth

Daw'r gân hon â ni at gasglydd na chafodd y sylw a haedda, nac yn ei gyfnod ei hun nac ychwaith am rai blynyddoedd wedi ei farw yn 1931 ar drothwy ei 49 mlwydd oed. Ei enw gwreiddiol oedd John Davies ond, yn ddiweddarach, rhag digwydd fod cymysgu rhyngddo ac un arall o'r un enw, rhoes enw canol iddo'i hun, sef 'Ffos'. Mewn tyddyn o'r enw Blaenffos, Pentre Gwyn, Llandysul, y'i ganwyd.[149]

Daeth ei enw fel casglydd i olwg y cyhoedd gyntaf yn *Forty Welsh Traditional Tunes*, cyfrol y cyfeiriwyd ati eisoes ac a olygwyd ar y cyd gan David de Lloyd a D. Cledlyn Davies, y naill yn canoli sylw ar y gerddoriaeth a'r llall ar y geiriau. Eithr dim ond mewn nodiadau cefndir byr i'r caneuon, ar ddiwedd y gyfrol honno, y gwelech enw'r casglydd diwyd. Bu'n gyfrifol am gasglu 24 o'r 40 cân a gyhoeddwyd ynddi. At hynny, ym mis Mai 1971, cyflwynwyd rhagor o'i gynhaeaf o ganeuon i Amgueddfa Werin Cymru gan ei fab, y Parchedig Dewi Caradog

Davies, caneuon nad oes ond ambell un ohonynt, hyd yma, wedi eu cyhoeddi yn rhai o rifynnau papur bro cylch Ystwyth ac Wyre, *Y Ddolen*.[150]

Hyd y gwn, cyhoeddwyd 'Trip i Aberystwyth' mewn dwy gyfrol yn unig, sef *Forty Welsh Traditional Tunes* a *Canu'r Cymry*.[151] Ceir peth gwahaniaeth orgraff, ac absenoldeb pennill, rhwng y rheiny a'r ffurf wreiddiol sydd ar gael yn Archif Amgueddfa Werin Cymru, AWC 1737/1. Dyma fel yr ymddengys yno (yn y sol-ffa yn unig; mae Enghraifft 42 yn ei dangos yn yr hen nodiant).

Trip i Aberystwyth

G

{ : . m | m . m : m . m | *r . m : -. fe | m . m : m . *r | m : -. m }

Mi es i ryw ddiwrnod   Yn nghwmni fanwyl Jane Am

{| m . m : m . m | *r . m : -. m | m . m : d . t₁ | l₁ . d : d ., t₁ }

drip i Aberystwyth   Yn yr excursion train Tra di

{| l₁ ., d : d . d | d : r . m | fe ., m : m . *r | m : -. ||

di yr adar mân Tra di di yr adar mân

Enghraifft 42

di   yr a - dar   mân   Tra   di   di   yr a - dar   mân.

Fe godais iddi 'dicked', / I glirio'r ffordd yn rhad
A theimlwn mor gysurus / Ac ungwr yn y wlad.

Cyrhaeddwyd Aberystwyth / Yn ddiogel yn y fan
Mi 'dretais' innau Shani / I gwrw coch a chàn.

Fel 'rown i yn ei gwasgu, / Rhyw lanc a ddaeth ymlân,
Gofynnai'n ddigon gwylaidd / Gael siarad gair a Shân.

Aeth allan gyda'r genad / Am gadael wrth fy hun
A hithau wedi 'nhwyllo / Fy mod i'n eitha' dŷn.

Mi halais innau genad / I hôl yr eneth wen
Fe dowlodd esgusodion / A chwarddodd ar fy mhen.

Aeth diwrnod yr 'excursion' / Yn chwerw iawn imi
Yr ow'n i'n dod 'shag adre / Mor llesg a'm hen dadcu.

Yn ei nodiadau cefndir i'r gân gwnaiff y casglydd ddau sylw
pwysig am yr alaw. Dengys y cyntaf ei fod yn ceisio cofnodi'r
hyn a glywai mor gywir ag oedd bosibl: '* Nid yw y nodyn 'r'
yn hollol gywir nid 're' ydyw chwaith ond rhywbeth rhwng y
ddau 'r' a 're' '. Rhaid fod ganddo glust fain ryfeddol gan ei fod,
gellid tybio yn ôl y dystiolaeth hon, yn medru canfod tonau llai
na hanner-tonau. Sylwer hefyd nad dweud y mae fod ei ganwr,
Thomas Herbert, Cribyn (cymydog iddo) yn seinio'r nodyn
'od' hwn ambell dro yn unig. Na, myn mai fel hyn y trawyd y
nodyn ganddo bob tro ac mae hynny'n lleihau'n sylweddol y
cyhuddiad posibl y gallai'r cymydog hwnnw fod yn 'canu allan
o diwn'. Chwithig yn ei olwg o fyddai honni bod dyn yn canu
allan o diwn pan yw'n gwneud hynny bedair gwaith, yn yr un
mannau ymhob pennill, mewn cân ag iddi gymaint â saith o
benillion! Yn ychwanegol, cododd gân arall oddi wrth yr un
canwr (hi fydd yr un nesaf a ystyrir) lle canai hwnnw ddau far
– '| m ., m : r . m | r . m : d . r |' – yn cynnwys symud yn ôl ac
ymlaen rhwng 'm' a 'r' droeon, gyda'r nodyn 'r' yn cael ei daro'n
gywir bob tro, heb arlliw o 'ganu allan o diwn'.

Daw yr ail sylw â ni at fater modd yr alaw. Yn y cyd-destun hwnnw gellir ei disgrifio fel alaw yn y modd re gyda'r seithfed yn y raddfa yn eisiau (cofier mai'r hyn sy'n diffinio modd alaw yw nid traw ond safleoedd dwy hanner-tôn yr octef). Eithr mae lle cryf iawn i gredu bod John Ffos Davies yn meddwl yn gerddorol, fel y mwyafrif o Gymry cerddorol ers dros ddwy ganrif a rhagor, yn nhermau dau fodd yn unig, sef y mwyaf a'r lleiaf. Yn ei holl nodiadau cefndir i'r caneuon a gofnododd nid yw'n cyfeirio unwaith at unrhyw foddau eraill a'r cyfyngiad hwn arno sy'n ei arwain i ddweud hyn am yr alaw bresennol: 'Ei phrif nodwedd yw y defnyddiad o'r C# (fe) yn ddieithriad yn lle C (f) fel y buasid yn disgwyl – hefyd y cydgan "Tra di di &", ...'. Eithr pam 'fel y buasid yn disgwyl'? Awgrymaf mai oherwydd ei fod yn meddwl yn nhermau'r modd mwyaf lle mae'r hanner-tôn gyntaf rhwng y trydydd a'r pedwerydd nodyn yn y raddfa.

Arwyddocâd y ddau sylw blaenorol, yn ei olwg ef ei hun, oedd eu bod yn dangos bod yr alaw yn hen. Synhwyrai fod rhywbeth anghyffredin ynghylch yr alaw. Nid oedd yn cwympo'n daclus i'r categorïau arferol.

Wrth feddwl dros y geiriau gwelai fod yr hyn a alwai yn 'gydgan' yn arwydd o fodolaeth cân gynharach oherwydd nad oedd cysylltiad ystyrlon rhyngddo a'r penillion – fod geiriau hwnnw, chwedl yntau, 'yn llawer henach' na nhw. Amlycach na hynny hyd yn oed oedd mai yn ystod taith *excursion train* i Aberystwyth y cafodd y carwr druan ei dwyllo gan ei Shani. Yn benodol nododd John Ffos Davies mai 'ar ôl gwneuthuriad y Rheilffordd (M & M) (18)' y sgrifennwyd y penillion. Roedd yn llygad ei le ac mae'n amlwg y bwriadai ddychwelyd at y nodyn hwnnw rywbryd er mwyn llenwi'r bwlch yn y dyddiad. Gallwn wneud hynny drosto yma: cyrhaeddodd un o drenau cwmni'r *Manchester and Milford Haven* dref Aberystwyth am y tro cyntaf yn Awst 1867.

Y bobl dwyllodrus

Dyma'r ail gân a gododd J. Ffos Davies o ganu Thomas Herbert, ond yn lle ei fod yn canu am fab yn cael ei dwyllo gan ferch yr hyn a gawn ganddo'r tro hwn yw drama fach am ddyn yn cael ei dwyllo gan ddyn arall.

Dyma'r golygfeydd:

Enghraifft 43

Cwrddyd wnes i a chymydog
Un o'r bradwyr dau-wynebog.

Cynta' peth ofynais iddo
Sut mae caru merch a'i chario.

"Rho di heibio'i chwmni flwyddyn
Daw i'th garu bob yn ronyn".

Fe wnês gynghor 'rhen ffwl hyny
Rhois i heibio chwmni flwyddyn.

Ês i nol yn mhen y flwyddyn
Gan feddwl cawn ei chwmni wedyn.

Y ferch atebsai'n hawdd ei deall
"Ffaelest ti a chael neb arall.

Cer di'n mhell – na ddeua'n agos
Rwy'n priodi cyn pen wythnos".

Un ferch arall nid own yn mofyn
Hi oedd 'y nghariad er yn blentyn.

Ês i'r ardd i ddewis 'powsi'
Heibio'r lemons, heibio'r lili

Heibio'r 'Pink' ar 'New Carnation'
Powsi ges o 'Ddinad poethion'.

Twffin glas yn afon Teifi
Dwyllodd lawer buwch i foddi.

Rhosyn gwyrdd yn ngardd y gard'ner
Ac enw hwn yw caru'n ofer.

Lodes lân a'm twyllodd innau
Or uniawn ffyrdd i geimion lwybrau.

Yn ôl y nodyn cefndir, dywedai Thomas Herbert y cenid y gân 'yn mhob neithior hanner can mlynedd yn ôl' (tua'r 1870au felly). Mewn neithiorau, o bob man! Does dim achos i gredu mai tynnu coes y casglydd yr oedd ei gymydog. O fod wedi byw'n sefydlog am ychydig dros chwarter canrif bellach yng ngwlad y Cardi croesawgar barnaf mai tystio yr oedd y canwr i synnwyr digrifwch ei bobl. Gall hwnnw ar brydiau ymddangos braidd yn chwithig i rai o'r tu allan i'r sir!

Yn yr un nodyn myn J. Ffos Davies ei hun mai pedair tôn yw cwmpawd yr alaw. Llithrodd yma; mae'n gwmpawd o bump a hanner (o gynnwys y gwyriad o hanner-tôn rhwng dau nodyn o'r un traw yng nghlo'r alaw: '..: l_i . se_i | l_i. ||'). Awgryma ymhellach fod y cwmpawd o 'l_i' i 'm' (iddo ef, pumawd agoriadol y Modd Lleiaf) yn un a 'ddefnyddir bob amser gan bregethwyr pan yn pregethu yn yr "hwyl"'. Dengys yr awgrym wreiddiolder ei ddiddordebau cerddorol ond rhaid nodi yma na chytunai J. Lloyd Williams ag o. Astudiodd ef fater 'yr hwyl' yn drylwyr, wedi iddo gofnodi nifer enfawr o esiamplau gan weddïwyr a phregethwyr ei oes. Ei farn derfynol oedd mai yn y modd re yn hytrach na'r modd la y ceir 'yr hwyl' yn ddieithriad a datgelodd hynny'n fanwl ac argyhoeddiadol mewn rhifynnau o Y Cerddor (a olygid ganddo); ysgrifau a ail-gyhoeddwyd yn Canu Gwerin.[152]

Am yr alaw ei hun mae tri amrywiad arall i'w cael arni a diddorol yw sylwi bod y pedair ffurf yn tarddu o Geredigion, ac oddi yno'n unig: Cribyn, Tal-sarn, Llanddeiniol a'r Mynydd Bach. Mae dwy ohonynt yn gysylltiedig â geiriau gwahanol, ond ymdrin â thema'r bradwr dauwynebog y mae'r ddwy arall, eithr nid gyda'r un cynildeb o bell ffordd.

Cyfeiriais yn gynharach at gerdd y gân bresennol fel 'drama fach' ond nid yw mor gryno o gryn dipyn â'r un a gofnodwyd yn Nhal-sarn, ac a welir uchod (t. 97). Mae'r gwahaniaeth rhyngddynt yn werth ei nodi. Yn fersiwn Tal-sarn mae pob pennill yn gwbl berthnasol, y ddeialog yn clymu ynghyd yn grefftus a'r llen yn disgyn yn derfynol yn y cwpled clo. Dim gwastraff. Rhagorol.

Nid felly yn achos cân Thomas Herbert. Yno ceir penillion y gellid gwneud hebddynt: rhifau 5, 9–12 a 14 er enghraifft ac, ar wahân i bennill 5, cael eu dwyn i mewn o ffynonellau arall yw eu hanes. Aeth D. Cledlyn Davies yn *Forty Welsh Traditional Tunes* ati i ychwanegu at y cymhlethdod gwreiddiol trwy newid peth ar gynnwys ei drydydd pennill o'r diwedd (13) a dilyn hynny gyda chreu pennill newydd o'i eiddo'i hun (14).[153] O leiaf dyna fel y gwelaf fi bethau a dof at hynny ar fyr dro. Yn y cyfamser canolwn sylw ar pam a sut y cymhlethir yr hyn a ymddengys i mi fel y ffurf wreiddiol ar y ddramodig a gofnodwyd yn Nhal-sarn.

Nid oes achos synnu at y math yma o gawlio ar gynnwys caneuon a fu byw ar lafar yn unig am gyfnod gweddol hir. Ffaeledig yw cof pob un ohonom, a hawdd iawn yw cymysgu ynghyd benillion sy'n weddol debyg i'w gilydd, yn enwedig wrth iddynt dreiglo o un canwr ac un ardal i'r llall. Dyna, mi dybiwn, sy'n cyfrif am daith estynedig carwr di-glem cân Thomas Herbert trwy'r ardd, heibio nid yn unig i'r 'Pwysi glas' ond hefyd i lu o flodau eraill, heb sôn am ddanadl poethion, ffrwythau ecsotig fel lemonau a rhywogaeth dra anghyffredin fel 'rhosyn gwyrdd'.

Y pwynt i'w gofio yw bod cantorion dyddiau gynt yng

Ngheredigion, fel mewn siroedd eraill, yn debyg o fod yn gyfarwydd â phenillion telyn megis y rhain:

Mynd i'r ardd i dorri pwysi,
Pasio'r lafant, pasio'r lili,
Pasio'r pincs a'r rhosys cochion,
Torri pwysi o ddanadl poethion.

Blewyn glas ar afon Dyfi
Hudodd lawer buwch i foddi;
Lodes wen a'm hudodd innau
O'r union ffyrdd i'w cheimion lwybrau.

O'r penillion yna yn sylfaenol y daeth i fod gwpledau 10, 11, 12 a 14 y gân a gofnododd J. Ffos Davies yng Nghribyn. Yn grwydriaid darniog y daethant iddi.

Mater arall gwahanol yw'r hyn a wnaeth golygydd llenyddol *Forty Welsh Traditional Tunes* i'r geiriau a gafodd yn llawysgrif y casglydd. Newidiodd gryn dipyn ar y rheiny. Ychydig ar gwpledi 5, 6, 7, 9–11 mac'n wir, ond fe'i bwriwyd oddi ar ei echel yn llwyr gan bennill 13 a dyfeisiodd ffordd o geisio dod yn ôl arni yn y pennill newydd sbon dilynol (14). Dyma fel y ceir y ddau gwpled ganddo:

Tyfai rhosyn teg mewn border
Ac enw hwn oedd "Caru'n ofer."

Pan droes Gwen o'i llwybr ato,
Cafodd bigyn oddi-tano.

Y 'Rhosyn gwyrdd' a'i tarfodd. Hawdd deall hynny, yn arbennig felly o safbwynt rhywun fel fy hun sy mor anwybodus am arddio. Ni wn am gyflwr gwybodaeth golygyddion *Forty Welsh Traditional Tunes* ynghylch y pwnc ond y peth callaf i'w wneud wrth gofnodi o fewn traddodiad llafar yw ceisio atgynhyrchu mor gywir ag sy bosibl yr hyn a glywir o enau pobl. Oni wneir hynny collir llawer peth pwysig. Gellir hefyd fynd ar gyfeiliorn, fel yn yr achos hwn.

Y ffaith yw, fel y dysgais pan euthum i holi arbenigwyr mewn garddio p'un a oedd yna'r fath flodyn â rhosyn gwyrdd ai peidio, i mi gael ateb cadarnhaol. Yn ôl Maldwyn Thomas yn Nolgellau a Carys Whelan ym Mro Morgannwg, rhai o bobl oes Fictoria a ddaeth ag o i'r ynysoedd hyn o ganolbarth Tsieina a'i feithrin am ei hynodrwydd. Roedd yn adnabyddus yma erbyn 1843. Rhosyn wedi ei groesi hefo rhywogaethau eraill yw rhosyn gwyrdd y gerddi (*rosa viridiflora*) gyda dail cennog porfforwyrdd ar ben y goes – math ar flagur nad yw'n agor.

At hynny roedd rhywun cynharach na Cledlyn Davies wedi gwneud camgymeriad, sef y canwr neu'r gantores a ddaeth â'r rhosyn gwyrdd i mewn i'r gân am y tro cyntaf erioed, gan ddisodli 'pwysi glas' y pennill telyn ac yna honni mai enw'r rhosyn arbennig hwnnw oedd 'Caru'n ofer'. Enw Cymraeg ar y pansi yw 'caru'n ofer' a pherthyn i 'iaith y blodau' y mae'r ymadrodd trist-felys hwnnw. Tybed ai'r un person, cyfarwydd o bosibl â gerddi rhai o'r 'tai mawr', a ddisodlodd y 'lafant' hefo'r 'lemons'? Mae geirfa'r hen ganeuon yn synnu dyn ar brydiau.

Cân Dyffryn Clettwr Fach

Ni wn ond am dri chopi o'r gân hon sydd ar gael, dau mewn print yn *Hanes Plwyf Llandyssul* gan W. J. Davies (Llandysul, 1896) a *Caneuon Gwynionydd* gan Nansi Martin (Llandysul, 1973), a'r trydydd yn llawysgrifau J. Ffos Davies yn Amgueddfa Werin Cymru, AWC1737/24. Gan mai defnyddio fersiwn W. J. Davies a wnaeth Nansi Martin, canolbwyntiaf yma ar amrywiad J. Ffos Davies a thynnu sylw at wahaniaeth arwyddocaol rhwng ei alaw ef ac alaw W. J. Davies. Mae hefyd un ffynhonnell arall bwysig o berthynas i gynnwys y gerdd a genir; hynny yng nghyfrol ddifyr T. J. Thomas 'Sarnicol', 1944. Yn gyntaf, y gân sy'n adrodd am y llanc o Ddyffryn Clettwr Fach a dwyllwyd gan ei gariad.

Enghraifft 44

Lah: A

My - fi yw'r bach - gen i - fanc, My - fi yw'r
Ond nawr rwy'n gor - fod 'ma - del, Ond nawr rwy'n

bach - gen i - fanc Sy'n car - io'r ga - lon drom,
gor - fod 'ma-del A thros— y naw - fed don.

Pan elwy dros y ddegfed / Chwi ellwch ganu'n iach
  Na ddeuaf nol drachefen / I ddyffryn Clettwr fach.

Nid achos nai na chefnder, / Na brawd na chwaer i mi,
  Ond y ferch a fagodd estron / Sy' ar dorri nghalon i.

Bydd plwm yn nofio'r tonnau / Fel hwyad las ar lyn
  Cyn torrwy' f'addewidion / A chwi lliw'r eira gwyn.

Mi'ch cerais chwi do'n ifanc, / Cyn un-ar-bymtheg o'd
  Meddyliais i'r pryd hynny / Mae'n mhriod fach cawn fod.

Chwi aethoch i garu arall, / A'ch geiriau ffraethlon ffri,
  Chwi fedrech gadw'ch meddwl / A thorri nghalon i.

Bydd cherries a gooseberries / Fel eirin duon bach
  Cyn deuaf nol drachefen / I ddyffryn Clettwr Fach.

Pan ddelwyf 'nol tro nesaf, / Bydd altrad mawr ffor' hyn
  Bydd Sgweier Lloyd Allt'rodyn / Yn byw yn Pylle'rbryn.

Bydd y lleuad yn disgleirio / Fel hwyad las ar lyn
  Cyn torrai'm addewidion / A dwad nol ffor' hyn.

A thithau'n hoeden felen / Ti elli ganu'n iach
  Ni ddeuaf nol drachefen / I Ddyffryn Clettwr Fach.

141

Yn wahanol i'w arfer, ni roes y casglydd nodyn cefndir i'r gân ond mae lle i gredu ei fod yn gyfarwydd â llyfr W. J. Davies. Gan nad oes ond ychydig wahaniaethau mewn sillafu a pheth newid mewn un llinell (y deuaf ati eto) mae'n dra thebygol iddo godi'r gerdd o'r llyfr hwnnw. Ni ellir derbyn, fodd bynnag, iddo godi'r alaw oddi yno.

O gymharu'r geiriau yng nghân J. Ffos Davies â'r chwedl leol a adroddir gan Sarnicol maent yn cyd-fynd yn daclus gyda rhan gyntaf honno, y rhan sy'n berthnasol i'r gân fel y cyfryw. Dyma grynhoad byr o'r rhan dan sylw. Tua diwedd canol y bedwaredd ganrif ar bymtheg daeth Sais a'i ferch i fyw i'r dyffryn. Cadwent iddynt eu hunain a chan na fynnai'r tad ddysgu siarad Cymraeg daethpwyd i gyfeirio ato fel 'Yr estron'. Ymhen yrhawg sut bynnag daeth ei ferch yn gyfeillgar â rhai o blant y fro a chafodd afael ar yr iaith. Tyfodd i fod yn ferch ifanc hardd a dotiai bechgyn ifanc y cyffiniau arni, ond i ddim pwrpas, hyd nes iddi o'r diwedd ddangos diddordeb yn Arthur, mab fferm y Faerdref. Datblygodd y garwriaeth rhyngddynt nes bod sôn ar bob llaw eu bod yn mynd i briodi ond doedd hynny ddim yn plesio'r tad. Doedd o ddim am gael Cymro yn fab yng nghyfraith iddo, felly dyma symud hefo'i ferch o'r ardal am gyfnod. Ymhen amser daethant yn ôl ond ni ddaeth y ferch i freichiau Arthur. Soniwyd ei bod yn caru â rhywun arall. Symudasant o'r ardal drachefn a chyn bo hir deallwyd fod y ferch wedi priodi hefo rhywun yng Nghaerfyrddin. Siomwyd Arthur yn enbyd. Teimlai fod y ferch wedi ei dwyllo a chefnodd ar ei gartref. Hwyliodd dramor o Lerpwl. Gadawodd lythyr ar ei ôl, ynghyd â cherdd, mewn drôr yn un o gypyrddau'r Faerdref yn mynegi ei siom a'i fwriad i beidio byth â dychwelyd i'w henfro. O fewn dim roedd y gerdd hon yn un o gerddi mwyaf poblogaidd y wlad o amgylch.[154]

Dywedais fod mwy i'r chwedl a draethir mor llyfn a rhwydd gan Sarnicol ond nid af ar ôl hynny yma, gan mai ymwneud y mae'r ail ran â hanes y ferch wedi ei phriodas yng Nghaerfyrddin. Yn hytrach trown at rai penillion o'r gerdd mae'n werth tynnu sylw atynt, yn arbennig felly benillion 3, 5 ac 8.

Mae'r cyntaf o'r tri yn bennill amwys ar bwys ei ail gwpled: 'Ond y ferch a fagodd estron / Sy' ar dorri nghalon i'. Gellir ei ddeall mewn dwy ffordd: naill ai bod merch wedi magu estron neu bod merch wedi cael ei magu gan estron. Camarweiniwyd W. J. Davies ganddo. Wrth gyflwyno'r gerdd, meddai iddi gael ei chyfansoddi: 'gan ŵr icuanc wrth ffarwelio a'i enedigol fro, oherwydd i'w gariad fagu "estron" iddo'.[155] Gwir y gellir deall sefyllfa lle mae merch yn magu plentyn estronol, ond nid oes awgrym o gwbl yn y rhan hon o'r stori fod y ferch wedi magu plentyn o gwbl. I'r gwrthwyneb, sôn a wneir yma am ferch *a anwyd gan* estron.

Mae ail gwpled pennill 5 yn ddryslyd yn llyfr W. J. Davies a llawysgrif J. Ffos Davies fel ei gilydd. Dyma'r llinell dramgwyddus: 'Mai'n briod fach cawn fod' (WJD) a 'Mae'n mhriod fach cawn fod' (JFfD). Byddai'r llinell gyntaf yn ystyrlon pe cenid hi gan y ferch ond ati hi, yn bennaf, yr anelir y gerdd. *Gwrthrych* condemniad chwerw'r 'bachgen ifanc' yw hi drwy'r gerdd gyfan. Gallai fod yn ystyrlon hefyd pe byddai'n hunangyfeiriadol, ar y ffurf: 'Mai'n briod bach cawn fod'. Neu, eto fyth: 'Mai'n briod gawn ni fod'. Byddai'r ail linell yn ystyrlon pe'i darllenid fel hyn: 'Mai 'mhriod fach gaiff fod' neu 'Mai 'mhriod fach gei fod' neu 'Mai 'mhriod fach gaet fod'. Cymhlethdod pellach yw bod y fersiwn o'r gerdd a welir yn llawysgrifau AWC1737/22 a 1737/23 yn cynnwys y ffurf hon ar ail gwpled pennill 5: 'Meddyliais i'r pryd hynny, / Yn wraig y cawn chwi'i fod'. Awgrym, o bosibl, fod rhywun neu'i gilydd wedi cael ei boeni/phoeni gan y dryswch sydd dan sylw yma, eithr does wybod pwy ydoedd. Yn y fersiynau hyn hefyd ceir dau bennill newydd:

Cyn torrwy' mhenderfyniad / Na ddof yn ol ffor' hyn
Fe nofia maen y felin / Fel plufyn ar y llyn.

Bydd dwr y nant yn rhedeg / I fyny'r foel yn syth,
Cyn delwy'n ol drachefen / I ddyffryn Clettwr fyth.

Digon derbyniol yn sicr, a'r 'amhosibiliadau' o faen melin yn nofio ar lyn, ynghyd â 'nant yn rhedeg i fyny'r foel' yn atgyfnerthu pennill cerdd J. Ffos Davies (nas ceir yn y fersiynau hyn) am y 'cherries a gooseberries' a fydd fel eirin duon bach.

Amhosibilrwydd sydd ym mhennill 8 yn ogystal ond, y tro hwn, un sy'n perthyn i fywyd cymdeithasol yn hytrach nag i'r byd materol – y Sgweier lleol yn byw yn un o dai ei stad yn hytrach nag yn ei blas. I werin y cyfnod mae'n bosibl y perthynai'r un gradd o reidrwydd i'r tri amhosibilrwydd fel ei gilydd!

Mynnais yn gynharach na chopïwyd mo'r alaw o gyfrol W. J. Davies. Mae dau reswm dros fynnu hyn. (i) Gwnaed dwy ymgais gan J. Ffos Davies i nodi'r alaw: y gyntaf fel petai am atgynhyrchu'r nodiant oedd yn y gyfrol, ond rhoes y gorau iddi ryw ddau far o'r diwedd. (ii) Mae'r ail ymgais yn gyflawn, gyda gwahaniaethau rhythmig ac, yn neilltuol, newid amseriad tua'r diwedd. I'r gwrthwyneb, amseriad 4/4 cyson a geir yn alaw W. J. Davies, ond os edrychir eto ar alaw J. Ffos Davies gwelir bod ei thri bar olaf hi yn 3/4, newid sy'n rhoi iddi naws wahanol a derbyniol dros ben. Braidd yn brennaidd yw un W. J. Davies:

Enghraifft 45

Cân y cwcwallt

Hyd yma cawsom ganeuon yn ymwneud â merch yn cael ei thwyllo mewn cariad, mab yn cael ei dwyllo gan gymydog o gyd-ddyn, a dau fachgen arall yn cael eu twyllo gan ferched. Y tro hwn cawn ŵr yn cael ei dwyllo gan wraig, gyda'r creadur truan yn gyff gwawd. Gedy'r stori a adroddir yma le helaeth i ddychymyg y prydydd ac mae tystiolaeth eang iddi gael ei chlywed a'i chanu mewn rhannau helaeth o'r byd, megis Yr Almaen, Ffrainc, Yr Eidal, Sbaen ac, yn arbennig felly, mewn gwledydd lle mae'r Saesneg yn gryf iawn. Er enghraifft, yn yr olaf o bedair cyfrol *The Traditional Tunes of the Child Ballads* gan Bertrand Harris Bronson (1972), o dan y pennawd cyffredinol 'Our Goodman', mae cymaint â 58 o wahanol amrywiadau i'w cael, gyda'r rheiny dan sawl pennawd gwahanol, megis 'Three Nights Drunk', 'The Drunken Fool', 'Old Wichet', 'Nice Wife', 'Hame cam' our Gudeman at e'en', ac ati.[156]

Mewn ysgrif ar y cyd rhyngof a Phyllis Kinney yn y gyfrol *Ysgrifau a Cherddi cyflwynedig i Daniel Huws* trafodwyd peth ar y pedair ffurf ar y gân a oroesodd yn y Gymraeg.[157] Tynnaf yma, felly, ar rai sylwadau a wnaed yn yr ysgrif honno.

Mae tair o'r ffurfiau hynny i'w gweld mewn llawysgrifau, a'r bedwaredd yn brintiedig yn *Caneuon Llafar Gwlad 1*. Darniog yw'r ffurfiau a ddiogelwyd yn llawysgrifau J. Lloyd Williams yn ein Llyfrgell Genedlaethol: cynhwysant dri phennill i gyd, a dwy alaw. J. Lloyd Williams ei hun a gofnododd un dryll o bennill y gân. Tua 1912 neu 1913 clywodd Capten Roberts o Ddwyran, Ynys Môn, yn ei adrodd. Yn ddiweddarach, cafodd ddau bennill cyflawn arall oddi wrth ddwy ferch y Capten, sef Mattie Roberts a Mrs E. A. Williams, Taldrwst, ynghyd ag alaw a gofnododd yr olaf o ganu hen wraig (ddienw) ym mhentref Dwyran. Daeth i'w feddiant hefyd alaw ychwanegol oddi wrth Grace Gwyneddon Davies, a berthynai i'r un teulu, ac a gasglodd nifer o ganeuon, fel y gwelsom eisoes, yn ardal Dwyran. Yn wir, mae lle i gredu mai o ganu yr un hen wraig ddienw y cododd hithau ei halaw.

Fel yn achos y gân yn gyffredinol, rhyw bytiau o alawon poblogaidd a ddefnyddir i ganu'r geiriau ac mae'r ddwy o ardal Dwyran yn gwbl nodweddiadol. Perthynant yn agos iawn i'w gilydd, yn bentatonaidd eu graddfa ar wahân i un nodyn (sy'n digwydd unwaith yn unig), yn gylchynol hefyd, gydag un yn cau ar y pumed o dan y tonydd a'r llall ar y chweched. Yn eu tro clywir ynddynt adlais o alawon megis rhai 'Cân y Cardi', 'Lodas lân hardd ei phryd' a 'Trwy'r drysni a'r anialwch'. Arwyddocâd hyn yw mai'r geiriau sy'n ganolog. Yn yr achos hwn y 'dweud' ar y stori sy'n bwysig, nid y gerddoriaeth.

Mae'r bedwaredd ffurf, yr un brintiedig, yn cynnwys tri phennill cyfan, hynny ar alaw sydd yn y modd mwyaf a honno a gynhwysir yma, ond byddai'r sylwadau hyn yn anghyflawn pe na chynhwysid ynddynt un o'r ddau amrywiad o Fôn y cyfeiriwyd atynt yn flaenorol. Dyma'r un sy'n cau ar y chweched nodyn dan y tonydd.[158]

Enghraifft 46

Roy Saer a gofnododd y ffurf brintiedig ar 'Cân y cwcwallt' (Enghraifft 47) a rhagymadrodd tra diddorol iddi yw'r troednodyn a luniodd y casglydd ar ei chyfer yn *Caneuon Llafar Gwlad 1*:[159]

Recordiwyd 11.9.64 gan William Henry Ellis (gyrrwr lori, g. 1897), Gwynfryn, Mynytho, ger Pwllheli, sir Gaernarfon. Cafodd WHE y gân hon gan fachgen arall o Fynytho, pan oedd tua 10 oed. Yr oedd pennill ychwanegol ar lafar gynt yn yr ardal eithr nis cofiwyd gan WHE ar adeg ei recordio.

Enghraifft 47

Doh: D

Mi eis i lawr i'm sta-bal Fel yn yr am-sar gynt, 'Roedd

y - no ge-ffy-la gwyn-ion Yn me-sul saith a phump; Dych-

-wel - ais at fy mhri-od, Go-fyn-nais i-ddi hi Beth

oedd y ce-ffy-la gwyn-ion Oedd yn fy sta-bal i. A-

-te-bai hi-tha, "Gat-ffwl! Ai dwl ai dall wyt ti? Ond

dw-sin o gŵn he-la A roes fy mam i mi?" Tra-

-fael-iais yr A - me-rig A'r In-dia fawr ei bri Ond pe-

-do-la dan gŵn he-la Er - ioed nis gwe-lais i!

Mi eis i lawr i'm coetshws
Fel yn yr amsar gynt,
'Roedd yno goetsh *carriàges*
Yn mesul saith a phump;
Dychwelais at fy mhriod,
Gofynnais iddi hi
Beth oedd y coetsh *carriàges*
Oedd yn fy nghoetshws i.
Atebai hitha, "Gatffwl!
Ai dwl ai dall wyt ti?
Ond dwsin o drolia teilo
A roes fy mam i mi?"
Trafaeliais yr Amerig
A'r India fawr ei bri
Ond *springs* dan drolia teilo
Erioed nis gwelais i!

Mi eis i lawr i'm selar
Fel yn yr amsar gynt,
'Roedd yno gasgia cwrw
Yn mesul saith a phump;
Dychwelais at fy mhriod
Gofynnais iddi hi
Beth oedd y casgia cwrw
Oedd yn fy selar i.
Atebai hithau, "Gatffwl!
Ai dwl ai dall wyt ti?
Ond dwsin o botia menyn
A roes fy mam i mi?"
Trafaeliais yr Amerig
A'r India fawr ei bri
Ond feis dan botia menyn
Erioed nis gwelais i!

Mae'r pwt o alaw sydd yma yn eithriadol o boblogaidd. Rhan ydyw o gychwyn a chlo yr alaw y dysgwyd miloedd ohonom, blant Cymru, i'w chanu yn yr ysgol i'r rhigwm Saesneg sy'n agor gyda 'Baa, baa black sheep'. Diamau mai o Loegr y daeth yma ond ar gyfandir Ewrop y mae ei chartref gwreiddiol, er enghraifft, yn Ffrainc, Yr Almaen a'r Eidal. Deuthum i'n gyfarwydd iawn â hi mewn cefndir Cymraeg gan mai ar hon y clywais fy mam yn canu droeon am 'Hen wraig o Dyn-y-morfa'.

Un peth a ddaw'n eglur o ystyried y geiriau yw nad cyfieithiad o'r Saesneg ydynt. Addasiad o'r thema, ie, ond nid cyfieithiad. O'u cymharu â'r hyn a geir yng ngwaith Bronson ceir gwahaniaethau pendant. Mae'r Cymro'n sôn am ddeuddeg gwrthrych gyda'i gilydd yn ddieithriad: 'mesul saith a phumb' y mae'n eu cyfrif. Arfer y Sais yw cyfeirio at un ar y tro neu weithiau at dri gyda'i gilydd (unwaith at bump). Mae gwrthrychau'r Cymro yn wahanol hefyd. Ni cheir cyfeiriad yn y fersiynau Seisnig at na choetshws, na throlia teilo, na photia menyn na chasgia cwrw. Yn y mwyafrif o'r ffurfiau Seisnig, hefyd, disgrifir y cwcwallt fel un wedi meddwi'n dwll tra nad oes awgrym o hyn yn y Gymraeg. At hynny, sylwer i William Henry Ellis gyfeirio at bennill arall na fedrai ei gofio pan recordiwyd ef yn canu'r gân. Tybed ai osgoi ei ganu yr oedd?

Pan ddeuthum ar draws y gân gyntaf, gyda'm cyfaill Roy Saer yn paratoi ei gasgliad gwerthfawr o ganeuon llafar gwlad ar gyfer ei gyhoeddi, gwirionais arni fel cân oedd yn gweiddi am gael ei chanu ar lwyfan a radio. Gwyddwn am un fersiwn ohoni yn Saesneg a bod hwnnw'n cloi gyda'r cwcwallt yn mynnu na welodd erioed ar ei grwydriadau forynion hefo barfau! Ymddangosai hynny'n glo campus ar y gerdd gyfan ac felly lluniais y pennill canlynol:

Mi es i fyny'r gwely / Fel yn yr amsar gynt,
Roedd yno ddynion nobl / Yn mesul saith a phumb.
Dychwelais at fy mhriod / Gofynnais iddi hi
Pwy oedd y dynion nobl / Oedd yn 'y ngwely i.
Atebodd hitha: 'Gatffwl, / Ai dwl ai dall wyt ti?
Ond dwsin o forynion / A roes fy mam i mi!'
Trafaelis yr Amerig / A'r India fawr ei bri,
Ond barfa ar forynion / Erioed ni welis i.

Felly y cenais hi i fyny ac i lawr gwlad a chael fod cynulleidfaoedd yn ei mwynhau. Cefais innau fwynhad o hynny. Dyna, wedi'r cyfan, pam y crewyd hi gan rywun neu'i gilydd. Nid cerdd ffeithiol mohoni ond un ddigrif; er bod hynny'n ddigrifwch ynghylch sefyllfa nad yw'n ddigrif o gwbl.

Sut bynnag, glynai'r cyfeiriad at y pennill 'coll' yn fy nghof. Rywbryd tua chanol yr 1970au, a minnau'n darlithio erbyn hynny yn Adran Efrydiau Allanol Coleg Prifysgol Cymru, Caerdydd, daeth nifer o fyfyrwyr Cymraeg y Coleg ataf a gofyn a fyddwn yn barod i sefydlu Clwb Canu Gwerin ar eu cyfer. Cydsyniais ar unwaith a chawsom rai tymhorau difyr dros ben hefo'n gilydd. Canu'n hwyliog yn un criw a sawl unigolyn yn barod i byncio. Cofiais am J. Lloyd Williams yn sefydlu'r 'Canorion' yng Ngholeg Bangor yn negawd cyntaf yr ugeinfed ganrif ac fel y pwysai ar yr aelodau i geisio casglu rhai o'r hen ganeuon pan fyddent gartre yn eu broydd adeg y gwyliau. Awgrymais i'm cydgantorion y gallent hwythau geisio gwneud yr un peth. Ymysg y rhai a ymatebodd roedd un myfyriwr hoffus iawn o Benrhyn Llŷn. Holodd ef ewythr iddo: a wyddai am y gân, ac yn arbennig am y pennill coll? Gwyddai, ac wedi derbyn yr addewid na chyplysid ei enw gyda'r dywededig bennill, fe'i rhoes i'w nai – a gadwodd at ei addewid! Dyma a gafodd:

Mi es i fyny'r gwely / Fel yn yr amsar gynt,
Roedd yno gocia gwynion / Yn mesul saith a phump.
Dychwelais at fy mhriod, / Gofynnais iddi hi
Beth oedd y cocia gwynion / Oedd yn fy ngwely i.
Atebodd hitha, 'Gatffwl! / Ai dwl ai dall wyt ti?
Ond dwsin o ganhwylla / A roes fy mam i mi!'
Trafaeliais yr Amerig / A'r India fawr ei bri
Ond 'renna ar ganhwylla / Erioed ni welis i.

O ran delweddau nid oes pennill ymysg yr holl ffurfiau Saesneg y gwn i amdanynt a ddeil gannwyll i hwn. Dyma brawf pellach nad cyfieithu'r gerdd yn slafaidd a wnaeth rhai o drigolion Llŷn, o leiaf, eithr ymdrin â'r stori yn eu dewis ddull eu hunain. Dichon ei fod yn ddull amrwd ond nid yw'r defnydd ohono yn anghyffredin yn yr hen ganeuon ac mae'n llawer iachach na'r bornograffiaeth slei, awgrymog, sy'n treiddio trwy lu o'r hysbysebion teledu a'r caneuon poblogaidd sy'n nodweddu'n gwareiddiad goleuedig ni. Un sylw bach ieithyddol i gloi. Yn ôl *Geiriadur Prifysgol Cymru* mae'r gair 'aren/nau' yn gyfystyr nid yn unig â *'kidney/s'* ond hefyd â 'caill/ceilliau'.

O! fy mab annwyl

Dyma faled yn yr ystyr o 'stori ar gân' ac fel llawer stori mae ar gael mewn llawer o wledydd.[160] Un o lu o deitlau Saesneg arni yw 'Lord Randal' ac yn ei gyfrolau sylweddol dan y pennawd *The English and Scottish Popular Ballads* a gyhoeddwyd yn wreiddiol rhwng 1882 a 1898, olrheiniodd yr ysgolhaig Americanaidd, Francis J. Child, yr esiampl gynharaf ohoni i Ferona yn Yr Eidal yn 1629.[161] Cofnodwyd hi gyntaf ym Mhrydain gan Robert Burns a'i chyhoeddi yn *The Scots Musical Museum* yn 1792 (gyda dau bennill yn unig); ac ymddangosodd am y tro cyntaf mewn Cymraeg yn *The Celtic Review*, a'i galw yn 'O fy mab annwyl'. Y gŵr a gofnododd honno (mewn pedwar pennill), o ganu ei fam, oedd yr ysgolhaig Celtaidd J. Glyn Davies. Temtid ef, meddai, ar dir ieithyddol (yn ddibynnol ar ystyr y gair 'enaid' erbyn tua dechrau'r ail ganrif ar bymtheg) i briodoli'r geiriau i hanner cyntaf y ganrif honno.[162]

Wrth ei thrafod yn ei bennod 'Canu Gwerin' yn y gyfrol *Baledi'r Ddeunawfed Ganrif* dyfynna Tom Parry ffurf arni o'r Alban sy'n adrodd y stori, yn ei hanfodion, yn gyflawn, gan fod yr holl ffurfiau Cymraeg yn ddarniog. Gwna hynny'r gwaith o'u dehongli yn anodd ac mewn rhai achosion yn amhosibl. Yma, bodlonaf ar grynhoi'r fersiwn Saesneg honno. Mae'n sgwrs rhwng mam a'i mab: 'Ble buost ti trwy'r dydd?' 'Hefo 'nghariad'. 'Be gest ti i swper?' 'Dysglad o bysgod bach'. 'Sut bysgod oeddan nhw?' 'Hefo cefna duon a bolia brith'. ⌈Mewn fersiwn cyflawnach ceir ei fod wedi rhoi'r sbarion i'w gŵn a bod y rheiny wedi marw.] 'Mae arna i ofn dy fod ti wedi dy wenwyno'. 'Do'. 'Be adawi di i dy dad?' 'Fy nhai a fy nhiroedd'. 'Be i dy frawd?' ''Ngheffyl a 'nghyfrwy'.'Be i dy chwaer?' 'Modrwya a 'nghist aur'. 'Be i dy gariad?' 'Rhaff a thennyn i'w chrogi ar y pren acw am iddi hi 'ngwenwyno i'.[163]

Goroesodd wyth ffurf arni yn Gymraeg (dwy ohonynt ar yr un alaw) a'u hadnabod fel 'O! fy mab annwyl' neu 'C'weiriwch fy ngwely'; perthynant i Fôn, Arfon, Meirion a Cheredigion, er nad yn y siroedd hynny y cofnodwyd y cyfan ohonynt. O ran nifer y penillion a gysylltir â'r amrywiol alawon maent yn dra darniog. Yn achos tair o'r caneuon ni chynhwysant ond un pennill yr un, tra bo un hefo pedwar, tair hefo pump ac un arall gyda chwe phennill. Mae hefyd ar gael ddau fersiwn o'r gerdd, heb alaw ynghlwm wrthynt, un o Benrhyndeudraeth yn cynnwys chwe phennill, a'r llall o Dalysarn yn cynnwys pedwar.

Dyma, yn fyr, sgerbwd y stori yn Gymraeg. Yn y sgwrs rhwng y mab a'i fam cawn ei fod wedi bod allan yn pysgota neu yn hela sgwarnogod. Cafodd amrywiaeth o bethau i'w bwyta: pysgod brithion, neidr, gwenwyn ar fara, ac yn ôl un pennill yfodd wenwyn ar lefrith! Pan yw'n gwneud ei ewyllys amrywia'r 'buddroddion' a'r derbynwyr. Felly hefyd amrywia'r rhai sy'n ei wenwyno: ei Gariad, ei Wraig ac mewn un achos anhygoel – ei Fam! Sut bynnag, cânt gortyn ganddo i'w crogi, un ac oll.

O ran geiriau mae'r cyfan yn dipyn o gybolfa (a'r rhai Saesneg yn fwy felly) ond yn y fersiynau pum a chwe phennill mae craidd y gerdd yn amlwg ddigon – dyn ifanc yn cael ei dwyllo'n angheuol gan ferch. Mentrodd rhai dehonglwyr Seisnig awgrymu y gallai fod sail ffeithiol i'r stori ond heb unrhyw dystiolaeth hanesyddol i gynnal y fath awgrym. Gallai sefyllfa fel hyn godi wrth gwrs ond y *gallai* yna yw'r cyfan sydd gan storïwr da ei angen ar gyfer diddori cynulleidfa. Yn ôl J. Glyn Davies ystyriai'r teulu yn Nhalysarn mai math ar dro chwithig oedd ergyd y pennill olaf – er mwyn codi hwyl.

O'i chanu droeon gerbron cynulleidfa dyna'r ymateb a gefais innau yn ddieithriad.

Pa mor bell yn ôl tybed y gellir olrhain y faled yn ein hanes ni'r Cymry? Gwelsom fod J. Glyn Davies ei hun yn cael ei demtio i feddwl, ar sail ieithyddol, y gallai fod yma erbyn tua dechrau'r ail ganrif ar bymtheg. Ni allaf draethu barn ynghylch hynny ond mae'n werth sylwi i Jennie Williams dystio, mewn llythyr a sgrifennodd at J. Lloyd Williams yn 1932, fod y wraig a ganodd iddi yr un pennill o'r gân a ddigwyddai ei gofio (hynny yn Aberystwyth yn 1911) yn dweud bod ei mam yn arfer ei chanu yn yr 1830au a bod y fam honno, yn ei thro, wedi ei dysgu gan ei nain.[164] Teg casglu felly y medrai hynny fynd â ni yn bur ddiogel i'r ddeunawfed ganrif ac i'r un cyfnod, o bosibl, â darganfyddiad Robert Burns o'r faled yn Yr Alban.

Gellir bod yn siŵr ynghylch un amrywiad arni, sef i rywun o Gymru foderneiddio peth ar un pennill o'r faled ryw ganrif a hanner yn ôl. Mynnodd honno neu hwnnw fod y mab truan, yn ei ewyllys, yn gadael 'injan i wnïo' i'w chwaer. O ymholi i beth o hanes y peiriant defnyddiol hwnnw cawn nad ymddangosodd ar y farchnad hyd ganol y bedwaredd ganrif ar bymtheg. Gyda llaw, ni chyfeirir at fuddrodd o'r fath yn unrhyw un o'r ugeiniau o amrywiadau ar y gân a gyhoeddwyd yng ngwaith B. H. Bronson, y cyfeiriwyd ato wrth drafod y gân flaenorol, sef 'Cân y cwcwallt'.[165]

Saith alaw a oroesodd, gyda phump ohonynt yn aelodau o'r un teulu.[166] Perthynant o bell hefyd i deulu 'William and Dinah'/ 'Vilikens and his Dinah' y cyfeiriwyd ato'n gynharach, a cheir aelodau ychwanegol o hwnnw yng nghasgliad Bronson yntau. Mae'r ddwy arall yn annibynnol arnynt ac yn arbennig felly yr olaf a enwyd.[167] Hi yw'r unig alaw ohonynt sydd yn y modd lleiaf; mae'r gweddill yn y modd mwyaf.

Y ffurf fwyaf poblogaidd ar y gân erbyn hyn yw honno a brintiwyd yn *Alawon Gwerin Cymru*. Yr un yw ei halaw hi (ar wahân i un nodyn a mymryn o newid rhythm tua'r diwedd) â honno a gyhoeddwyd yn *Y Brython*, 30 Medi 1920. Diamau mai un rheswm am ei phoblogrwydd yw mai un pennill yn unig a gysylltwyd â'r alaw yn y newyddiadur tra bo chwe phennill ynghlwm wrthi yn y llyfr. Eithr y rheswm pennaf oedd mai dyma'r ffurf a genid gan yr athrawon ac athrawesau yn yr Ysgol Wyliau Gymraeg yn Llanwrtyd, dan arweiniad ac ysbrydoliaeth Philip Thomas. Aeth y rhain â'r caneuon hefo nhw i'w hysgolion ac yn eu plith y ffurf arni a gofnodwyd, yn ôl nodyn cefndir iddi, gan Philip Thomas ei hun ym Môn.

Fodd bynnag, y ffurf y carwn ei chyflwyno yma yw'r un sydd â'i halaw yn y modd lleiaf. Gŵr o'r enw Edward Evans, o 11 Osborne Road, New Brighton ar y pryd, a'i hanfonodd i'r *Brython* ac yn rhifyn 18 Tachwedd 1920 yn unig y mae ar gael. Dyma fel y cofiai ef hi'n cael ei chanu yn yr 1870au ond ni nododd ei lleoliad na'i ffynhonnell, dim ond iddo ei chlywed tua 1870.

Enghraifft 48

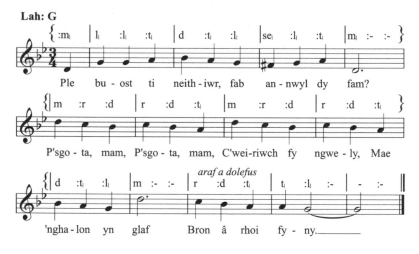

A rhodio roeddwn inna

Ochr dywyll i ganu serch yw'r cerddi hynny sy'n ymwneud â chŵyn merch ddibriod, feichiog, y trodd ei chariad ei gefn arni a'i gadael hi a'i phlentyn disgwyliedig ar drugaredd siawns. Un o'r mathau gwaethaf o dwyll rhwng cariadon, yn arbennig mewn cyfnodau o hanes a oedd yn amddifad o'r Gwasanaethau Cymdeithasol yr ydym ni heddiw yn gyfarwydd â nhw. Eithr, beth bynnag y rheswm am hynny, prin ydynt ymysg ein caneuon poblogaidd ni'r Cymry.

Yr hyn sy'n arbennig o wir am y gân dan sylw yrŵan yw ei bod hefyd yn anghyflawn a hynod o ddarniog, gydag enghreifftiau o'r darnau hynny i'w cael ar wasgar ym Meirion, Pen Llŷn, Môn a Threfaldwyn, a chystal dweud ar unwaith nad darnau mohonynt i'w gosod ynghyd i ddweud un stori. Gwnânt hynny yn sicr ond nid trwy gyfrwng cân gyfan

Ar yr aelwyd gartref y codais y darn cyntaf ar fy nghlust, er na chofiaf ddim am hynny. Roedd yn un o ganeuon fy mam, cân a gododd hi o glywed hwsmon fferm Talybont, Llanegryn, yn ei chanu yn yr 1890au. Bu'n forwyn yno am sbel. Un hoff iawn o ganu oedd hi a'i chanu'n werth ei glywed. Dyma'r dernyn fel y cofiaf fi o, gyda'r alaw yn amrywiad ar ran gyntaf un ffurf ar 'Y gog lwydlas'.[168]

Enghraifft 49

Mi gwrddais â llanc ifanc
A merch yn ei law
Yng nghysgod y gangen
Yn 'mochal y glaw.

Gofynnais inna iddynt:
'Be' 'chi'n neud yma'ch dau
A hithau ddim yn amser
I hela y cy-náu?'

A chyn pen y nawmis
Clafychodd y ferch,
Fe oerodd ei chalon
A rhewodd ei serch.

Flynyddoedd yn ddiweddarach, yn 1964, derbyniais gasét oddi wrth Penri Roberts, ar y pryd yn fyfyriwr, yn cynnwys caneuon a recordiwyd ganddo o ganu Marshall Howell, Llanrhaeadr ym Mochnant (tuag 82 oed). Yn eu plith roedd fersiwn o'r uchod, ar alaw wahanol (a gofnodir yn nes ymlaen) ond gyda phenillion ychwanegol. Nid oedd ynganiad yr henwr yn ddigamsyniol eglur ar brydiau ond yn ôl un copi a wnes dyma a glywais:

Rhodio mi roeddwn ddydd Sadwrn y pnawn
O amgylch y llwyni yn ochol y glaw.

Mi dares ar lanc ifanc a merch yn ei law
O amgylch y llwyni yn ochol y glaw.

Mae'r gwenyn heb hedeg, mae'r defed heb ŵyn,
Cofia di ferch ifanc o lle gei di gŵyn.

Mi af i'w tŷ modryb i ddwedyd ei chŵyn
A'i llaw dan ei ffedog a'i bol at ei thrwyn.

Mi brynodd staes walbon a'i lasio'i yn dynn
Gan feddwl mewn difri na chode'i bol hi ddim.

I lasio'i yn y borau a'i llacio'i prydnawn
Fy mol sydd yn codi Ow Ow beth a wnawn.

Awgrym cynnil o'r hyn a ddigwyddodd rhwng y ddeuddyn a geir yng nghân fy mam ond mae tri phennill olaf Marshall Howell yn ei gwneud mor olau â'r dydd beth yn union a ddigwyddodd ar y pnawn Sadwrn tyngedfennol hwnnw. Gyda llaw, nid yw'r casét yn fy meddiant bellach ond mae brith gof gennyf i'r hen ganwr orffen ei stori gyda chwerthiniad bach.

Iddo fo mae'n debyg mai cân i ddifyrru gwrandawyr oedd hon a'r rheiny yr un mor debygol o fod yn ddynion.

Yn ddiddorol iawn yn ystod y flwyddyn y derbyniais y casét oddi wrth Penri Roberts, sef 1964, roedd Roy Saer yn cofnodi caneuon gwerin ar ran Amgueddfa Werin Cymru, Sain Ffagan, yn Eifionydd a Phen Llŷn. Cafodd gynhaeaf campus, yn cynnwys dau bennill o'r gân dan sylw yma (fe'i hadwaenir yn Llŷn fel 'Cân Plas Newydd') a thrydydd pennill wedyn gan ganwr arall, ar amrywiad o'r alaw a genid gan Marshall Howell. Yn ddiweddarach derbyniais gopi arall o eiriau 'Cân Plas Newydd' oddi wrtho:

Pan oeddwn yn rhodio ddydd Sadwrn brynhawn
Heibio Plas Newydd a'r lloer oedd yn llawn
C'farfyddais a merch ieuanc a mab yn ei llaw
Yn myned trwy'r goedwig tan fochel y glaw.

Beth wnewch chi heno ond y chi'ch dau
Nid yw yn amser eto i hela mo'r cnau
A'r gwenith bach heb hedag a'r defaid heb yr ŵyn
O gochel di ferch ieuanc fynd yn sâl o'r hen glŵy.

Ond cyn pen y nawfis fe glwyfwyd y ferch
Mi lasodd ei llygaid a duodd ei serch
Mi aeth at y meddyg i adrodd ei chwyn
A chlais dan ei llygaid a'i bol 'dat ei thrwyn.

Hardd ydi Llundain a hardd ydyw'r dre
A hardd ydyw Gwalia o gwmpas y lle
A hardd oeddwn innau cyn llithro fy nhroed
A chodi cwr ffedog i 'r un mab erioed.

Byddai'n dda gennyf allu deall arwyddocâd rhai pethau yn yr ail bennill ond ar hyn o bryd ofnaf fy mod ar goll: nid yw'n amser i hela cnau; gwenith bach (gwenyn bach mewn un fersiwn) heb hedeg; defaid heb eu hŵyn. A oes awgrymiadau erotig neu rybuddiol yma? Yn y cyfamser fodd bynnag mae odrwydd y pennill olaf yn amlwg ddigon. Haedda sylw pellach.

O ystyried pob darn o'r gerdd a oroesodd adroddir y stori gan drydydd person. Y pennill hwn yw'r unig eithriad i'r rheol, a'r hyn a gawn yma yw merch yn canu ei phrofiad chwerw yn uniongyrchol; nid merch *y cyfeirir ati*, gan rywun ar wahân iddi, fel un a gafodd brofiad o'r fath. Mae'n bosibl felly mai pennill clo cerdd *arall* am ferch a dwyllwyd mewn cariad yw hwn a bod rhyw ganwr neu gantores wedi penderfynu rywdro y gwnâi glo campus ar gyfer darn anghyflawn o gân yr oedd ef neu hi yn gyfarwydd ag o.

Erys un darn arall y dylid cyfeirio ato. Dyma'r lleiaf ohonyn nhw i gyd a deuthum ar ei draws ymysg papurau J. Lloyd Williams gyda hyn o eiriau cefndir: 'Air & words heard by J. Morris Jones sung by hogia Penmynydd. Fragt.'.[169] Amrywiadau ar yr alaw hon a ddefnyddid gan Marshall Howell a chantorion Pen Llŷn.

Enghraifft 50

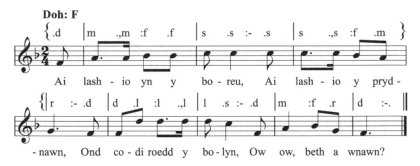

Awgrymaf fod hon yn enghraifft dda o dreigl cân sy'n adrodd stori gymwys i'w hadrodd ar gyrion cymdeithas yn unig a'i bod ar brydiau wedi gorfod ymbarchuso rywfaint.

Caru'n Ffyddlon

Y GWRTHWYNEB I dwyll mewn serch yw ffyddlondeb ac mae rhai caneuon ar gael sy'n dathlu hynny. Daw un ohonynt i'n meddyliau ni'r Cymry ar unwaith ond o dan enw na pherthynai iddi'n wreiddiol, fel y cawn weld.

Tra bo dau

Yn y flwyddyn academaidd 1903–04, yn ychwancgol at ei waith fel Darlithydd Cynorthwyol mewn Bywydeg yng Ngholeg Prifysgol Gogledd Cymru, Bangor, penodwyd J. Lloyd Williams yn Gyfarwyddwr Cerdd y Coleg. Golygai hynny drefnu cerddoriaeth gysylltiedig â chynulliadau defodol y sefydliad (e.e., y seremoni raddio a seremoni cloi'r flwyddyn academaidd), paratoi cyngherddau'r Gymdeithas Gorawl, trefnu'r gerddoriaeth ar gyfer dathlu Gŵyl Ddewi, a pharhau i hyfforddi myfyrwyr yn y *Day Training Department* i fod yn athrawon cerdd mewn ysgolion. Digon, felly, o alw am weithgaredd cerddorol, a gofalodd o'r cychwyn fod lle i gerddoriaeth Gymraeg yn y darpariaethau hyn; ond darganfu'n fuan na ddefnyddiai'r myfyrwyr, y tu allan i neuaddau a stafelloedd ymarfer y coleg ei hun, y caneuon a ddysgent ar gyfer eu cyngherddau. Rhywsut neu'i gilydd nid oedd yr alawon a gynaeafwyd gan John Parry, Rhiwabon, Edward Jones 'Bardd y Brenin', John Parry, 'Bardd Alaw', Brinley Richards a cherddorion eraill – alawon y lluniwyd geiriau ar eu cyfer yn y bedwaredd ganrif ar bymtheg gan feirdd fel Ieuan Glan Geirionydd, Talhaiarn, Ceiriog, a'u tebyg – yn gafael yn y myfyrwyr. Oddi ar y llwyfan la-la-lalio'r alawon a wnaent.

Cofiodd yn sydyn am gân fach a gododd o ganu ei wraig, Beti, a'i chwaer yng nghyfraith, ar yr aelwyd yng Nghricieth, rywbryd yn 1904. Yn ei ddyddiadur ar y pryd dyma fel y cofnododd hi:[170]

Can Tad Betti	.s : m.s ǀ d : - . d : r. d l͵ ǀ s
O dewis hardd ddewisais i	d . r . mf ǀ m:-: r r d ǀ r
Oedd dewis lodes lân	s : m . s ǀ d :-: .d : r. d l ǀs
A chyn bydd difar genyf fi	* .d : r . mf ǀ m :- .r d
O rhewi wnaiff y tan	s . s s : s : - se ǀ s s
Cyfoeth nid yw ond oferedd	s . s s ǀ m :- .r d ǀr
Glendid nid yw yn parhau	* or m,r,d ǀ m f s ǀ r

Ond cariad pur sydd fel y dur	Old man with arms
Yn para tra bo dau	folded & leg rocking
	head aslant. Old woman
Maer un a gar fy nghalon fach	listening pleased to the
Yn mhell oddiyma'n byw	2nd verse.
O hiraeth am ei gweled hi	
Sy'n ngneyd i'n ddrwg fy lliw	

O hiraeth am ei gweled hi
Rwy'n gobeithio ei bod yn iach
Rwy'n caru'r tir lle cerdda hi
Dan wraidd fy nghalon bach

Fel arbrawf penderfynodd ei threfnu ar gyfer y côr. Ar unwaith ymserchodd yr aelodau ynddi ac fel rhan o ddathliadau Gŵyl Ddewi 1905 roedd tair o'r caneuon a genid ar yr achlysur yn gwreiddio yn y traddodiad llafar, sef 'Tra bo dau', 'Ffarwel Mari' – y clywodd J. Lloyd Williams ei dad yn ei chanu, wedi iddo ef yn ei dro ei chodi oddi wrth Ifan y Gorlan – a 'Bessi o Lansantffraid', cerdd ddychan dra phoblogaidd Jac Glan y Gors. Dyma pryd y gwawriodd arno, yn ôl ei gyfaddefiad ei hun, fod gwahaniaethau pwysig rhwng caneuon traddodiad llafar a'r hyn a ddaeth i'w disgrifio'n ddiweddarach fel alawon a chaneuon cenedlaethol; er enghraifft, 'Codiad yr ehedydd', 'Rhyfelgyrch gwŷr Harlech', 'Breuddwyd y frenhines', 'Hun Gwenllian', ac ati.

Ymddangosodd 'Tra bo dau' y tro cyntaf mewn print yn *Sixteen Welsh Melodies* (1907), a olygwyd gan J. Lloyd Williams ac Arthur Somervell.[171] Yr ail dro fe'i cyhoeddwyd yn CCAGC ond nid yn yr un ffurf yn union.[172] Yno, cadwodd J. Lloyd Williams at ffurf y gân fel y clywodd hi'n cael ei chanu gan ei wraig: tri phennill pedair llinell a chytgan pedair llinell. Yng nghyfrol 1907 yr hyn a gawn yw dau bennill wyth llinell gyda chytgan pedair llinell, a nodyn cefndir yn dweud bod llinellau 5–8 y pennill cyntaf wedi eu llunio gan Llew Tegid. Fel hyn aeth alaw ar ffurf AA¹BA¹ yn AA¹AA¹BA¹. Pam hynny? Awgrymaf fod J. Lloyd Williams, erbyn cyfnod cynhyrchu rhifyn cyntaf y Cylchgrawn yn 1909, wedi dod yn fwyfwy ymwybodol o ddyletswydd casglwr cân werin i atgynhyrchu mor ffyddlon ag y gall yr hyn a glyw gan ei ganwr. Gydag ambell lithriad yma ac acw y dystiolaeth yw iddo ddal yn gadarn wrth yr egwyddor hon weddill ei oes.

Y mae, felly, ddwy ffurf ar y gân, un *Sixteen Welsh Melodies* ac un y Cylchgrawn, ond gan mai'r unig wahaniaeth alawol rhyngddynt yw fod y gyntaf yn ailadrodd rhan o'r ail, ystyriwn yr olaf yma (Enghraifft 51).

Mewn naw llyfr sy'n cynnwys 'Tra bo dau' (dichon bod rhagor ar gael) sylwaf fod tri ohonynt yn atgynhyrchu ffurf *Sixteen Welsh Melodies* a phedwar yn dilyn patrwm y Cylchgrawn. Casglaf felly mai ffynhonnell y gân, fel y cyfryw, yw'r cofnod brysiog yn Nyddiadur 1904 J. Lloyd Williams.

Enghraifft 51

Doh: G

O'r dewis hardd ddewisais i
Oedd dewis lodes lân
A chyn bydd 'difar gennyf i
O rhewi wnaiff y tân.
    Cyfoeth nid yw, etc.

Mae f'annwyl riain dros y lli
Gobeithio 'i bod hi'n iach
Rwy'n caru'r tir lle cerddo hi
Dan wraidd fy nghalon fach.
    Cyfoeth nid yw, etc.

162

Mae i'r geiriau, fodd bynnag, stori wahanol. Yn un peth, sylwer mai'r pennawd arni yn Nyddiadur 1904 yw 'Can Tad Betti' ond yn ystod dathliadau Gŵyl Ddewi 1905 y coleg caed perfformiad corawl ohoni dan yr enw 'Tra bo dau' ac, fel y gwelsom, dyna'r pennawd arni yn *Sixteen Welsh Melodies*. Digon tebyg mai J. Lloyd Williams a'i bedyddiodd â'r enw taclus hwnnw gan ei gymryd o linell olaf y cytgan. At hynny, nid dyna'r enw arni yn y taflenni baled a ddigwyddodd oroesi o'r bedwaredd ganrif ar bymtheg.

Ar saith gopi o'r rhai y digwyddais ddod ar eu traws (un yn anghyflawn) y pennawd yw 'Can Serchiadol bob yn ail penill yn Sacs'ncg a Chymracg', gydag cnw'r cyhocddwr wrth fôn un ohonynt, sef John Jones, Llanrwst (ŵyr i Dafydd Jones o Drefriw) a'r hyn sy'n arwyddocaol yw bod trefn y penillion Cymraeg ynddynt (a'r rhai Saesneg) yr un yn union â'r rhai yn Nyddiadur 1904. Y pennill sy'n agor ag 'Y dewis a ddewisais i / Oedd dewis lodes lân ...' a ddaw yn gyntaf, gyda 'Mae'r un a gâr fy nghalon i / Yn mhell oddi yma'n byw ... ' yn dod yn ail. Ymhellach, gair bach o rybudd i'r sawl sydd am dwrio ymysg y baledi am esiamplau o 'Tra bo dau': ofer chwilio o dan y pennawd hwnnw. Rhaid cadw llygad ar agor yn hytrach am 'The choice that I have chosen ...'! Dyna eiriau agoriadol penillion y taflenni baled ond mae'n bosibl iawn mai cyfieithiad o'r geiriau Cymraeg (tila mewn mannau) yw'r rhai Saesneg.

A derbyn mai fel hyn y saif pethau y tebygrwydd yw mai J. Lloyd Williams a fu'n gyfrifol am newid trefn y penillion. Gwyddom mai'r geiriau 'O dewis hardd ddewisais i / Oedd dewis lodes lân ...' oedd y rhai cyntaf a glywodd ef ar yr aelwyd yng Nghricieth. Pam y newid? 'Callaf dewi' yw hi yma hyd y gwelaf.

Beth am yr alaw? Un o'r cerddorion Seisnig y bu J. Lloyd Williams yn anfon caneuon Cymraeg atynt i'r perwyl o hybu rhywfaint ar astudiaeth gymharol ohonynt o safbwynt diwylliannau eraill oedd Frank Kidson (1855–1926), a phan ystyriodd ef alaw 'Tra bo dau' mynnodd mai 'llygriad' ydoedd o alaw gan y cyfansoddwr Seisnig Charles Dibdin dan yr enw 'The cobbler of Castlebury'. Cân yw honno o opera gomig gan Dibdin, *The Metamorphoses*. Copi yn unig o gerddi a dialog y gwaith hwnnw a welais i, ond os yw'r hyn a ddywed J. Lloyd Williams mewn nodyn cefndir i 'Tra bo dau' yn CCAGC yn gywir,[173] sef fod yr alaw i'w gweld mewn cyfrol o'r enw *The National Song Book* o dan yr enw 'The cuckoo madrigal', cefais afael arni yn y Llyfrgell Genedlaethol.[174] Ar bwys cymharu'r ddwy alaw hyn â'i gilydd ni allaf ond cytuno gyda D. Emlyn Evans, a fu wrth yr un gwaith, fod y tebygrwydd rhyngddynt yn gyfyngedig i ryw ddau far a ddigwydd deirgwaith mewn ugain bar. At hyn mae'r ddwy yn dra gwahanol o ran eu ffurf – y naill yn syml heb drawsgyweiriad a'r llall yn gymhleth, drawsgyweiriadol. Un ystyriaeth arall: mydr y gerdd Gymraeg yw 86.86.87.86; mydr y gerdd Seisnig yw 98.98.98.98, ac mae i'r penillion batrwm acennog gwahanol.

Moes dy law

Yn gynnar yn y gyfrol hon trafodais beth ar gân o'r enw 'Y cariad cyntaf', hynny o dan bennawd **Moli'r Cariad**. Dyma ei hail bennill:

> Addo'th gariad i mi heno:
> Gwnawn amodau cyn ymado
> I ymrwymo doed a ddelo;
> Rho dy gred, a d'wed y doi.

'Addo'th gariad i mi'; 'Gwnawn amodau'; 'Rho dy gred': mae dau o'r tri ymadrodd hyn yn ddigon dealladwy ond beth a olygir wrth 'roi cred' yn y cyd-destun hwn?

Digwydd y gair ddwywaith hefyd mewn hen bennill perthnasol a glywyd gan J. Lloyd Williams yn cael ei ganu gan Gwilym Williams, Glanislwyn, Cricieth, a chan ddau arall yn nehau Sir Gaernarfon. Cyhoeddwyd hwnnw yn 1914.[175]

Enghraifft 52

Mae mwy o fyfyrdod tu ôl i fframwaith y pennill bach hwn nag sydd yn y pennill blaenorol. Ceir yma wrthgyferbynnu bwriadol rhwng, ar y naill law, arwydd allanol uniad rhwng dau, sef clymu dwylo ynghyd, ac ar y llaw arall, dystiolaeth i uniad ysbrydol rhyngddynt, sef tyngu llw o ffyddlondeb i'w gilydd hyd byth. Ystyrier rhediad y myfyrdod: 'Moes dy *law* …' / 'moes dy *gred* …' / 'moes dy *feddwl* …'. Gyda llaw, mae'n bwysig sylwi fod y pennill hwn ar gael yng Nghymru'r ail ganrif ar bymtheg; gwyddom hynny ar sail llawysgrif a berthynai i William Jordan dan y pennawd *Poetical Commonplace Book, 1674–1687*.[176] Dyma'r ffurf sydd arno yno:

Moes dy law cei law am dani
Moes dy grêd cei gred os mynni
Moes dy feddwl gonest ffyddlon
Yn lle/r/ rheini cei gorph a chalon.

Mae un gân arall eto, 'Sara wen', yn perthyn y tro hwn i'r ddeunawfed ganrif, gyda'i geiriau yn rhoi lle canolog i gyfnewid 'cred' rhwng dau gariad, ond fel y gwelir yn nes ymlaen nid, o bosibl, yn union ar yr un ffurf ag yn y pennill uchod.

Gan mai'r geiriadur printiedig cyntaf o waith Cymro yw

A Dictionary in Englyshe and Welshe gan William Salesbury, a gyhoeddwyd yn 1547, troais ato ar unwaith. Ynddo cefais enghreifftiau o ddefnyddio 'cred'/ 'kred' yn yr ystyr o 'Belefe', 'Credence', a 'Kredo' ('Crede') ond cyfeirio a wna'r geiriau hynny at gyflwr meddyliol person, neu at ddatganiad a goleddir ganddo. Ystyr osodiadol sydd iddynt yma, perthnasol, er enghraifft, i ddefnyddiau crefyddol, gwybodaethol, moesol a gwleidyddol ohonynt. Eithr nid dyma'r ystyr i 'cred', a'i gyfystyron, yr oeddwn ar ei drywydd. Cyd-destun serch oedd mewn golwg gennyf. Cofiais am yr ymadrodd 'Rho dy gred' a throais i chwilio o dan y ferf 'rhoddi' yn y gwaith. Yno, yn wir, deuthum ar draws yr enghraifft ddilynol: 'roddi cred rhwng mab a merch Handfaste'. Synhwyrwn bellach fy mod ar y cyfeiriad iawn ac roedd y Saesneg 'Handfaste' yn awgrymu cliw allweddol. Gwaetha'r modd roedd yn air dieithr i mi. Felly euthum o un geiriadur at un arall.

Yn yr *Oxford Universal Dictionary* (1955), ymysg amrywiol ddiffiniadau a gynigir yno o 'Handfast' ceir 'betrothed'; 'Formerly treated as an uncanonical, private, or even probationary form of marriage' (1541); a 'To make a contract of marriage between [parties] by joining of hands' (1611). Tybed nad yn amgylchedd y math yna ar briodas ddi-sagrafen (eithr dilys mewn sawl gwlad yn yr Oesoedd Canol) y gellir yn llawn werthfawrogi ystyr y pennill 'Moes dy law ...'? Ni chynnwys y pennill, mae'n wir, unrhyw fath ar *ddisgrifiad* o seremoni briodasol ond mae'r adleisiau o glymu dwylo ynghyd yn y geiriau 'cei law amdani', ac o ddatgan llw o ffyddlondeb yn 'Moes dy feddwl' (y cyfeiriwyd atynt yn gynharach), yn awgrymu cefndir cymdeithasol credadwy iddo.

Serch hynny, mae ystyr 'Moes dy gred' yn y pennill yn dal yn niwlog, yn arbennig felly gan fod cysgod o awgrym, o leiaf, ei fod yn drydedd elfen ychwanegol yn y sefyllfa. Beth a allai'r elfen hon fod?

Cyn cynnig ateb i hynny rhaid nodi, o berthynas i serch, fod ystyr arall i 'cred'. Ceir cadarnhad o hynny yn *Geiriadur*

Prifysgol Cymru lle cyfeirir at fath ar 'roi cred' sy'n weithredol mewn cyfnod *cyn* cyflawni seremoni briodasol o unrhyw fath: dau yn *ymrwymo* i briodi – yn addunedu'n ddifrifol i'w gilydd ac eraill y byddant yn priodi. Dyma'r 'gred briodas' sy'n ganolbwynt cywydd dychan gan Ieuan Brydydd Hir yn hanner olaf y bymthegfed ganrif.[177] Anelir ei gywydd ymryson dychanol at ei gyfaill o fardd, Tudur Penllyn, a mynnir ganddo yn hwnnw fod 'cred briodas' wedi ei sefydlu rhwng Tudur a 'gwrach' o ddynes o Gaergwrle:

> Y gred fyth o gariad fu.
> Cywir ydoedd, ...

Yn ei gywydd ymateb myn Tudur yntau yn ei dro na fu unrhyw berthynas o 'ymgredu' rhyngddo a'r 'wrach fantach fau':

> I ddiawl oedd iddi weled
> Yn graff! Pam y rhown y gred?
> ....
> Nid oedd amod priodi
> Och Fair hael, ei chyfryw hi,...

Dyna'i air olaf, diflewyn ar dafod!

Fodd bynnag, daw'r ddefod hon o ddau yn *ymrwymo* i briodi yn y dyfodol â ni o'r diwedd at ystyr arall i 'roi cred', oherwydd ymrwymiad felly sy'n digwydd yn y gân 'Sara Wen' y cyfeiriwyd ati yn gynharach. Eithr mae'r ddau gariad y sonnir amdanynt yn y faled honno yn gwneud hynny mewn dull arbennig.

Stori yw'r gerdd am Rodric Llwyd a Sara yn bwriadu priodi ac yn cyfnewid dwy gred fel arwydd o hynny. Daw rhwystr ar eu ffordd. Caiff Rodric ei bresio i'r fyddin ac aiff i frwydro i'r Iwerddon. Fe'i lleddir yno ond dyhea ei enaid am y gred a roes i Sara. Aiff i'w chyrchu i dŷ ei gariad ac fe'i caiff ganddi. Dyry yntau ei gred ef yn ôl iddi hi.

Dyna sgerbwd y stori ond fel y ceir gweld yn nes ymlaen mae

ar ffurf lawer mwy dramatig gan y baledwr. Eithr y peth pwysig yn ei chylch, o'n safbwynt ni yma, yw y cyfeiriad at gyfnewid credau rhwng dau gariad. A hwythau'n absennol oddi wrth ei gilydd mae ganddynt yn eu meddiant gred yr un, rhywbeth sy'n arwydd o'u ffyddlondeb i'w gilydd, y gellir ei gyflwyno trwy law gan y naill i'r llall. Gwrthrych materol felly. Dyna'n union a geir yma ac un o'r arferion caru mwyaf poblogaidd ar un adeg rhwng dau gariad oedd darn o arian (sofren aur weithiau) wedi ei hollti'n ddwy a'i rannu rhyngddynt. Dyma, felly, gyd-destun arall i'r gair 'cred' a'r ymadrodd 'rho dy gred'.

A throi at y faled ei hun gwelsom eisoes ei bod yn perthyn i'r ddeunawfed ganrif ond bu'n rhaid aros hyd 2006 cyn iddi ymddangos fel *cân* mewn print ar un o amrywiol ffurfiau yr hen alaw 'Y dôn fechan', yn *Canu Gwerin*. Dair blynedd ynghynt yng Ngŵyl Werin Canolfan William Mathias un pennill yn unig ohoni a gofiai Ann Edwards, Rhuthun (o glywed ei thad, William Williams, Bryn Llefrith, Trawsfynydd, yn canu sawl pennill ohoni) ond gyda chymorth pellach y teulu ac ymchwil yn *A Bibliography of Welsh Ballads*, detholiad J. H. Davies o faledi'r ddeunawfed ganrif, trawyd ar faled, rhif 446, a daeth pethau i fwcl. Yn dilyn, wele'r pennill a ganodd Ann Edwards ac yna, gopi o'r faled gyfan.[178]

Enghraifft 53

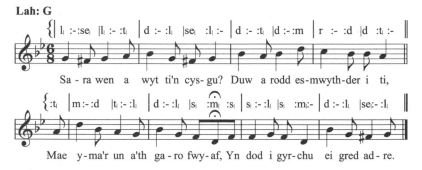

BALAD Newydd Yn Cynwys Dwy Gerdd.Y cyntaf, Carol Plygain. Yn ail Ymddiddan rhwng Gwr Ifangc a'i gariad sef,

Rodric Llwyd a Sara, pa rai a ymgredodd a'u gilydd, ond y mab a bresiwyd ac a gollodd ei fywyd yn y Rhyfel: ar ymddiddan fu rhyng ei ysbryd ef a hithau wedi ei farw.

Dowch yn nês gwrandewch esample,
Or cymmyle y daw cafode,
Nid oes yn y byd na dderfydd,
Ond grâs Duw a chrêd a Bedydd.

Am ddau oedd yn byw'n yr ynŷs
Y rhain ar feddwl byw'n gariadus,
A newid dwy-grêd a wnaethon,
I gael Priodas yngwydd dynion.

Pryd y daeth y *Prince* ar Goron,
I hel gwŷr i fyn'd i'r *Iwerddon*;
Fel yr oedd Duw yn gwyllysû,
Y mab fo aeth yn un o rheini.

Pryd yr aeth o gynta i'r *'Werddon*
Fo syrthie ymhlith *Gwyddelod* gwylltion,
Dyna'r fan lle bu farwolaeth,
Roedd hyn yn syndod fawr ysywaeth.

Er bod ei gorph ô wedi gladdu,
Nid oedd yr Enaid haws er hynny,
Bu fo bedair blynedd cymmwys,
Cyn cael myned i *Baradwys*.

Na dim gorphwys mwy na'r Tonne,
Ond am ei Grêd ir fan lle rhoese;
Fo ddanfone Duw heb wybod,
Fo ar gefen un ôr Gwylanod.

Pan y daeth ô i dir yr ynŷs,
Ir fan lle rhoese ei Grêd ai wllys,
Fo ddisgynne ar y Tywod,
Lle'r oedd iddo beth cydnabod.

Tufewn i filltir neu lai na hynny,
Lle'r oedd y mwya a garai'n cysgu,
At y drŵs fe ae yr Enaid,
Ni chlywai fo yno neb yn atteb.

Fe ae at y Ffenestr wrth y *Gwely*,
Lle'r oedd y mwya a garai'n cysgu
Yn y man a hi attebe,
Yn sûr iawn yn sal ei geirie.

Yn enw Duw pwy sydd yna,
Gefn y nôs yn galw am dana,
O *Sara Sara* fwyn nac ofna,
Mae yma'r Mâb dy garodd fwya.

Yn dod i ymofyn ynghrêd attat,
Byth ond hyn ni thrwblai monot,
Ond addawsoch fy mhriodi,
A llawer *Promise* efo hynny.

Cwblhaed pawb ei pwyntmanne,
Trwy nerth Duw ni chilie finne,
Pa fodd y gallaf fi'ch priodi,
Pan bo fy nghorph i wedi gladdu.

Yn Nhir *Iwerddon* wrth Ryfela,
Nid oes ond fy hydoliaeth i yma,
Chwi gawsoch roddiad mawr gan Dduw,
Gael codi i fynu o farw i fyw.

Hi neidie i fynu yn ei mein-grys,
Ac at y Ffenestr ae hi'n awchus,
Ag er maint yr wy'n eich clywed,
Yn fy myw na chawn mo'ch gweled.

coelia coelia gwen lliw'r ewyn,
dwy fwy fy sym na gwybedyn,
Rodric Llwyd bu'm yn dy garu,
ag y rwan rwy'n dy ofni.

Ystyn di'th law rhyng dwy biler,
Hwde'th Grêd Duw ro itti esmwythder,
Hwde dithe'th Grêd Sara,
I fy Nuw y fi gonffesa.

Ni bu mi wnaeth un Ferch ar aned
Er pryd y darfu newid dwy gred,
Y rwy finne mor ddifeie,
Ar Ferch fechan sy ar y bronne,
Yn eich aros chwithe Rodric adre.

Sara wen o does ith welu,
Duw ro esmwythder itti gysgu,
Nid allai aros ond hyn yma,
Waith angylion nef sy'n galw amdana.

Sara a drodde at y gwely,
dan godi dwylo ac ymgroesi,
a than wylo'r dŵr oi llyged
O edifeirwch fod cyn sured.[179]

O flaen y ddau bennill olaf sylwer fod yna un a ymddengys fel pe bai'n bennill pum llinell ond diamau mai'r hyn a ddigwyddodd yma oedd i'r argraffydd gywasgu dau bennill ynghyd a cholli tair llinell wrth wneud hynny! Digon blêr a ffwrdd-â-hi yn aml oedd yr argraffwyr baledi.

Ffarwel y milwr

Cawsom enghreifftiau eisoes o J. Lloyd Williams yn manteisio ar aelodau o'i deulu i ddarganfod caneuon traddodiadol ac un o'r amlycaf o'r rheiny oedd William H. Williams, ei frawd yng nghyfraith, wedi ei eni a'i fagu ar fferm yn ardal Gaerwen, Ynys Môn. Un o'r amryw ganeuon a gafodd ganddo oedd 'Ffarwel y milwr', a godwyd ar y glust o glywed gweision ffarm yn ei chanu. O wybod bod y gân yn boblogaidd ymysg gweision ffarm byddai'n naturiol tybio bod y geiriau ar gael mewn taflen faled, ond er twrio trwy deitlau dros saith mil o'r rhai a gatalogiwyd mor drylwyr gan Tegwyn Jones[180] a throi at yr awdurdod ar gerddi Cymraeg poblogaidd y bedwaredd ganrif ar bymtheg, E. G. Millward, ni lwyddais i ganfod enw'r sawl a luniodd y gerdd.[181]

Enghraifft 54

Diffoddai'r tân ers meityn,
A'r lamp oedd ar y bwrdd
Oedd wedi mynd yn welw,
A'r fflam ar droi i ffwrdd;
Y fun ddadebrai'n sydyn
Gan chwyrniad ffrom y ci
Orweddai oddi allan,
I wylio'i ffenestr hi.

O'i chadair freichiau esmwyth
I fyny neidiai'n syn,
A chodai gwr y cwrtain
Â'i llaw lliw mynor gwyn;

Pryd gwelai lun ei chariad
O dan y fedwen lân,
A'i fys yn gwneud ei enw
Ar draws yr eira mân.

Y wyryf deg yn fore
Gyfododd gyda'r wawr,
A'i chamre chwim gyfeiriodd
At tôn y fedwen fawr,
Pryd gwelai mewn llun calon,
Ar wyneb eira gwyn
Lythrennau enw'i chariad,
A phennill bach fel hyn: —

"Mae'n ddiwrnod brwydro fory –
Os cledd a frath fy mron,
O Gaenor, cladd fy nghalon
O dan y fedwen hon;
Cans dyma'r fan anwylaf
Sydd imi yn y byd,
Oherwydd yma rhoddais
Fy nghalon iti i gyd."

Pan oedd yr haul yn toddi
Yr eira wrth ei thraed
'Roedd yntau yn y frwydyr
Yn marw yn ei waed.
Mae yno faen o farmor
Uwch ben y fan mewn hedd
Yn awr yn dweud lle gorwedd
Dwy galon mewn un bedd.

Mae un peth yn amlwg ar unwaith, sef mai bardd o'r bedwaredd ganrif ar bymtheg sy piau'r geiriau. Roedd yn grefftwr medrus, cyfarwydd â chwaeth deimladol ei gyfnod. Byddai'n ddiddorol gwybod pwy ydoedd.

Ymddengys na ŵyr neb chwaith pwy oedd cyfansoddwr yr alaw, ond mae cryn dipyn i'w ddweud amdani hi. Dechreuaf wrth fy nhraed fy hun. Dysgais hi wrth wrando ar fy mam yn ei chanu droeon ar yr aelwyd gartref. Crefyddol oedd y geiriau a ganai. 'Bendithiaist goed y meysydd' oedd ei henw hi arnynt. Ni chyhoeddwyd mo'r gerdd honno yn y Cylchgrawn, ond fe'i ceir mewn sawl man.

Dilynwn beth ar drywydd yr alaw. Un peth diddorol yn ei chylch yw iddi gael ei defnyddio mewn sawl cyd-destun. Dechreuwn gyda'r un crefyddol.

(i) Fe'i ceir yn brintiedig y tro cyntaf yng nghasgliad emyn-donau John Roberts ('Ieuan Gwyllt'; 1822–77), *Llyfr Tonau Cynulleidfaol* (1859), a chafwyd argraffiad arall o'r un gyfrol mewn nodiant sol-ffa yn 1863. Yn y ddwy gyfrol fel ei gilydd fe'i galwyd yn 'Nebo'. Hyd y gwn does neb a ŵyr pwy a roes yr enw hwnnw iddi ond ar gyfer mesur emyn 7.6.D. y pennwyd hi gan Ieuan Gwyllt ei hun – enghreifftiodd y pennill hwn:

> Os gwelir fi, bechadur,
> Ryw ddydd ar ben fy nhaith,
> Rhyfeddol fydd y canu,
> A newydd fydd yr iaith;
> Yn seinio buddugoliaeth
> Am iachawdwriaeth lawn,
> Heb ofni colli'r frwydyr
> Y bore na'r prydnawn.[182]

Un o gerddi crefyddol adnabyddus y bedwaredd ganrif ar bymtheg oedd 'Hen Feibl mawr fy mam' a chenid hi yn aml ar yr alaw hon. Ymysg papurau J. Lloyd Williams yn Llyfrgell Genedlaethol Cymru ceir dau gofnod o fersiynau ohoni sy'n ei chysylltu â'r union gerdd honno. Daeth un esiampl oddi wrth J. W. Roberts o Fangor, hynny gydag un pennill, mewn sol-ffa, ynghyd â'r pennawd 'Trymder', ond bod rhywun wedi ychwanegu mewn pensel (J. Lloyd Williams ei hun efallai), 'Nebo'.[183] Nodir yn y cofnod fod y gerdd gyfan i'w chael yn *Cerddi Cymru*, cyfrol I. Yn yr argraffiad sydd yn fy meddiant i mae Rhagarweiniad difyr dros ben i'r cerddi gan David

Samuel, Aberystwyth, lle mae'n trafod nifer dda o gantorion a chyfansoddwyr sawl un o'r hen faledi.[184]

Amrywiad arall ar yr alaw yw'r ail esiampl, mewn Hen Nodiant, heb unrhyw bennill ynghlwm wrthi, gyda Jennie Williams, Aberystwyth, y casglydd, yn nodi '(sung to Mil henffych feibl tirion)', sef llinell agoriadol 'Hen Feibl mawr fy mam'. Mae'n amlwg na wyddai na'r gantores na'r casglydd enw iawn yr alaw oherwydd yr hyn a gafwyd gan yr olaf oedd 'Ffarwel y Milwr'! Tyst o ba mor aml y cysylltid y gerdd honno â'r alaw.[185] Gyda llaw, y bardd a luniodd 'Hen Feibl mawr fy mam' oedd John Phillips ('Tegidon'; 1810–77), gŵr o'r Bala a fu'n gweithio fel argraffydd am gyfnod ac yna fel gweinyddwr amlwg yn y busnes o allforio llechi o Borthmadog i bedwar ban byd.

(ii) Geiriau crefyddol hefyd oedd yn gysylltiedig â'r alaw pan gyhoeddwyd hi yn brintiedig yr ail a'r trydydd tro. Dyna a nodir gan Huw Williams yn ei gyfrol gampus, ddefnyddiol, *Canu'r Bobol*; y ddau dro dan y pennawd 'Bendithiaist goed y meysydd' (cyfarwydd i ni yma bellach) ond, sylwer, y tro hwn fel *unawd* ar gyfer ei pherfformio mewn eisteddfod a chyngerdd y defnyddid hi. Meddai Huw Williams: 'Cyhoeddwyd yn gyntaf gan David Jenkins yn Aberystwyth, ac yna gan gwmni Snell yn Abertawe, heb ddyddiad ar gyfer y naill argraffiad na'r llall'.[186] Yma, felly, mae gennym gyd-destun gwahanol – un ag iddo elfennau adloniannol a masnachol. Trefnwyd cerddoriaeth unawd cwmni Snell gan Daniel Protheroe (1866–1934), un o gerddorion Cymreig amlycaf Unol Daleithiau America, a diddorol yw sylwi, yn y cyswllt hwn, y priodolir y geiriau i'r Parchedig Thomas Hughes, Machynlleth. Byddai'n dda medru cadarnhau hynny ond gwell cadw'r sgwarnog yna'n llonydd, am y tro. Mae ei thrywydd yn drofaus.

(iii) Deuwn yrŵan at gyd-destun arall gwahanol iawn i'r ddau flaenorol lle nad yw'r alaw nac emyn-dôn nac unawd adloniannol eithr, yn hytrach, alaw werin.

(a) Gwelsom ar gychwyn y drafodaeth hon ar 'Ffarwel y milwr' fel y cysylltir yr alaw â serch ac â chanu W. H. Williams, brawd-yng-nghyfraith J. Lloyd Williams, ohoni. Gallwn fod yn sicr, fodd bynnag, nad y geiriau a brintiwyd yn ddiweddarach yn CCAGC a glywodd J. Lloyd Williams pan oedd yn ei chofnodi. Ceir prawf o'r cofnodi hwnnw yn un o ddyddiaduron niferus y golygydd, dyddiedig *'Nov-1910 to May 1911'*.[187] Tua'i ddiwedd cawn hyn:

> m | l . l : l . t | se . l
> Mewn palas mawr hynafol
>   urddasol
> mfe| s .l : s., fe | m
> Eisteddai geneth dlos   DC
>
> s | r . r : r . m | f . f or s | d . d : d . r | m . l
> . r | l . l : l t | d ., t : l
> m¹ ., r¹ | d¹ . t : l . l | sfe . m:
> m | m ., l . r: se . t | l
>
> Mae'n ddiwrnod brwydro foru
> Os cledd a frath fy mron
> O Gaenor cladd fy nghalon
> O dan y fedwen hon
> Cans dyma'r fan anwylaf
> Sydd yn y byd i gyd
> Cans yma rhois fy hunan
> Yn eiddo it o hyd
>   Geiriau WHW & Wm

Dengys y dyddiadur yn amlwg mai darniog oedd perfformiad W. H. W. Bregus oedd ei afael ar stori drist Gaenor a'i chariad o filwr, a gwaetha'r modd ni ddywed y golygydd yn ei nodyn cefndir i'r gân yn y Cylchgrawn sut y cafodd afael ar y gerdd yn ei chyfanrwydd. Cystal ychwanegu hefyd i Mary Davies anfon amrywiad drylliedig o gân 'Ffarwel y milwr' i J. Lloyd Williams – hanner olaf un o'r penillion.[188]

(b) Eithr mae i ganeuon serch wedd ysgafn yn aml, ac enghraifft o hynny yw cofnod o'n halaw gan Jennie Williams lle rhoes hi iddi'r pennawd 'Pan es i gynta i garu', heb gynnwys un pennill o'r gerdd o gwbl. Swniai'r pennawd i mi fel llinell agoriadol rhyw hen bennill neu'i gilydd a doedd dim amdani wedyn ond mynd ar ei drywydd.

Wedi chwilio a chwalu mewn sawl casgliad o hen benillion, o'r diwedd deuthum at *Yr Hwiangerddi* (1911) yn y gyfres ryfeddol honno, Cyfres y Fil, a olygwyd gan O. M. Edwards.[189]

> Pan eis i gynta i garu,
> Nid own ond bachgen bach,
> Yn methu cyrraedd cusan
> Heb fynd i ben stol fach;
> Pan es i garu wedyn,
> Yr own yn fachgen mawr,
> Yn gallu cyrraedd cusan
> A 'nwy droed ar y llawr.

Aiff y geiriau'n rhagorol ar alaw 'Bendithiaist goed y meysydd'; yn well, dybiwn i, na'r alaw a gofnododd T. Soley Thomas ynghyd â geiriau cyffelyb, gyda pheth gwahaniaeth, gan fod i'r gerdd gyfan a gododd y casglydd diwyd hwnnw o Benclun, Llanidloes, dro yn ei chynffon sy'n newid naws y gân. Diamau y sylweddolai yntau hynny pan hepgorodd yr odl glo! Fel hyn y saif y penillion yn ei amrywiad ef – o dan y pennawd gogleisiol 'Profiadau':

> Pan es i garu gyntaf
> Nid oeddwn ond un bach
> Yn methu cyrhaedd cusan
> Heb fynd i ben stol bach.
> *Cytgan*: O fel rwy'n cofio'r adeg
> Pan own i'n blentyn bach
> Yn methu cyrhaedd cusan
> Heb fynd i ben stol bach.

2. Pan es i garu wedyn,
Mi ges i groesaw mawr
Afalau wedi pobi
A stol i eistedd lawr.
   Cytgan:O fel &

3. Mi es i garu wedyn,
Mi ges i groesaw mwy
Mi ges i de a theisen
   (gawl a photen)
A chysgu -------------
   Cytgan: O fel &

Daw ergyd y pennawd 'Profiadau' yn amlwg erbyn hyn. Newidiwyd y gân. Tybed ai rhyw brydydd ffraeth a ymestynnodd dipyn ar hen bennill cynharach? Dal ymlaen â hynt y carwr ac awgrymu pa mor bell yr aeth yn y diwedd? Wel, pawb â'i ffansi wrth gwblhau'r odli.[190]

Un pwynt arall ynghylch alaw 'Bendithiaist goed y meysydd'. Gan aros o hyd gyda phapurau J. Lloyd Williams, ceir toriad o newyddiadur *Y Brython*, dyddiedig 10 Ebrill 1917, sy'n cynnwys llythyr gan 'A. O. R.' yn holi am fodd cerddorol 'Nebo'.[191] Bob tro, meddai, iddo glywed yr alaw yn cael ei chanu'n ddigyfeiliant, digwyddai hynny ei bod yn ddieithriad yn y modd re. Diamau y gallai hynny fod, ond yn y modd lleiaf y nodwyd hi gan Ieuan Gwyllt ac yn yr amrywiadau eraill a drafodwyd yma. Eithr dichon fod un o'r ddau amrywiad a gofnodwyd gan Jennie Williams, hwnnw a elwir ganddi yn 'Ffarwel y milwr', yn ymddangos fel pe byddai ganddi beth amheuaeth am y modd.

I gloi hyn o isadran. Gan fod geiriau'r gerdd 'Bendithiaist goed y meysydd' wedi bod ar un cyfnod yn boblogaidd (goroesodd cymaint â chwe chopi ohonynt, o leiaf, ar daflenni baled) tybiais mai da o beth fyddai cynnwys un copi ohoni yma. Dyma fel yr ymddengys yn *Y Garnedd Arian*:[192]

Bendithiaist goed y meysydd, / O'r brigau hyd y gwraidd;
Porthaist y pum mil gwerin / A'r pum dorth bara haidd:
Yn Nghana Galilea, / Ti droist y dŵr yn win;
O Dduw rho im' ollyngdod / O'm caeth bechodau blin.

Ti gedwaist No' rhag diluw, / Ti gedwaist Lot rhag tân,
Ti gedwaist yn y ffwrnes / Y tri llanc ifanc glân;
Ti gedwaist Daniel hynod / Yn mhlith y llewod hen,
Er cymaint oedd eu newyn, / Ni 'gorodd un ei ên.

Iachest y claf o'r parlys, / A'r wraig o'r diferlif gwaed,
Arweinaist gynt yr Israel / O'r Aifft i'r Ganaan wlad;
A Phedr ar y dyfroedd, / Ti deliaist ef i'r lan;
O Arglwydd cynal finau, / Nid wyf ond eiddil gwan.

Mi welaf fyrdd o frodyr, / 'Nawr o'u carcharau'n glir;
Rhai fu fel yr wyf finau / O fewn i'r anial dir;
Ar fyr fe wawria'r boreu / Caf fyned atynt hwy,
A rhoi ffarwel tragwyddol / I'r Babiloniaid mwy.

Tra bo dŵr y môr yn hallt

Wrth drafod cefndir y gân flaenorol, 'Ffarwel y milwr', cyfeiriais at gân a gasglwyd gan T. Soley Thomas, yn cychwyn gyda'r geiriau 'Pan es i garu gyntaf'. Dyma un o'r caneuon a anfonodd i gystadleuaeth yn Eisteddfod Genedlaethol Caerfyrddin yn 1911 am y casgliad gorau o ganeuon gwerin Ceredigion, Caerfyrddin a Phenfro. Yr enw arni yn y casgliad hwnnw oedd 'Profiadau', ac yn yr un casgliad cynhwysodd 'Tra bo dŵr y môr yn hallt' (dwy allan o naw deg o ganeuon) a hynny dan bennawd arall o'i eiddo'i hun, sef 'Y carwr'. Am ryw reswm, fodd bynnag, ni chyhoeddwyd 'Y carwr' gan J. Lloyd Williams yn CCAGC hyd 1941, bedair blynedd cyn ei farw.

Gwaetha'r modd, un pennill yn unig o'r gân a geir yno, lle priodolir ei chasglu i T. Soley Thomas, gyda nodyn byr iddi gael ei chlywed yn Llanymddyfri, a'i bod hefyd yn adnabyddus iawn yng Ngheredigion.[193]

Enghraifft 55

Ray: D

Tra bo dŵr— y môr— yn hallt, A thra bo 'ngwallt yn ty - fu,—

Tra bo 'ngha-lon— yn fy— mron Mi fydd-af ffydd-lon— i - ti.

Byddai J. Lloyd Williams, pan fyddai'n beirniadu casgliadau o ganeuon gwerin a ddeuai i law trwy gystadlaethau eisteddfodol, yn copïo detholiad o gynnwys y rhai mwyaf addawol ohonynt gyda golwg ar gyhoeddi ambell gân yn rhifynnau'r Cylchgrawn. Gwnaeth hynny yn achos casgliadau T. Soley Thomas yn Eisteddfodau Cenedlaethol Bae Colwyn (1910) a Chaerfyrddin (1911), a cheir un enghraifft o'r fath ymhlith ei bapurau yn y Llyfrgell Genedlaethol; ond o droi at hwnnw mae'r nodyn cefndir i 'Y carwr' beth yn llawnach na'r hyn sydd yn y Cylchgrawn. Dyma a gawn yno.[194]

(i) Ymddengys i J. Lloyd Williams sylwi, wrth iddo gopïo'r gân o lawysgrif wreiddiol T. Soley Thomas, fod y casglydd wedi newid amseriad naturiol yr alaw yn y ddau far olaf. Ysgrifennodd, mewn pensel, sylw anodd iawn i'w ddarllen erbyn hyn: 'Last line awkward – suggestion' ac felly y troes, yn ddigon teg i'm golwg i, nodiant clo chwithig i nodiant hylaw (gweler y darlun gyferbyn):

(ii) Sylw rhyfeddol o benagored yw'r canlynol: 'Several verses'. Beth i'w wneud o hwn? Y golygydd a'i piau mae'n siŵr. Byddai'n gwbl ddiangen i'r casglydd ei wneud. Os felly rhaid casglu mai ymwneud yr ydym yma â phenillion pedair llinell. Pam? Oherwydd mai alaw bedair llinell sy'n eu cynnal, a honno fel y sylwa J. Lloyd Williams ei hun yn rhifyn 1941 y Cylchgrawn, 'A very interesting Dorian Melody'. Ni all fod

180

Trwy ganiatâd Llyfrgell Genedlaethol Cymru

amheuaeth ynghylch hyn, a gall fod yn ffaith arwyddocaol pan symudwn yn nesaf at sylw ychwanegol arall.

(iii) Mae hwn yn fwy trafferthus: '1st line different on other words(?) words by Will Hopkin'. Roedd J. Lloyd Williams, wrth gwrs, yn gyfarwydd â 'Bugeilio'r gwenith gwyn' a gwyddai felly nad at benillion ar ffurf rhai'r gân honno y cyfeiriai wrth ddefnyddio'r ymadrodd 'Several verses'. Penillion wyth llinell oedd y rhai a briodolai ef i Wil Hopcyn, fel y gwnâi ei gyfoedion yn gyffredinol ar ddechrau'r ugeinfed ganrif.

Hyd y gwn, y cyntaf i godi amheuaeth am awduraeth Wil Hopcyn o gerdd 'Bugeilio'r gwenith gwyn' oedd yr ysgolhaig a wyddai fwy na neb arall am lenyddiaeth Morgannwg, sef Griffith John Williams, a rhoes lais i hynny mewn dwy ysgrif yn *Y Llenor*, ac yna, yn ddiweddarach, yn ei gyfrol wych *Traddodiad Llenyddol Morgannwg*.[195] Fel y gellid disgwyl, arweiniodd hynny at gryn gynnwrf llenyddol, ond nid dyma'r lle i geisio crynhoi'r drafodaeth a ddilynodd. Bwriad cyfeirio at y pwnc yma, ar hyn o bryd, yw pwysleisio mai haeriad canolog G. J. Williams oedd y gallai fod gan Iolo Morganwg law mewn 'creu' cerdd 'Bugeilio'r gwenith gwyn':

181

Fel cân a gadwyd ar gof gwerin y rhoir hi yma, [h.y., ymysg rhai o 'Bennillion Sathredig ym Morganwg'] ond prawf ffurfiau fel *gwarineb* (yn y llinell 'A serchus iaith gwarineb') iddo ef ei thrwsio, ac yn wir, er bod y pedair llinell gyntaf yn edrych fel pe baent yn rhan o ryw hen ganu, tueddaf i gredu mai ef piau hi fel cân orffenedig.[196]

A throi yrŵan at yr ymadrodd 'Several verses', tybed na ddigwyddodd rhywbeth cyffelyb yn achos cân *gyflawn* T. Soley Thomas sef, dros gyfnod o amser, fod nifer o unigolion (nid rhywun penodol fel Iolo Morganwg, os dyna a ddigwyddodd yn achos 'Bugeilio'r gwenith gwyn') wedi clymu ynghyd gyfres o Hen Benillion, cyflawn ac annibynnol o ran cynnwys (rhai ohonynt), i ffurfio 'cân'? Mewn gwlad lle'r oedd 'Canu Cylch' yn fodd o ddifyrrwch mor boblogaidd, a lle gallai galw ddod ar ddatgeiniad weithiau i gadw at yr un mesur â'i gyd-gystadleuwyr o fewn rownd, e.e., mesur awdl-gywydd, triban neu gywydd deuair fyrion, oni ddisgwyliech i ganeuon o'r fath oroesi? Ac nid yng nghyd-destun Canu Cylch yn unig y gallai hyn ddigwydd, bid siŵr. Roedd digonedd o amgylchiadau'n codi a roddai gyfle i unigolion gynnal Ymrysonau Canu ymysg ei gilydd:

Os wyt ti am ymryson canu
Cais dy stôl ac eista arni,
Mi ymrysonaf tan y bora
Cyn y rhoddaf iti'r gora.[197]

Y pennaf peth a oedd ei angen ar gystadleuydd mewn ymrysonau o'r fath oedd stôr sylweddol o benillion ar gof, ac yna ffwr-â-hi!

O ystyried ein pennill bach ni, 'Tra bo dŵr y môr yn hallt', o'r perspectif blaenorol, gellir yn bur hyderus awgrymu mai pennill agoriadol cyfres o Hen Benillion ar fesur awdl-gywydd ydyw, a bod hynny'n esbonio'r cyfeiriad at 'Several verses'. A bwrw bod hyn yn dderbyniol, mae'r drws yn agored wedyn i'r sawl sy'n caru'r Hen Ganu i lunio ei chân / ei gân ei hun o

182

drysorfa ein Hen Benillion traddodiadol. Byddai'n resyn o'r mwyaf i alaw fach mor hyfryd â hon edwino'n fud ar ymylon ein hetifeddiaeth. Dim ond un digwyddiad a fyddai'n taro'r holl ddyfalu blaenorol yn farw gorn, sef bod rhywun yn rhywle yn y gornel fach hon o'r byd yn darganfod papurau'r casglydd brwd gynt o ffarm Penclun, uwchben Llanidloes, T. Soley Thomas.

Carwriaethau Cynhyrfus

RHAID I'R SINIG suraf gydnabod fod rhywfaint o gynnwrf ynghlwm wrth syrthio mewn cariad, ond mae rhai carwriaethau sy'n fwy dramatig nag eraill a gwyddai'r baledwyr mawr hynny'n dda, cystal bob tamaid yn wir â rhai newyddiadurwyr cyfoes! Dyna'r stwff sy'n gwerthu, ddoe fel heddiw.

Cariad y garddwr

Un stori garu nodweddiadol ddramatig yw honno a gofnodwyd gan J. Lloyd Williams o ganu Daniel Evans, Fourcrosses, ger Pwllheli ym Medi 1924, a'i chyhoeddi yn CCAGC 1930, o dan y pennawd 'Cariad y garddwr'.[198] Gwaetha'r modd, er bod yr alaw yn bod yn ei chyflawnder ym meddwl y canwr, nid felly y faled. Cofiai Daniel Evans y pennill cyntaf yn llawn, y ddau bennill dilynol yn bur dda, ond y gweddill o'r geiriau yn fratiog. Does achos i ryfeddu at hynny chwaith gan fod pob pennill yn cynnwys 32 o linellau, a bod chwe phennill i'r gerdd gyfan.

Pan gwrddai J. Lloyd Williams â sefyllfa o'r fath, ei arfer oedd ceisio cael gafael ar y geiriau gwreiddiol, ond mae'n amlwg na lwyddodd i wneud hynny yn yr achos hwn. Ni wyddai ei ganwr chwaith beth oedd enw'r alaw. Pe byddai'n gwybod gallwn fod yn siŵr y byddai J. Lloyd Williams wedi nodi hynny yn ci nodiadau cefndir i'r gân yn y Cylchgrawn. Gallwn gasglu yn ddigon hyderus, fodd bynnag, y gwyddai'r cofnodydd a'r golygydd profiadol mai'r lle i chwilio am y geiriau oedd ymysg y taflenni baled Cymraeg oedd wedi goroesi blynyddoedd lawer, a'r tebygrwydd yw mai ei ddyfais ei hun oedd y pennawd 'Cariad y garddwr'. Gadawyd felly y broblem o ddarganfod copi o'r faled ac enw'r alaw y cenid y geiriau gwreiddiol arni, i genhedlaeth ddiweddarach.

Nid yw mynd i'r afael â'r broblem yn fater hawdd. Yn un peth, gobaith go wan a fyddai gan ymchwilydd, wrth dyrchu trwy lu enfawr o daflenni baled, yn arbennig rhai hefo elfen storïol gref i'r geiriau, i ddod ar draws pennawd mor daclus â 'Cariad y garddwr' yn eu plith. Fel arfer, nid ymadroddion twt fel yna yw penawdau baledi. Yr hyn a geir yn aml yw 'Baled newydd am ...'. Peth arall, er bod sawl taflen-faled yn cynnwys enw ei halaw, mae'n llawn mor debygol mai dienw ydyw. Mewn achos felly, gobaith yr ymchwilydd yw ei fod yn digwydd gwybod am alaw y gellir canu mydr barddonol y faled broblemus arni. Cysur bychan ar y gorau; gallai hynny fod yn wir am fwy nag un alaw.

Sut bynnag, euthum â'm problem i'r Llyfrgell Genedlaethol a chydag adnoddau a chymorth parod aelodau'r staff cafwyd gafael ar y daflen-faled ganlynol:

CAN DDIDDAN,
Sef Hanes Carwriaeth a Phriodas,
Merch i Farchog o Lundain, a Garddwr
ei thad.
 Cenir a'r 'White Chalk'

Daeth yn amlwg ar unwaith mai gweddillion o'r faled hon oedd y gân a gofnodwyd gan J. Lloyd Williams o ganu Daniel Evans ym Medi 1924. Cadarnheir hynny yn bendant gan nodiadau cefndir y golygydd yn y Cylchgrawn lle mae'n llwyddo i grynhoi'r stori am y garwriaeth yn hynod o lawn, er gwaethaf y ffurf ddarniog ohoni oedd o'i flaen. Serch hynny, y bonws gorau o bosibl, yw bod enw'r alaw (enw annisgwyl iawn) ar gael bellach, ac ar ôl peth o'i hanes hi yr awn i gychwyn.

Enw dieithr i mi oedd 'White chalk' ond nid felly 'White joak', hynny oherwydd fod C. L. Meurig ('Cass Meurig', y crythor campus) wedi trafod peth ar yr alaw honno (a 'Black joac' hefyd) yn ei golygiad disglair o lawysgrif alawon a gynullwyd ynghyd gan y ffidlwr prysur hwnnw o Ogledd-Ddwyrain Cymru yn y ddeunawfed ganrif, John Thomas. Arferai ef ddau fath ar nodiant i gofnodi'r alawon, sef hen nodiant confensiynol ei gyfnod a nodiant byrfoddol o'i ddyfais ei hun. Yn ei lawysgrif rhoes ddwy enghraifft o 'White joak' yn y nodiant byrfoddol ac un arall mewn hen nodiant. Yn ei thro, a hithau yn gweithio ar ei chyfrol ar John Thomas, yr enghraifft hen nodiant ar yr alaw a ddewisodd Cass Meurig i'w chyflwyno.[199]

Enghraifft 56

Beth yn rhagor a ddichon inni wybod am yr alaw hon? Gallwn droi am ateb yn bennaf i gyfrol Cass Meurig, yn benodol at dudalen 169, lle y cawn hi yn cyflwyno sylwadau cefndir i lu o'r eitemau offerynnol yn llawysgrif John Thomas, sy'n cynnwys 526 o eitemau cerddorol.

Ymddengys mai math ar ddawns oedd 'White joak' i alaw anghytbwys ei ffurf, o amseriad 6/8, yn rhannu'n ddwy ran, un yn 6 bar a'r llall yn 10 bar. Am ryw reswm roedd i wahanol 'joaks' enwau 'lliwgar': *white, black, brown, yellow, red,* ac roedd John Thomas yn gyfarwydd ag amrywiadau ar y ddwy gyntaf. Mae'n debyg i 'White joak' gael ei chyhoeddi gyntaf tua 1725, ac fel yn achos rhai alawon dawns eraill, sgrifennwyd geiriau i'w canu arni, gan gynnwys ambell gerdd Gymraeg; ond, yn achos y rheiny, o dan bennawd ychydig yn wahanol. Fel y gwelsom eisoes roedd 'Cân ddiddan' i'w chanu ar 'White chalk', o ganlyniad i ryw gerddor o Gymro gamglywed neu gamddeall y gair 'joak' mae'n debyg. Yna, mewn cyfnod diweddarach, bu Cymreigio pellach, o bosibl er mwyn hawlio mai alaw Gymreig ydoedd yn wreiddiol, a chafwyd ei gweld yn *Alawon fy Ngwlad* o dan yr enw 'Gwyn galch Morganwg'![200]

Dychwelwn yrŵan at 'Cân ddiddan'. Awgryma Cass Meurig fod John Thomas wedi sgrifennu ei lawysgrif yn yr 1750au. Gwyddom ninnau fod J. Lloyd Williams wedi cofnodi fersiwn Daniel Evans yn 1924 – yn fras, ychydig dros ganrif a thrigain o flynyddoedd rhwng y ddau ddigwyddiad. Cwestiwn sy'n rhaid ei wynebu yma yw: a ellir dweud fod y geiriau a ganodd Daniel Evans i J. Lloyd Williams yn rhai y gellir eu canu hefyd i'r alaw ddi-eiriau a chwaraeai John Thomas ar ei ffidil? Er cymhariaeth gweler 'Cariad y garddwr' o'r Cylchgrawn (Enghraifft 57).

Ewch ati, gan ddefnyddio pennill cyntaf cyflawn y gân hon, dyblwch ambell nodyn mewn llinellau o'r gainc, cedwch yn ffyddlon at ei hamseriad, llithrennwch lle bo acennu cywir yn galw am hynny, a chewch fod 'White joak' y ffidlwr yn cynnal eich canu yn hwylus ddigon. Dyna'r math ar addasu y mae'n rhaid i gantorion wrtho yn aml gyda baledi.

Enghraifft 57

Doh: D

O cyd - nes - hewch ieu - enc - tyd di - ddan, Fe bro - fa ar frys fe-
Am le - di lan - deg o dre Lun-den Rodd serch ar lanc o

- wy - llys a - llan, My - ne - ga'r fwyn - lan fel___ y fu.
ar - ddwr mwyn-lan, O wlad y Cym - ru cyw - rain cu.

Merch i far - chog en - wog iawn Ym mhob rhyw gamp - au,
Er hyn mi scorn-iais hwy oll i gyd, Gan wr - thod rhin-wedd

dysg a dawn; Roedd bo - ne - ddig - ion gwlad a thre - fydd___
bon - edd byd Er mwyn rhyw len - cyn hardd o Gym-ro, Mi

Am fy ngha-ru yn ben-naf beu-nydd, Ar fo - reu-ddydd a___phryd-nawn.
ge-fais wy-lo yn hir am - da - no Heb gael go - baith men-dio 'mryd.

Ar ôl bod yn ei garu flwyddyn,
Aeth rhywun at fy nhad i achwyn,
   Fe gafodd glywed hyn yn glir.
Pan glybu 'nhad mewn llid a chyffro,
Danfonodd wŷr i'w brysur bresio
   I fynd i dario 'mhell o dir.
Bûm innau flwyddyn gyfa' gron
A dirfawr friw o dan fy mron;
O, yn fy ngwely yr o'n i'n wylo,
Gan gofio'n dyner o hyd amdano,
   Yn ffaelu â rhodio'r ddaear hon.

A phan y dois i fedru codi
O'm cul adwyth a'm caledi,
   Heb neb i'm llonni ar y llawr,
Ar ryw ddiwrnod i'r stryd y teithiais,
A siwt o ddillad llongwr brynais –
   Mentro i'r harbwr wnes i 'nawr.
'Roedd yno long dan hwyliau'n glir,
Am rowndio draw drwy'r India dir;
Gofynnais iddynt pwy wlad y gwnânt forio,
Atebai'r capten mai tua Jiwmeco
   Y gwnâi ef deithio cyn bo hir.

......

Ymhen y naw diwrnod, y *French* a ddaeth atom,
Ac ymladd yn g'lonnog a wnaeth y gelynion,
   I'r carchar yn union yr awd â ni.

......

Ac wrth lanio ar lan môr Dofar,
Cyfarfu mi â'm cymwys gymar
   Ar ôl bod yn y carchar cul.

Pan glybu 'nhad yn Llunden dre
I ni briodi yn llon ein lle,
Yn lle coelio Duw a'i ddoeth orchmynion,
Fe goeliodd y gelyn wrth bob rhyw argoelion,
   A thorrodd ei galon greulon gre'.

Ces innau ar ei ôl y cyfan
O'i holl dai a'i diroedd llydan,
   Aur ac arian wiwlan wedd;
A chael fy annwyl gariad hyfryd
A meddu ystad fy nhad a'i olud
   Tra bôm yn y byd tu yma i'r bedd.

......

Lle byddo dau yn cywir garu,
'Does dim a rwystra i'r rhain briodi
   Ond angau chwerw, ing a chur.

Wrth dynnu'r ymdriniaeth hon i ben rhaid atgynhyrchu'r gerdd sy'n adrodd yn llawn am garwriaeth y Ladi o Lundain a'r Garddwr o Gymru ond, cyn gwneud hynny, gair am y prydydd a'i sgrifennodd. Ar ddiwedd y gerdd argraffwyd y llythrennau: 'Y. MEI'. Cyfeiriant at un o brif faledwyr y bedwaredd ganrif ar bymtheg, sef Owen Griffith ('Ywain Meirion'; 1803?–68). Os am ei hanes mae llyfr diddorol amdano gan Tegwyn Jones, *Baledi Ywain Meirion*, sy'n cynnwys detholiad o'i faledi, nodiadau cefndir iddynt ac esiamplau o alawon i ganu rhai ohonynt.[201] Dyma 'Cân ddiddan':

Cydneswch ieuenctid diddan,
Rhof ar frys fy 'wllys allan,
Mynegai yn fwynlan fel y fu;
Am Ladi landeg o dre' Lundain,
Roes i serch ar langc o arddwr mwynlan,
O wlad y Cymru, cywrain cu,
Merch i Farchog enwog iawn,
Yn mhob rhyw gwmni parch a gawn,
Roedd boneddigion gwlad a threfydd,
Am fy ngharu yn benaf beunydd
Ar foreuddydd a phrydnawn;
Er hyn mi a'u sgorniais hwy i gyd,
Gan wrthod rhinwedd bonedd byd,
Er mwyn yr impyn hardd o Gymro,
Mi gefais wylo yn hir am dano,
Heb gael gobaith mendio 'myd.

[Ar ol] bod yn ei garu am [flwyddyn]
[Aeth rhywun at fy] Nhad i [achwyn]
Fe gafodd glywed hyny yn glir
A Nhad pryd hyn mewn llid a chyffro,
Anfonodd wyr i'w brysur bresio,
I fynd i dario yn mhell o dir;
I fynd yn llwyr dros gefnfor llaith,
Yn was i'r Brenin fyddin faith,
Ar fwrdd y *Man of War* i'r India,
Dros y deyrnas i ryfela,
Cychwyna y dewraf ddyn i'w daith,

Bum inau flwyddyn gyfan gron,
A dirfawr friw o dan fy mron
Yn fy ngwelu'r oeddwn yn wylo,
Gan gofio'n dyner o hyd am dano,
Yn ffaelio rhodio'r ddaear hon.

A phan ddois i fedru codi,
O'm cul adwyth a'm caledi,
Heb neb i'm lloni ar y llawr,
Ar ryw ddydd i'r street mi gerddais
A siwt o ddillad llongwr prynais
A mentro i'r Harbour wnes yn awr
Mi welwn long dan hwyliau clir,
Am droi i ffordd o Loegr dir,
Gofynais i Ba le 'rych yn morio
Atebai'r Captain tua Jeme[co]
[.....]ni am hwylio cyn bo [...]
[............bwrdd...........]
Ae'r llong i'r môr o flaen gwynt ffri,
Ym mhen naw diwrnod y ffrench ddaeth atom,
Ac ymladd yn g'lonog wnai'r gelynion,
I garchar yn union aed a ni.

Nid oedd ond pymtheg gwr o'r pumcant
A rhain tan glwyfau tost fel tystiant,
O'n gwyr trwy fwyniant oll yn fyw,
A finau'n dweyd, Os byth caf i ryddid,
Amgylchai 'r byd a chwilio am fanwylyd,
A hyn 'rwy'n dweyd trwy gymorth Duw
Er mwyn y ffraethwyn lengcyn ffri,
Cwmpasu'r byd yn fwyn wnaf fi,
Trwy Asia faith, ac Ewrop fwynaidd,
Affrica America a'u mawredd,
A gwlad yr India brafia ei bri,
Deill haiarn dwys na chlaion dur,
Ddim rhwystro cariad bwriad pur,
Os trefnodd Duw ef im'n briod
Fe ddaw tros foroedd i'mi gyfarfod,
Er dioddef trallod hynod hir.

Rol bod mewn carchar bedair blynedd,
Fe ddaeth yn heddwch mwynaidd hafaidd
Rhwng Ffraingc a Lloegr hardd o hyd,
Ac wrth landio ar lan mor Dover,
Cyfarwn i am cariad hawddgar,
Ar ol bod yn y carchar cyd
Roedd yntau newydd landio'n glir;
'Rol roundio draw trwy'r India dir,
A gwlad Jemeca hardda ei hurddas,
Ni aem ein dau trwy gariad gwiwras,
Yn glau mewn glan briodas glir,
Pan glywai Nhad o Lundain dre
Ini briodi'n llon ein lle,
Heb wrando ar Dduw, o'i ddoeth orchmynion,
Ond coelio'r gelyn, wrth bob angelion.
Fe dorai ei galon greulon gre.'

    Ces inau ar ei ol yn gyfan,
Ei holl dai a'i diroedd llydain,
Aur a'i arian wiwlon wedd.
A chael fy anwyl gariad hyfryd,
A meddu ar stat fy Nhad a'i olud,
Tra bom yn y byd tu yma i'r bedd,
A byw mewn cariad clymiad clir,
Tra paro ein dyddiau'n dau ar Dir,
Tra byddo Dau yn cywir garu,
Does dim eill rwystro rhain briodi,
Ond angau chwerw ing a chur,
Ienctyd mwynion wiwlon wen,
Trwy Gymru bach am byth fo'n ben.
Pob Mab a Lodes lan trwy'n hollwlad
Gwnaed pawb gyweirio'n deg a'i gariad
Dyma'n dymuniad oll Amen. Y.MEI

Erys un mater y dylid cyfeirio ato, sef perthynas y tair cainc
y cyfeiriwyd atynt hyd yma, sef 'White joac' (y ddeunawfed
ganrif), 'Gwyn galch Morganwg' (y bedwaredd ganrif ar
bymtheg) a 'White chalk' (yr ugeinfed ganrif). Gyda'i gilydd
ffurfiant un teulu alawol – perthynant yn bur agos i'w gilydd

dros dair canrif. Eithr mae un alaw arall sy'n arddel yr un enw fwy neu lai, ac a gofnodwyd yn negawdau cynnar yr ugeinfed ganrif: 'Y pridd-galch gwyn' neu 'The old white chalk'. Deuthum ar ei thraws mewn casgliad o 'Folk Songs' ymysg papurau J. Lloyd Williams.[202] Yn ôl a ddywed Lloyd Williams, anfonwyd y casgliad i gystadleuaeth eisteddfodol 'yn rhywle', a hynny o dan y ffugenw 'Devinos'. Yr unig beth ychwanegol a wyddom amdano yw ei fod wedi casglu ei dair eitem ar ddeg yn ardal Y Bala, 'from the families of Llanuwchllyn and Llangywer'.[203] Un o ddiffygion 'Devinos' oedd ei grintachrwydd, ymddangosiadol o leiaf, i gynnwys geiriau gyda'r ceinciau a gofnododd, ac mae hyn yn arbennig o wir yn achos 'Y Pridd-galch gwyn' (rhif 9 yn y casgliad), gan yr ymddengys honno ar yr olwg gyntaf arni yn rhy fyr i byncio, er enghraifft, fydr cymhleth baled Ywain Meirion arni. Dyma'r wedd sydd arni yng nghasgliad 'Devinos'.

Enghraifft 58

Soniais yn gynharach am anhawster a gaiff cantorion weithiau i ganu ambell gerdd faled ar gainc y nodir yn benodol ei bod yno ar gyfer gwneud hynny. Awgrymais wedyn, yn gyffredinol iawn rhaid cyfaddef, bod rhai mân newidiadau y gellid eu gwneud a fyddai'n datrys yr anhawster. Yn unol â'r ymadrodd – y meddyg, iachâ dy hun – euthum ati i weld a allwn addasu pennill cyntaf cerdd yr hen faledwr o Feirion ar gyfer canu cainc 'Y Pridd-galch gwyn'. Dyma a ddigwyddodd, yn bennaf trwy ddyblu nodau yma ac acw, a chan ddyblu ail hanner yr alaw (nid yw hynny wedi'i nodi yn fersiwn 'Devinos').

Enghraifft 59

Doh: G

Cyd - ne - sewch ieu - enc - tid di - ddan, Rhof ar frys_ fy
Am la - di lan - deg o dre' Lun - dain, Roes i serch ar langc o

'wy - llys a - llan, My - ne - gai yn fwyn - lan fel__ y fu;
ardd - wr mwyn-lan, O wlad_ y Cym - ru, cy - wrain cu,

Merch i far - chog en - wog iawn, Yn_ mhob rhyw gwm - ni
Er hyn mi a'u sgorn-iais hwy i gyd, Gan wr - thod rhin-wedd

parch a gawn, Roedd bo - ne - ddig - ion gwlad a thre - fydd,
bon - edd byd, Er mwyn yr im - pyn hardd o Gym-ro, Mi

Am fy ngha-ru yn be-naf beu-nydd Ar fo - reu - ddydd a__phryd-nawn;
ge-fais wy - lo yn hir am da - no, Heb gael go - baith mend - io 'myd.

Ond, ac mae'n OND pwysig, nid yw cainc 'Y Pridd-galch gwyn' neu 'The old white chalk' yn aelod o'r 'teulu alawol' o dair cainc y cyfeiriwyd ato sbelan fer yn ôl. Nid yw yn *amrywiad* ar unrhyw un ohonynt. Yr unig beth sy'n gyffredin rhyngddi hi a'r teulu yw enw cyffelyb. Ni wn beth sydd i'w gyfrif am hynny. Rhaid ei gadael ar hynny.

Y ferch o'r Bedlam

Gair o esboniad ar y pennawd i ddechrau. Llygriad yw 'Bedlam' o'r gair 'Bethlehem' yng nghyd-destun enw priordy 'Saint Mary of Bethlehem' a sefydlwyd yn Llundain yn ystod y drydedd ganrif ar ddeg. Yn 1547 fe'i trowyd yn wallgofdy. Erbyn hyn defnyddir 'bedlam' gan Saeson a Chymry fel ei gilydd i ddisgrifio sefyllfaoedd a digwyddiadau cwbl anhrefnus a swnllyd.

Yn achos y ferch yn y gân hon, fodd bynnag, golyga ei bod hi yn llythrennol gaeth mewn ysbyty meddwl a hynny, yn y pen draw, oherwydd bod ei thad wedi gorfodi ei chariad i fod yn forwr a hithau o ganlyniad wedi colli'i phwyll o dan bwysau'r rhwyg anorfod rhyngddi a'i hanwylyd. Trwy'r cyfan fodd bynnag deil i'w garu oblegid gŵyr ei fod o yn ei charu hi. Ymhen amser daw'r carwr yn ôl i Brydain. Wrth basio Bedlam fe'i clyw yn datgan ei chariad tuag ato, aiff yntau ati i'w rhyddhau o'i chaethiwed, a daw eu byd yn ôl i'w le iddynt, er gwaethaf gweithred ysgeler y tad.

Yn ddiamau, cân o du draw i'r Clawdd yw hon. Gall fod ei ffynhonnell yn Lloegr, Iwerddon neu'r Alban ond, yn bendant, daeth yn boblogaidd iawn drwy holl wledydd Prydain, yn enwedig o'r ddeunawfed ganrif ymlaen. Goroesodd o leiaf 14 taflen faled o'r gerdd yn ein plith ni'r Cymry, gyda rhai ohonynt yn amrywio peth o ran cynnwys, y mwyafrif yn ddwyieithog eu ffurf, ac heb enw awdur wrth gwt unrhyw un ohonynt. Cofnodwyd hefyd gynifer â hanner dwsin o geinciau ar gyfer cyflwyno'r stori galonrwygol, gyda rhai o'r rheiny yn amrywiadau o'i gilydd. Tair ohonynt yn unig sydd heb eiriau yn gysylltiedig â nhw; sef un o lawysgrifau Llewelyn Alaw, un yn *Alawon fy Ngwlad* (dan y pennawd 'Y ferch fach'), a'r drydedd yn llawysgrifau J. Lloyd Williams.[204] O'r tair cainc sydd â geiriau ynghlwm wrthynt nid oes ond un sydd yn cynnal cân gyfan, a thrown at honno ar unwaith. Dyma'r gerdd fel y mae yn *Caneuon Serch Hen a Diweddar*.

Enghraifft 60

Pan oeddwn maes yn rhodio
　　Foreuddydd yn yr haf,
Fe glywn y Ferch o'r Bedlam
　　Yn tiwnio'n felys braf;
Ac er fod dwylaw Gwen yn gaeth,
　　Mewn hiraeth d'wedai hi,
"Mi gara 'nghariad yn driw i dre',
　　Gwaith fe a'm carodd i."

Pan oeddwn i'n dod adref,
  Rhyw noswaith olau glir,
At dŷ fy annwyl gariad,
  'Dwy'n dwedyd ond y gwir,
A phasio y gwallgofdy,
  Mi glywn ei hochain hi,
"Fy nghariad bach a garaf fi,
  Gwaith fe a'm carodd i."

I'r môr fe aeth fy nghariad,
  O achos gwaith fy nhad,
A minnau drow'd i'r Bedlam
  Mewn gobaith cael gwellhad;
Arhosaf yno er ei fwyn,
  Mor fodlon byddaf fi,
Mi gara 'nghariad yn driw i dre,
  Gwaith fe a'm carodd i.

Os boddi wna fy nghariad,
  O fewn i'r moroedd cain,
Gobeithio tafl y tonnau ef
  I Sgotland, Ffrainc, neu Sbaen;
Cael gorwedd rhwng ei freichiau ef,
  Mor fodlon byddaf fi,
Mi gara 'nghariad yn driw i dre,
  Gwaith fe a'm carodd i.

O ti yw f'annwyl Poli,
  A'th wallt â'i olwg gwyn,
Fy annwyl gariad, O paham
  Yr y'ch chwi'n gofyn hyn?
'Rwy'n dod i ddweud y cyfan,
  Mawr helynt gawsom ni;
Mi gara 'nghariad yn driw i dre,
  Gwaith hi a'm carodd i.

(i) Yn ei sylwadau cefndir i'r gân dywed J. Lloyd Williams iddo ddod ar ei thraws mewn casgliad bychan o ganeuon gwerin a anfonwyd i gystadleuaeth yn un o Eisteddfodau Coleg

Aberystwyth gan rywun o dan y ffugenw 'Mynwy'. Yn ei dro, carai yntau'r golygydd wybod pwy yn union oedd y casglydd hwn, pwy y canwr, ac ymhle y casglwyd y gân ar y ffurf hon iddi. Yna ychwanega fod y *gerdd* wedi ei chodi ganddo o *Caneuon Serch Hen a Diweddar*,[205] ac iddo gywiro camgymeriadau amlwg yn rhai o'i geiriau ac ail-drefnu peth ar rediad ei phenillion. Golyga hynny mai â cherdd *brintiedig* ddiwygiedig yr ydym yn ymwneud yma, nid â cherdd a gofnodwyd gan 'Mynwy', y casglydd gwreiddiol. Tybed yn wir a oedd y casglydd wedi cynnwys geiriau 'Y ferch o'r Bedlam' yn ei gasgliad bychan o gwbl ac mai'r gainc a'i phennawd yn unig a welodd J. Lloyd Williams? Yr un pryd, efallai, gwyddai'r golygydd am y gerdd yn *Caneuon Serch Hen a Diweddar* ac iddo benderfynu ei dwyn ynghyd ag un o'i cheinciau er mwyn medru cyhoeddi cerdd gyfan yn y Cylchgrawn. Neu efallai fod 'Mynwy' *wedi* cynnwys yr un pennill hwn yn ei gasgliad am mai hwnnw oedd yr unig un a wyddai, neu a glywodd ei ganu gan rywun. Yn y cyfamser, gwaetha'r modd, y cyfan y gallaf fi dystio iddo yw na lwyddais i ddarganfod casgliad 'Mynwy' ym mhapurau J. Lloyd Williams.

(ii) Ffurf anghyflawn ar y gân oedd yr un a gofnodwyd gan Ruth Herbert Lewis yn ystod taith gasglu caneuon gwerin yn ardal Llandysul ym Mehefin 1913. Yn gwmni iddi roedd Annie Ellis (gweddw T. E. Ellis, Aelod Seneddol Meirionnydd, un o arweinwyr amlycaf Mudiad Cymru Fydd), a Mary Hughes, myfyriwr ar y pryd yng Ngholeg Prifysgol Cymru, Aberystwyth, dwy a arloesodd y ffordd i fenter Ruth Lewis a'i ffonograff – teclyn a godai arswyd ar rai datgeiniaid![206] Eithr er gwaethaf ambell fethiant, cafwyd cynhaeaf addawol. O fewn dim amser roedd peth o'r cynnyrch yn nwylo J. Lloyd Williams, gan gynnwys fersiwn anghyflawn Ruth Lewis. Mae'n debyg mai ei phroblem hi oedd natur y canwr; ni châi ganddo ond dau bennill cyntaf fersiynau Cymraeg a Saesneg y faled. Fe'i disgrifiodd fel 'a very disagreeable old party from Llandyssul'; dro arall fel 'a crusty old man'! Erbyn i'r gân gyrraedd CCAGC, y pennill Cymraeg cyntaf yn unig a gynhwyswyd gan J. Lloyd Williams; wedi'r cyfan mae fersiwn cyfan o'r gerdd i'w gael ychydig ddalennau'n gynharach.[207]

(iii) Anghyflawn hefyd yw'r cofnod diweddaraf o'r gân yng Nghymru. Digwyddodd hynny ym mhentref Sain Ffagan pan ganwyd hi gan Tom Lewis i Vincent Phillips (a'i recordiodd) yn 1955. Trwy garedigrwydd fy nghyfaill Roy Saer y clywais am y recordiad hwn yn archifau Amgueddfa Werin Cymru. Fo a'm hysbysodd fod Tom Lewis wedi ei eni yn 1864 a threulio gweddill ei oes yn ne-ddwyrain Morgannwg, mai cwympwr cocd oedd wrth ei alwedigaeth ac na chofiai o ble y daeth y gân iddo. Gan Roy hefyd y ces wybod bod Vincent Phillips ar y pryd yn ymchwilydd yn Adran y Gymraeg yng Ngholeg Prifysgol Cymru, Caerdydd. Yn ddiweddarach wrth gwrs cyfrannodd yn helaeth i ddatblygiad yr Amgueddfa Werin ac mae ei ddiddordeb dwfn yn nhafodieithoedd y Gymraeg i'w weld yn amlwg yma yn ynganiad Tom Lewis o eiriau'r faled:

Pan own i mas yn r(h)odio
Pwy ddwarnod yn yr (h)af
Mi glywn y ferch o'r Bedlam
Yn tiwnio'n felus braf:
  'Os gwella (w)nawn i yma'n r(h)wym,
Mor hapus fyddwn i;
O, mi gara' ng(h)ariad triw i dre
Gwaith ynte a 'ng(h)arodd i.

'Y ng(h)ariad a(e)th yn *sailor* nawr
[O waith] geirie croes ei dad,
A finna dro(e)n i'r Bedlam
I drio ca(e)l gwell(h)ad.
Os gwella ...

Os boddi (w)naeth fy ng(h)ariad nawr
Odd(i)-miwn i'r moroedd maith,
Gob(e)ithio tafl y tonnau o'
I Sgotland, *France* neu Sbaen;
... gorweddwn rhyng ei ddwy fraich,
Mor hapus ... '

My love has turned a sailor,
For his father proved unkind,
And I am sent to Bedlam
To reconcile my mind,
And if (h)e do return again
How happy then I'd be,
I love my love because I know
My true love did love me.

Enghraifft 61

Roedd Tom Lewis yn 91 mlwydd oed pan ganodd y geiriau hyn i Vincent Phillips ac nid cwbl annisgwyl yw fod canu'r henwr, yn enwedig yn y ddau bennill cyntaf, yn bur ansefydlog ei donyddiaeth a'i amseriad.[208] Erbyn y trydydd mae'n llawer mwy unffurf. O ystyried mai hwn, hyd y gwyddys, yw'r cofnod diweddaraf o'r gân yng Nghymru, credaf ei fod yn werth ei gael mewn print. Gyda llaw, yr unig beth a hawlir am yr adysgrifiad yw ei fod yn weddol agos at yr hyn oedd gan Tom Lewis yn ei feddwl wrth ganu'r gân.

Gair byr i gloi am berthynas gyffredinol y chwe alaw â'i gilydd. Yn gynharach nodais fod rhai ohonynt yn ffurfio teulu alawol bychan. Awgrymaf fod rhai Ruth Lewis, Llewelyn Alaw a Nicholas Bennett felly. Am y tair arall, sef eiddo Mynwy, Tom Lewis, a'r un a geir ym mhapurau J. Lloyd Williams, dichon fod digon o nodweddion arwyddocaol ym mhob un ohonynt i'w hystyried ar wahân. O'r cyfan ynghyd alaw y 'crusty old man', chwedl Ruth Lewis, yn unig a ganwyd yn y modd re! Sychlyd neu beidio, diolch iddo am alaw hyfryd.

Fy ffrindia i gyd

Sut y daeth cân hefo'r pennawd hwn arni i law J. Lloyd Williams? Mae'r ateb i'w gael mewn un pwt o bennill pedair llinell y clywodd ei chwaer yng nghyfraith, Ann Jones o Gricieth, yn ei ganu iddo ym mlynyddoedd cynnar ei brofiad fel casglwr caneuon llafar. Fe'i cyhoeddodd yn rhifyn cyntaf CCAGC yn 1909.

> Merch ifanc o'n ben boreu
> Gwraig ifanc ganol dydd
> A chyn y nos yn weddw,
> A'm calon fach yn brudd.[209]

Gyda llaw, mae'n amlwg y credai'n gryf mewn cynaeafu ymysg ei deulu ei hun o'r cyntaf: ei dad a rhai o'i frodyr; ei chwaer a'i gŵr hithau, W. H. Williams, yn arbennig; ei wraig a'i chwaer yng nghyfraith. Gan ei mam y dysgodd Ann y pennill.

Y pennawd a roed i'r darn hwn o gân yn y Cylchgrawn oedd 'Merch ifanc o'n ben boreu' ond does wybod pwy oedd yn gyfrifol am hynny. Efallai'r fam, efallai'r ferch, efallai rhywun o'r tu allan, efallai'r golygydd. Yn sicr, nid er mwyn plesio'r teulu nac oherwydd prinder deunydd ar gyfer cyhoeddi. Yn ei Ragymadrodd dadlennol i'r rhifyn pwysleisia'r golygydd fod ganddo lu mawr o esiamplau i ddewis ohonynt ac yn ei nodyn cefndir i'r gân hon *natur yr alaw* sy'n mynd â'i sylw yn llwyr. Roedd am i rifyn cyntaf y Cylchgrawn gynnwys esiamplau o wahanol fathau ar alawon a chaneuon gwerin. Math felly oedd ganddo mewn golwg yma, sef alawon sy'n gymysgedd o wahanol donyddiaethau *o fewn yr un alaw* – yn yr achos hwn, A leiaf a'r modd re. Ystyriai fod cymysgu tonyddiaethol o'r math hwn yn nodweddiadol o nifer o'r hen alawon. Sylwer yn arbennig nad yw'n dyfalu dim yn y nodyn cefndir am gyddestun posibl y geiriau.

Dros rai blynyddoedd cadwodd ei glustiau'n agored am enghraifft arall o alaw Ann Jones yn y gobaith mae'n debyg yr arweiniai hynny ef at gân gyfan y byddai pennill Ann yn rhan ohoni, ond yn ofer. Yn wir, cafodd rywfaint o lwc. Trwy garedigrwydd cydnabod iddo cafodd afael ar *amrywiad* o'r alaw eithr, gwaetha'r modd, nid oedd ond un llinell o bennill ynghlwm wrth yr amrywiad hwnnw, gyda'r llinell honno heb unrhyw gysylltiad ymddangosiadol â phennill ei chwaer yng nghyfraith.

Aeth o gwmpas i chwarter canrif heibio cyn i bethau ddisgyn i'w lle. Yn 1925 cyhoeddwyd wythfed rhifyn y Cylchgrawn, ac yn hwnnw ymddangosodd cân a dderbyniodd J. Lloyd Williams oddi wrth Grace Gwyneddon Davies, un o gasglyddion gweithgar y Gymdeithas a chyda'i gŵr, Robert Gwyneddon Davies, ymhlith cymwynaswyr mawr y cyfnod cynnar.[210] Ar Fôn a Llŷn y canolbwyntiai Grace Gwyneddon Davies ei sylw fel casglydd ac Owen Parry, Dwyran, oedd ei phrif ganwr ym Môn. Ganddo fo y clywodd bedwar pennill o'r faled 'Fy ffrindia i gyd'. Ar y pryd ni freuddwydiai y byddai ei darganfyddiad diweddar o faled ddarniog yn rhoi gwefr arbennig i'r golygydd a gefnogai mor frwd. Gwyddai'r gŵr hwnnw yn ei dro yn union beth i'w wneud hefo dryll o faled: dod o hyd i gopi cyfan ohoni os yn bosibl. Gwyddai hefyd mai Prifathro Coleg Prifysgol Cymru, Aberystwyth, J. H. Davies, oedd yr awdurdod pennaf ar lên baledi yng Nghymru ar y pryd. O'i holi cafodd fod copi o'r faled dan sylw gan y Prifathro, wedi ei argraffu gan Ishmael Davies, Trefriw, tua 1795. Ymddengys iddo gael benthyg y copi hwnnw a dyna pryd y gwelodd ffurf ar y pennill a ganodd Ann Jones iddo flynyddoedd ynghynt. Rhoes y gân hon gyd-destun ystyrlon i'r geiriau.

Enghraifft 62

Nid oedd hi ond merch ifanc
Oedd efo'i mam a'i thad,
A minne oedd yn ei charu
Yn wir ni cheisiai wad.
O fodd ei ffrins mi cowswn
Yn rhwydd heblaw ei thir,
Deunaw punt yn flwyddyn,
A dwedyd i chwi'r gwir.

Y fi oedd yn ei charu
Yn bennaf un drwy'r byd,
A hi'n fy ngharu inne
Dygaswn i o hyd.
Fel 'roedd y byd yn ffeilsion
A rhai yn gweitio'n gall
Fe'i rhoed i fatshio ag arall
A minne fu'n anghall.

Pan wybum inne hynny
Fy mod yn byw mor ffôl
Mi aethum ar fy nghyfer,
Yn union rhyngwi a'r môr
Ffarwel fo i'r merched ifanc
Cwmpeini glân ar fron;
Ni choelia'r un a aned –
Waith altrodd meddwl hon.

Pan eis i gynta i Harbwr
I fysg y llongau mawr,
Yn ddigon trwm fy nghalon;
Er llwyted oedd fy ngwawr,
Cytuno wneis â'r Capten
I galyn llong o hyd,
O waith y fu anwyla
A gerais i drwy'r byd.

Bum felly bedair blynedd
Ac ar y cefnfor glas,
Heb un o'm ffrinie i glywed
Na gweled monai ar faes
Yn ffaelio cael dim iechyd
Na 'smwythdra, ddydd na nos,
Yn ferch a gerais fwya
Rhoes imi chwerw loes.

Pan awn i gynta i'm gwely
Ar feder cysgu awr,
Rôl bod yn gweithio'n galed
I roi fy mhen i lawr,

Mi a'i gwelwn â'm dau lygad
Rhwng fy neufraich i:
Wrth feddwl am ei glendid
Hi ddwg fy mywyd i.

Ymhen y pedair blynedd
Y llong a landie i dre.
I fewn i dir y daethon –
Does achos henwi ple;
Ac un o'm ffrins a ddwede
Pan ddown i gynta i dir
'Chen gariad chwi sy'n widw
A'i dwylo bach yn rhydd.

'Ped fasech well y'ch 'mynedd
Ag aros dipyn bach
Mi allasech dario gartre
Yn wr â chalon iach;
Merch ifanc oedd hi'r bore,
Gwraig briod ganol dydd,
A chyn y nos yn widw,
A'i dwylo bach yn rhydd.

O gwbwl barch i'r Capten
Ond pwy ddoe gynta i'r ty
I 'mofyn llong o'r India
Ond fy hen gariad i;
A minne a neidiais ati
Mor llawen ac mor ffri
O falchter gweld f'anwylyd
I safio 'mywyd i.

Os cefais afael arnat
A'th ddwylo bach yn rhydd,
Mae 'nghalon i yn llawnach
Nag y bu hi ers lawer dydd.
Nid oes na dur na haearn
Nag undyn chwaith ar faes,
A'n tro ni oddiwrth ein gilydd
Nes delo'r ange glas.

Duw dalo i'r hen gleceinod
Sy'n tramwy fore a hwyr,
Yn cario rhwng cariade,
Heb neb yn ceisio i swydd.
Y rheini a geiff eu coelio
A'u clep a'u clip o hyd,
Ond dyna swydd y rheini
A'u sifft at fyw'n y byd.
Os gofyn neb yn unlle
Pwy lunie'r faled hon,
Rhowch ateb gweddol iddo,
Mai mab a chalon drom,
O hiraeth am ei feingan,
Ag rwan mae o'n iach:
.... lle i'w enaid
Pan basio'r bywyd bach.

Serch hynny, fel y sylwodd y golygydd yn ei nodyn cefndir i'r faled, nid yn yr union un ystyr.[211] Ym mhennill Ann, y ferch ei hun sydd yn siarad amdani'i hun: 'Merch ifanc o'n ben boreu / Gwraig ifanc ganol dydd / A chyn y nos yn weddw / A'm calon fach yn brudd'. Yn y faled rhywun arall sy'n sôn amdani: 'Merch ifanc oedd hi'r bore, / Gwraig briod ganol dydd / A chyn y nos yn widw, / A'i dwylo bach yn rhydd'. Dau bennill sydd yma mewn gwirionedd; un yn mynegi profiad trist merch ifanc a'r llall yn disgrifio sefyllfa merch ifanc sy'n teimlo rhyddhad, ond mae perthynas agos, amlwg rhyngddynt.

I'r gwrthwyneb, nid felly y berthynas rhwng alawon 'Merch ifanc o'n ben boreu' a 'Fy ffrindia i gyd'. Mae'r rheiny yn gwbl annibynnol ar ei gilydd a chroesawyd alaw newydd y faled yn fawr gan y golygydd. 'This quaint melody,' meddai, 'with the curious leaps to the subdominant (a frequent characteristic of Welsh folk-tunes) and its changing, but well-fitting rhythms, is evidently old.'[212] Yr hyn sy'n nodweddiadol o geinciau gwerin Cymreig – roedd ei glustiau'n agored bob amser i nodweddion o'r fath, fel y tystia sawl nodyn cefndir yn y Cylchgrawn. Mae yn llygad ei le hefyd yn disgrifio'r alaw fel un od, anarferol, a hynny, dybiwn i, oherwydd rhai o'i rhythmau newidiol, ond go brin eu bod bob amser yn 'well-fitting'. Gellir dweud bod hyn yn wir am gyfatebiaeth gytbwys rhwng nodiant cerddorol ac acenion geiriau y pennill cyntaf (yr alaw a'r geiriau ar bapur), eithr wrth symud o bennill i bennill yn y gerdd gyfan, ni all canwr gadw'n ddi-feth wrth y patrwm hwnnw heb gam-acennu weithiau. Caiff ei hun yn gorfod cywasgu sillafau, dyblu neu dreblu nodau, cael gwared ar ambell un, ac ati. Cadw at batrwm acennog geiriau'r faled a ddisgwylir iddo'i wneud os yw 'am ganu Cymraeg go iawn'.

Nodiadau

CCAGC: Cylchgrawn Cymdeithas Alawon Gwerin Cymru

Pennod 1: Deisyf Cariad

[1] Wyn Thomas, ' 'Ffarwel i Aberystwyth...': golwg ar gyfraniad Jennie Williams (1885–1971) i fyd yr alaw werin yng Nghymru' yn *Cynheiliaid y Gân: ysgrifau i anrhydeddu Phyllis Kinney a Meredydd Evans* (Caerdydd, 2007), t. 251–79 a 280–96. Am daith gasglu Ruth Lewis ac Annie Ellis gweler hefyd Kitty Idwal Jones, 'Adventures in Welsh folk-song collecting', *Welsh Music/Cerddoriaeth Cymru*, cyfrol 5, rhif 5, Gwanwyn 1977, 33–52.

[2] CCAGC 3/1 (1930), t. 80–1.

[3] Am Bob Roberts a Llwyd o'r Bryn gweler *Y Bywgraffiadur Cymreig 1951–70* (Llundain, 1997), hefyd ar-lein: bywgraffiadur.cymru

[4] Peter Kennedy (ed.), *Folksongs of Britain and Ireland* (London: Cassell, 1975), rhif 66.

[5] CCAGC 3/1 (1930), t. 24–5.

[6] *Folksongs of Britain and Ireland*, rhif 52.

[7] CCAGC 4/2 (1951), t. 53.

[8] Meredydd Evans, *Canu Jim Cro* (Darlith Goffa Amy Parry-Williams, Cymdeithas Alawon Gwerin Cymru, 1990); adargraffwyd yn Ann Ffrancon a Geraint H. Jenkins (gol.), *Merêd: detholiad o ysgrifau Dr. Meredydd Evans* (Llandysul: Gomer, 1994), t. 288–316.

[9] David de Lloyd (gol.), *Forty Welsh Traditional Tunes* (London: Rowland's, 1929), t. 31.

[10] CCAGC 4/2 (1951), t. 62.

[11] CCAGC 4/3 (1953), t. 83.

[12] Cass Meurig (ed.), *Alawon John Thomas: a fiddler's tune book from eighteenth-century Wales* (Aberystwyth: Llyfrgell Genedlaethol Cymru, 2004), rhif 249.

13   John Parry, *British Harmony, being a collection of antient Welsh airs* ... (London: John Parry, 1781), rhif 30.

14   T. H. Parry-Williams (gol.), *Llawysgrif Richard Morris o Gerddi* (Caerdydd, 1931), t. 104–07.

15   Edward Jones, *Musical and Poetical Relicks of the Welsh Bards*, 2nd ed., corrected (London, 1805), t. 164.

16   CCAGC 4/3 (1953), t. 83.

17   Llyfrgell Genedlaethol Cymru, llawysgrif NLW 1940Aii, *Pêr Seiniau Cymru*, ff. 89v–90r.

18   Thomas Parry, *Baledi'r Ddeunawfed Ganrif* (Caerdydd, 1935), t. 150.

19   CCAGC 1/3 (1911), t. 131.

20   Lady Herbert Lewis, *Second Collection of Welsh Folk-Songs* (Wrexham; Cardiff: Hughes & Son; The Educational Publishing Co., 1934), rhif 2.

21   CCAGC 3/4 (1941), t. 186.

22   John Owen (Owain Alaw), *Gems of Welsh Melody* (Rhuthun: Isaac Clarke, [1860–4]), t. 168.

23   *Cerddor y Tonic Sol-ffa* 3 (1871), t. 17–18.

24   Phyllis Kinney, Meredydd Evans (gol.), *Canu'r Cymry II* (Cymdeithas Alawon Gwerin Cymru, 1987), rhif 18.

Pennod 2: Moli'r Cariad

25   CCAGC 1/4 (1912), t. 166–7.

26   John Howell, *Blodau Dyfed ... a gyfansoddwyd gan Feirdd Dyfed* (Caerfyrddin: J. Evans, 1824), t. 399–401, 'Canmoliaeth merch, a chwynfan ei chywir garwr'.

27   Llyfrgell Genedlaethol Cymru, llawysgrif NLW 1940Ai, *Melus-Seiniau Cymru*, f. 183r.

28   T. H. Parry-Williams (gol.), *Hen Benillion* ([Aberystwyth]: Gwasg Aberystwyth, arg. newydd, 1956), rhif 468; W. Jenkyn Thomas, *Penillion Telyn* (Caernarfon: Cwmni y Cyhoeddwyr Cymreig, [1894]), rhifau CCXII, CCXXXIV.

29   *Hen Benillion*, rhif 629; *Penillion Telyn*, rhifau CCXII, CCXXXIV, CCCXXXVII, CCCXXXVIII.

30   CCAGC 2/3 (1922), t. 193–4.

31   CCAGC 4/4 (1954), t. 95.

32   *Folksongs of Britain and Ireland*, rhif 67.

33   W. S. Gwynn Williams (gol.), *Caneuon Traddodiadol y Cymry*, Llyfr 2 (Llangollen: Gwynn, 1963), rhif 100.

34   *Hen Benillion*, rhifau 343, 351.

35   E. G. Millward, 'Delweddau'r canu gwerin', *Canu Gwerin* 3 (1980), t. 11–21, ar dud. 17.

36   CCAGC 3/3 (1937), t. 125.

37   CCAGC 4/1 (1948), t. 36.

38   CCAGC 3/3 (1937), t. 126.

39   CCAGC 2/2 (1919), t. 81.

40   *Folksongs of Britain and Ireland*, rhif 51.

41   *Melus-Seiniau Cymru*, f. 116r; Daniel Huws, 'Melus-Seiniau Cymru', *Canu Gwerin* 8 (1985), t. 32–50; 9 (1986), t. 47–57.

42   Cyhoeddwyd *Blwch o Bleser* yn wreiddiol yng Nghaerfyrddin yn 1816, a chafwyd nifer o argraffiadau ohono. Argraffiad 1846 a welwyd: *Blwch o Bleser i Ieuenctyd Cymru* (Caerfyrddin: Jones ac Evans, 1846), t. 30–1, 'Molawd merch ieuanc brydweddol'.

43   CCAGC 3/3 (1937), t. 131.

44   John Parry, *The Welsh Harper, containing two hundred Welsh airs* ... Volume second (London: D'Almaine, 1848), t. 19, 77.

45   *Melus-Seiniau Cymru*, f. 87r, f. 114r-114v; CCAGC 2/4 (1925), t. 263.

46   CCAGC 2/3 (1922), t. 137.

47   *Llawysgrif Richard Morris o Gerddi*, t. 104–07.

48   Cyhoeddwyd *Blodeu-gerdd Cymry* yn wreiddiol yn 1759. Argraffiad 1779 a welwyd: *Blodeu-gerdd Cymry: sef casgliad o caniadau Cymreig, gan amryw awdwyr o'r oes ddiwaethaf* ([Amwythig]: Stafford Prys, [1779]), t. 282–3, 'Arwyrain merch, i'w canu ar fesur a elwir Bryniau'r Werddon'.

49   *Eos Ceiriog, sef casgliad o bêr ganiadau Huw Morus* ..., o gynnulliad a diwygiad W[alter] D[avies] (Gwrecsam: I. Painter, 1823), cyfrol 1, t. 125–7, 'Arwyrain rhian y rhianod'.

50   'Baled Gymraeg', T. H. Parry-Williams (gol.), *Canu Rhydd Cynnar* (Caerdydd, 1932), cerdd 101; 'Cân y Gwanwyn', Thomas Parry (ed.), *The Oxford Book of Welsh Verse* (Oxford: Clarendon, 1962), rhif 121.

51   Nesta Lloyd (gol.), *Blodeugerdd Barddas o'r Ail Ganrif ar Bymtheg*, Cyfrol 1 (Felindre: Barddas, 1993).

52 CCAGC 2/3 (1922), t. 177–8.

53 Llyfrgell Genedlaethol Cymru, llawysgrifau J. Lloyd Williams, AH 1/34, *Melus Geingciau Deheubarth Cymru*, f. 14v-15r, 'Siani aeth am serch'; NLW 1940Ai, *Melus-Seiniau Cymru*, f. 127r-v, 'Ffilena Deheubarth'.

54 Thomas Jones, *Carolau, a Dyriau Duwiol* (Amwythig: Thomas Jones, 1696); David Jones, *Blodeu-gerdd Cymry* (Amwythig: Stafford Prys, 1759); Jonathan Hughes, *Bardd, a Byrddau* (Amwythig: Stafford Prys, 1778); Thomas Edwards, 'Twm o'r Nant', *Gardd o Gerddi* (Trefeca, 1790); Hugh Jones, *Dewisol Ganiadau yr Oes Hon* (Amwythig: Stafford Prys, 1779).

55 Mae testun llawn y llawysgrifau ar gael yn ddigidol gan Lyfrgell Genedlaethol Cymru.

56 Llyfrgell Genedlaethol Cymru, llawysgrifau J. Lloyd Williams, MB1/23, dyddiadur 'Feb 1914 to Aug 1918', dan y pennawd 'July 1918'.

Pennod 3: Rhwystrau ar y Ffordd

57 D. Roy Saer (gol.), *Caneuon Llafar Gwlad*, cyfrol 1 (Caerdydd: Amgueddfa Genedlaethol Cymru–Amgueddfa Werin Cymru, 1974), rhif 29; D. Stanley Jones, 'Dyffryn Teifi', *Y Geninen* 17 (1899), 227.

58 Alfred Daniell, 'Remarks on the tonality of some Welsh melodies', CCAGC 1/2 (1910), t. 51–59.

59 Llawysgrifau J. Lloyd Williams, AL1/4, casgliad o lythyrau Mary Davies at J. Lloyd Williams.

60 Llawysgrifau J. Lloyd Williams, AH5/10, 'Extract from M Davies paper London. Dec.5.08'.

61 Ceir cofnod i Thomas Elias, 'Y Bardd Coch' yn *Y Bywgraffiadur Cymreig hyd 1940* (Llundain, 1953), hefyd ar-lein: bywgraffiadur. cymru

62 Llawysgrifau J. Lloyd Williams, MB1/23, dyddiadur 'Feb 1914 to Aug 1918', dan bennawd 'Aug. 19. [19]15'. O dan y pennill ychwanegir 'Recited by Mrs Principal Robts [sef gwraig T. F. Roberts, Prifathro Coleg Aberystwyth] after her mother Mrs Robt Davies Cardiff'.

63 CCAGC, 1/4 (1912), t. 198.

64 CCAGC, 1/2 (1910) t. 77; 1/4 (1912), t. 198.

65 Mary Davies, *Caneuon Gwerin Cymru*, trefnwyd gan W. Hubert Davies (Cardiff: Hughes & Son, 1919), t. 8–9.

66 CCAGC 1/3 (1911), t. 134, 135; 1/4 (1912), t. 208–9; 2/4 (1925), t. 282–3; *Canu Gwerin* 3 (1980), t. 29–30; 6 (1983), t. 58.

67 *Hen Benillion*, rhif 459.

68 CCAGC 1/4 (1912), t. 208.

69 W. S. Gwynn Williams (gol.), *Caneuon Traddodiadol y Cymry*, Llyfr 1 (Llangollen: Gwynn, 1961), rhif 27.

70 Am fanylion catalog gw. cronfa 'Baledi ar lein' https://www.llyfrgell. cymru/darganfod/adnoddau-llgc/baledi-cymru-ar-lein/

71 Enid Parry, *Wyth Gân Werin* (Caerdydd: Hughes and Son, 1949), t. 8–9.

72 Mae'r Llyfryddiaeth hon yn rhan o gronfa 'Baledi ar lein' (nodyn 70, uchod).

73 Am Thomas Williams, 'Gwilym Morganwg', gweler *Y Bywgraffiadur Cymreig hyd 1940*, hefyd ar-lein: bywgraffiadur.cymru

74 Phyllis Kinney, Meredydd Evans (gol.), *Canu'r Cymry* (Cymdeithas Alawon Gwerin Cymru, 1984), rhif 37.

75 Nicholas Bennett, *Alawon fy Ngwlad* (London; Glasgow: Bayley and Ferguson, [1896]), t. 36; *Y Cerddor Cymreig* 3 (1865), t. 52; Llyfrgell Genedlaethol Cymru, llawysgrif NLW 329B, rhif 51.

76 J. D. Jones, *Caniadau Bethlehem: yn cynnwys carolau Nadolig ...* (Rhuthyn: Isaac Clarke, 1857), t. 10–11, 'Diniweidrwydd'; Phyllis Kinney, Meredydd Evans (gol.), *Hen Alawon (Carolau a Cherddi): casgliad John Owen, Dwyran* (Cymdeithas Alawon Gwerin Cymru, 1993), rhif 13.

77 Joseph Parry, David Rowlands (Dewi Mon) (ed.), *Cambrian Minstrelsie (Alawon Gwalia): a national collection of Welsh songs* (Edinburgh: T. C. & E. C. Jack, [1893]), cyfrol 4, t. 50–1.

78 *Y Cerddor Cymreig*, 3 (1865), t. 52, llythyr gan 'W. R.' at y Golygydd.

79 Mrs. Herbert Lewis, *Folk-songs collected in Flintshire and the Vale of Clwyd* (Wrexham: Hughes & Son, 1914), t. 24–5.

80 Llawysgrifau J. Lloyd Williams, AH2/1.

81 Maria Jane Williams, *Ancient National Airs of Gwent and Morganwg ...* gyda rhagymadrodd a nodiadau ar y caneuon gan Daniel Huws (Cymdeithas Alawon Gwerin Cymru, 1988), t. 14–15; *Folksongs of Britain and Ireland*, rhif 53.

82 D. Roy Saer (gol.), *Caneuon Llafar Gwlad*, cyfrol 2 (Caerdydd: Amgueddfa Genedlaethol Cymru, 1994), Rhif 3, 7; Edward Bunting,

A *General Collection of the Ancient Music of Ireland* ... (London: Clementi, [1809]), t. 56.

83 Jones, *Caniadau Bethlehem*, t. 10–11.

84 Llyfrgell Genedlaethol Cymru, llawysgrif NLW 329B, rhif 66.

85 Llawysgrifau J. Lloyd Williams, AH3/17.

86 CCAGC 3/4 (1941), t. 189–90.

87 Roy Saer, 'Ben bach: y canwr gwerin o Fathri', *Canu Gwerin* 33 (2010), t. 7–21, ar dud. 14.

88 *Folksongs of Britain and Ireland*, rhif 57.

89 Gwelir yr enghreifftiau hynny yn (i) CCAGC 1/4 (1912), t. 172–3; (ii) *Caneuon Gwerin Cymru*, t. 22–3; (iii) *Caneuon Traddodiadol y Cymry*, cyfrol 1, rhif 37; (iv) Philip Thomas, *Alawon Gwerin Cymru: detholiad yr Ysgol Wyliau Gymraeg* (Yr Ysgol Wyliau Gymraeg, 1927), t. 16; (v) Amgueddfa Werin Cymru, Llawysgrif AWC 1737/10 (un o lawysgrifau J. Ffos Davies) a (vi) llawysgrif AWC1316.

90 *Caneuon Gwerin Cymru*, 'Merch ei mam' (t. 14–15), 'Y Folantein' (t. 16–17), 'Lliw'r heulwen' (t. 22–3).

91 CCAGC 1/4 (1912), t. 172.

92 *Caneuon Traddodiadol y Cymry*, cyfrol 1, rhif 37.

93 *Hen Benillion*, rhif 273; *Penillion Telyn*, rhif LXXXII; *Canu'r Cymry*, rhif 26.

Pennod 4: Colli Cariad

94 CCAGC 1/2 (1910), t. 71.

95 John Morris, 'Y "Canorion" a'r casglu cynnar', *Canu Gwerin* 13 (1990), t. 5–28, ar d. 25–6.

96 *Alawon Gwerin Cymru*, t. 44; CCAGC 2/4 (1925), t. 275; *Caneuon Traddodiadol y Cymry*, cyfrol 2, rhif 116.

97 Grace Gwyneddon Davies, *Ail Gasgliad o Alawon Gwerin Môn* (Wrexham: Hughes & Son, [1924], t. 6–7.

98 CCAGC 1/4 (1912), t. 164–6; *Alawon fy Ngwlad*, t. 8, 'Pant y Pistyll'.

99 CCAGC 4/2 (1951), t. 51–2; *Caneuon Traddodiadol y Cymry*, cyfrol 1, rhif 68; *Folksongs of Britain and Ireland*, rhif 70.

100 *Canu Gwerin* 5 (1982), t. 43; *Canu'r Cymry*, rhif 28.

101 Nansi Martin, *Caneuon Gwynionydd* (Llandysul, 1973), 'Yr wyddor Gymraeg'.

102 *Folk-songs collected in Flintshire*, t. 20–1; CCAGC 2/4 (1925), t. 275–6; David R. Jones, 'Jane Williams, Holywell', *Canu Gwerin* 27 (2004), t. 48–60.

103 Meredydd Evans, 'Rhai caneuon anghyhoeddedig ym mhapurau John Lloyd Williams', *Canu Gwerin* 23 (2000), t. 3–24. Ceir y dyfyniad ar dud. 7.

104 *Canu Gwerin* 5 (1982), t. 43.

105 Evans, 'Rhai caneuon anghyhoeddedig', t. 13.

106 CCAGC 2/4 (1925), t. 277.

107 *Wyth Gân Werin*, t. 10–11.

108 Gweler E. Olwen Jones, 'Adnabod y moddau yn yr alawon gwerin', *Canu Gwerin* 41 (2018), t. 48–57.

109 Brinley Rees, *Dulliau'r Canu Rhydd, 1500–1650* (Caerdydd, 1952), t. 41.

110 CCAGC 1/2 (1910), t. 70.

111 *Alawon fy Ngwlad*, t. 24, 'Y fwyn golomen'; t. 160, 'Cledan'.

112 Llyfrgell Genedlaethol Cymru, llawysgrif NLW 331D, rhif 102.

113 'Y glomen wen', trefn. E[dward] H[ugh], *Detholiad 1955* (Undeb Noddwyr Alawon Cymru), t. 16–17.

114 Llyfrgell Genedlaethol Cymru, llawysgrif NLW 11115B.

115 *Gwaith Talhaiarn: The works of Talhaiarn, in Welsh and English* (London, 1855), t. 255.

116 Ibid., t. 258.

117 Llyfrgell Genedlaethol Cymru, llawysgrif NLW 11115B.

118 Llyfrgell Genedlaethol Cymru, llawysgrif NLW 836D.

119 Phyllis Kinney, 'Narrow-compass tunes in Welsh folksong', *Canu Gwerin* 9 (1986), t. 12–29, ar dud. 12.

120 Robin Gwyndaf, 'Robert Pierce Roberts a chân "Y Wasgod Goch"', *Canu Gwerin* 9 (1986), t. 30–46.

121 *Canu Rhydd Cynnar*, cerdd 25.

122 'Another penillion song', CCAGC 1/2 (1910), t. 73–4.

123 *New Song Book / Llyfr Canu Newydd*, rhan 3 (University of Wales Press, 1932), rhif 55 ('Dau beth').

124 [Siôn Dafydd Rhys], *Cambrobrytannicae cymraecaeve linguae institutiones et rudimenta* ... (Londini: Thomas Orwinus, 1592) t. 304.

Pennod 5: Hiraethu am y Cariad

125 Alun Llywelyn-Williams, *Y Nos, y Niwl a'r Ynys: agweddau ar y profiad Rhamantaidd yng Nghymru, 1890–1914* (Caerdydd: Gwasg Prifysgol Cymru, 1960), t. 168.

126 Grace Gwyneddon Davies, *Chwech o Alawon Gwerin Cymreig* (Caerdydd: Hughes a'i Fab, [1933]), t. 10–11.

127 CCAGC 1/4 (1912), t. 184.

128 CCAGC 2/4 (1925), t. 272.

129 CCAGC 1/2 (1910), t. 78–9.

130 CCAGC 2/4 (1925), t. 278–9.

131 CCAGC 4/2 (1951), t. 54.

132 *Llen Gwerin Blaenau Rhymni*, o gasgliad bechgyn Ysgol Lewis, Pengam (Pengam: Ysgol Lewis, 1912), t. [39]–40, 'Cariad'.

133 Catrin Stevens, *Arferion Caru* (Llandysul: Gomer, 1977), t. 37–8.

134 CCAGC 1/2 (1910), t. 78–9, 2/4 (1925), t. 278 9; 4/2 (1951), t. 54; 'Ar ben Waun Tredegar', trefn. W. Rees Lewis, *Detholiad 1954* (Undeb Noddwyr Alawon Cymru), t. 14–15; *Mabsant: casgliad o hoff ganeuon gwerin Cymru* (Talybont: Y Lolfa, arg. newydd, 1991), t. 16.

135 CCAGC 2/4 (1925), t. 273 ('Y gog lwydlas'); *Canu'r Cymry II*, rhif 24 ('Rhodio roeddwn inna').

136 Wyn Thomas, 'Mary Davies: *grande dame* yr alaw werin yng Nghymru', *Canu Gwerin* 20 (1997), t. 28–42; idem, 'Annie "Cwrt Mawr" a Chanorion Aberystwyth', *Canu Gwerin* 30 (2007), t. 3–44; idem, *Meistres Graianfryn a Cherddoriaeth Draddodiadol yng Nghymru* (Darlith Goffa Amy Parry-Williams, Cymdeithas Alawon Gwerin Cymru, 1999).

137 Grace Gwyneddon Davies, *Alawon Gwerin Môn* (Wrexham: Hughes & Son, [1914]); *Ail Gasgliad o Alawon Gwerin Môn* (Caerdydd: Hughes a'i Fab, [1924]); *Chwech o Alawon Gwerin Cymreig* (Caerdydd: Hughes a'i Fab, [1933]).

138 *Alawon Gwerin Cymru*, t. 33; D. Vaughan Thomas, *Ten Welsh Folk-songs* (Llangollen: Gwynn, arg. newydd 1954), t. 4–5; *Mabsant: casgliad o hoff ganeuon gwerin Cymru*, t. 74.

139 Cynan, 'Geiriau'n caneuon gwerin' yn J. E. Caerwyn Williams (gol.), *Llên a Llufur Môn* (Llangefni: Cyngor Gwlad Môn, 1963), t. 69–75.

140 *Hen Benillion*, rhif 453.

[141] Cynan, 'Geiriau'n caneuon gwerin', t. 71.

[142] *Hen Benillion*, rhif 373.

[143] Llyfrgell Genedlaethol Cymru, llawysgrif NLW Mân Adnau 150B, ff.1v, 2v.

[144] CCAGC 4/3 (1953), t. 85.

[145] Rees, *Dulliau'r Canu Rhydd*, t. 234–6.

[146] H. O. Hughes, Bangor, a gofiai un llinell yn unig, sef 'Hen ferchetan wedi colli'i chariad', CCAGC 2/4 (1925), t. 282; gw. uchod, t. 86.

[147] CCAGC 2/1 (1914), t. 30; CCAGC 4/1 (1948), t. 19; CCAGC 4/2 (1951), t. 60.

Pennod 6: Twyll mewn Serch

[148] CCAGC 2/3 (1922), t. 188.

[149] Am fanylion bywgraffyddol, gweler Meinir Angharad Jones, 'J. Ffos Davies', *Canu Gwerin* 16 (1993), t. 20–7.

[150] Gweler colofn Meredydd Evans, 'Rhyngoch chi a fi' yn *Y Ddolen: papur bro Ystwyth ac Wyre*; yn achlysurol rhwng rhif 292, Chwefror 2005 a rhif 373, Mehefin 2012 trafodir nifer o'r caneuon a gasglwyd gan J. Ffos Davies, a chynhwysir geiriau ac alawon.

[151] *Forty Welsh Traditional Tunes*, t. 12–13; *Canu'r Cymry*, rhif 34.

[152] J. Lloyd Williams, 'Yr "hwyl Gymreig"', *Y Cerddor*, 3edd gyfres 7 (1937), t. 121–4, 145–8, 169–72, 174; adargraffwyd yn *Canu Gwerin* 14 (1991), t. 15–29.

[153] *Forty Welsh Traditional Tunes*, t. 64–5.

[154] Sarnicol, *Chwedlau Cefn Gwlad* (Aberystwyth: Gwasg Aberystwyth, 1944), t. 26–9.

[155] W. J. Davies, *Hanes Plwyf Llandyssul* (Llandysul: J. D. Lewis, 1896), t. 271–2.

[156] Bertrand Harris Bronson, *The Traditional Tunes of the Child Ballads* (Princeton: Princeton University Press, 1959–72), cyfrol 4, 'Our Goodman', rhif 274, t. 95–129.

[157] Meredydd Evans a Phyllis Kinney, ' … ac ar ei ôl mi gofiais inne', yn Tegwyn Jones, E. B. Fryde (gol.), *Ysgrifau a Cherddi cyflwynedig i Daniel Huws* (Aberystwyth: Llyfrgell Genedlaethol Cymru, 1994), t. 123–63.

[158] Ibid., t. 148.

[159] *Caneuon Llafar Gwlad*, cyfrol 1, rhif 25.

160   Cyhoeddodd J. Lloyd Williams bedair ffurf dan y pennawd 'Welsh versions of Lord Ronald', CCAGC 2/1 (1914), t. 48–51, a chyfeirir yno at fersiynau o wledydd eraill. Am ymdriniaeth gryno â'r thema gw. 'Lord Randal', yn Robert Thomas Lambdin, Laura Cooner Lambdin (gol.), *Encyclopedia of Medieval Literature* (London: Fitzroy Dearborn, 2000).

161   Francis James Child (ed.), *The English and Scottish Popular Ballads* (New York: Dover, new ed., 1965), cyfrol 1, t. 151.

162   J. Glyn Davies, 'A Welsh ballad', *The Celtic Review* 2 (1905–6), t. 297–9.

163   Parry, *Baledi'r Ddeunawfed Ganrif*, t. 66–7.

164   'O fy mab anwyl. No. 2', CCAGC 2/1 (1914), t. 49–50.

165   Bronson, *Traditional Tunes of the Child Ballads*, cyfrol 1, 'Lord Randal', rhif 12, t. 191–225.

166   CCAGC 2 (1914), t. 49–51; *Alawon Gwerin Cymru*, t. 48; *Y Brython*, 14 Hydref 1920.

167   CCAGC 2 (1914), t. 48, rhif 16; *Y Brython*, 18 Tachwedd 1920.

168   *Canu'r Cymry II*, rhif 24; CCAGC 2/4 (1925), t. 273.

169   Llawysgrifau J. Lloyd Williams, AH5/1.

Pennod 7: Caru'n Ffyddlon

170   Llawysgrifau J. Lloyd Williams, dyddiadur 1904.

171   J. Lloyd Williams, Arthur Somervell (gol.), *Sixteen Welsh Melodies* (London: Boosey, 1907), t. 10–14.

172   CCAGC 1/1, t. 41–2.

173   CCAGC 1/1, t. 42.

174   Charles Villiers Stanford (ed.), *The National Song Book* (London: Boosey, 1906), t. 146–7, 'The Cuckoo Madrigal (The Cobbler of Castleberry)'.

175   CCAGC 2/1 (1914), t. 45.

176   Folger Shakespeare Library, llawysgrif V.a.276. Mewn cynhadledd yn Harvard yn 2012 tynnodd Lindy Brady o Brifysgol Mississippi sylw at y llawysgrif hon a gopïwyd gan William Jordan, ysgolfeistr yn Ninbych neu Gaernarfon, ac sy'n cynnwys enghreifftiau o farddoniaeth Gymraeg o'r ail ganrif ar bymtheg.

177   M. Paul Bryant-Quinn (gol.), *Gwaith Ieuan Brydydd Hir* (Aberystwyth: Y Ganolfan Uwchefrydiau Cymreig a Cheltaidd,

2000), cywydd 1: 'I Elis Wetnal'; Atodiad iii, 'Priodi'r wrach o Gaergwrlai'.

[178] Meredydd Evans, 'Sara wen', *Canu Gwerin* 29 (2006), t. 65–70, ar dud. 65.

[179] J. H. Davies, *A Bibliography of Welsh Ballads printed in the 18th century*, rhif 446.

[180] Gweler cronfa 'Baledi ar lein', https://www.llyfrgell.cymru/darganfod/adnoddau-llgc/baledi-cymru-ar-lein/

[181] CCAGC 2/1 (1914), t. 59–61.

[182] Ieuan Gwyllt, *Llyfr Tonau Cynulleidfaol* (Llundain: J. Roberts, 1859), Atodiad, rhif 8.

[183] Llawysgrifau J. Lloyd Williams, AH3/6.

[184] David Samuel, *Cerddi Cymru: casgliad o ganeuon Cymreig hen a diweddar, ynghyda hanes baledau a baledwyr Cymru*, Cyfrol 1 (Caernarfon: Cwmni y Cyhoeddwyr Cymreig, [ca.1905]). Ceir 'Hen Feibl mawr fy mam' ar dud. 80–1.

[185] Llawysgrifau J. Lloyd Williams, AH3/2.

[186] Huw Williams, *Canu'r Bobol* (Dinbych: Gwasg Gee, 1978), t. 46.

[187] Llawysgrifau J. Lloyd Williams, Dyddiadur 'Nov 1910–May 1911'.

[188] Llawysgrifau J. Lloyd Williams, AH3/2.

[189] O. M. Edwards (gol.), *Yr Hwiangerddi* (Llanuwchllyn: Ab Owen, 1911), rhif CCLXXIX, 'Caru cyntaf'.

[190] Llawysgrifau J. Lloyd Williams, AH3/130.

[191] Llawysgrifau J. Lloyd Williams, AH5/12.

[192] T[homas] Hughes, *Y Garnedd Arian: sef, casgliad o geinion barddoniaeth Gymreig* (Llanidloes: Albion Wasg, [1857]), t.83.

[193] CCAGC 3/4 (1941), t. 201.

[194] Llawysgrifau J. Lloyd Williams, AH2/10, 'Rhif 11. Y Carwr'.

[195] G. J. Williams, 'Wil Hopcyn a'r Ferch o Gefn Ydfa', *Y Llenor* 6 (1927), t. 218–29; 7 (1928), t. 34–46; *Traddodiad Llenyddol Morgannwg* (Caerdydd: Gwasg Prifysgol Cymru, 1948), t. 252–9.

[196] Williams, *Traddodiad Llenyddol Morgannwg*, t. 253.

[197] CCAGC 1/2 (1910), t. 72, 'A penillion song'.

Pennod 8: Carwriaethau Cynhyrfus

[198] CCAGC 3/1 (1930), t. 40–1.

[199] Meurig, *Alawon John Thomas*, rhif 351.

200 Bennett, *Alawon fy Ngwlad*, t. 45.

201 Tegwyn Jones, *Baledi Ywain Meirion* (Y Bala: Llyfrau'r Faner, 1980).

202 Llawysgrifau J. Lloyd Williams, AH2/5. Rhif 9 yw 'Y Pridd-galch Gwyn'.

203 Ibid., nodyn i rif 5 yn y casgliad, 'Llangyfelach Lon'.

204 CCAGC 2/2 (1919), t. 111–13, 118–19; Bennett, *Alawon fy Ngwlad*, t. 149; Llawysgrifau J. Lloyd Williams AH2/1.

205 *Caneuon Serch Hen a Diweddar*, cyfrol 1 (Ystalyfera: E. Rees a'i Feibion, [ca. 1900]), t. 78 9, 'Y ferch o'r Bedlam'.

206 Wyn Thomas, 'Annie "Cwrt Mawr" a Chanorion Aberystwyth', *Canu Gwerin* 30 (2007), t. 3–44; idem, 'Y ffonograff a byd cerddoriaeth draddodiadol yng Nghymru', *Canu Gwerin* 29 (2006), t. 40–64.

207 CCAGC 2/2 (1919), t. 118; gwelir y gerdd yn llawn ar dud. 112.

208 Amgueddfa Werin Cymru, tâpiau AWC 23–4.

209 CCAGC 1/1 (1909), t. 35–6.

210 Am Grace Gwyneddon Davies gweler yn arbennig Wyn Thomas, *Meistres Graianfryn*; ac Andrew Cusworth, '*Alawon Gwerin Môn*: towards a reception history', *Canu Gwerin* 40 (2017), t. 33–42.

211 CCAGC 2/4 (1925), t. 223.

212 Ibid., t. 222.

Mynegai

Mae teip italig yn dynodi enw cân neu alaw.